21世纪海上丝绸之路协同创新中心智库丛书
广东外语外贸大学中拉研究创新团队成果系列

2016年
拉丁美洲蓝皮书

——拉美发展与中拉合作关系

隋广军 / 主编　朱文忠 李永宁 / 副主编

2016 BLUE BOOK OF
LATIN AMERICA

经济管理出版社
ECONOMY & MANAGEMENT PUBLISHING HOUSE

图书在版编目（CIP）数据

2016年拉丁美洲蓝皮书/隋广军主编．—北京：经济管理出版社，2016.12
ISBN 978-7-5096-4844-5

Ⅰ.①2…　Ⅱ.①隋…　Ⅲ.①中外关系—国际经济关系—研究报告—拉丁美洲—2016 ②国际合作—经济合作—研究报告—中国、拉丁美洲—2016　Ⅳ.①D822.373 ②F752.773

中国版本图书馆CIP数据核字(2016)第324332号

组稿编辑：张　艳
责任编辑：赵喜勤
责任印制：司东翔
责任校对：王淑卿

出版发行：经济管理出版社
（北京市海淀区北蜂窝8号中雅大厦A座11层　100038）
网　　址：www.E-mp.com.cn
电　　话：(010) 51915602
印　　刷：玉田县昊达印刷有限公司
经　　销：新华书店
开　　本：720mm×1000mm/16
印　　张：12.5
字　　数：245千字
版　　次：2016年12月第1版　　2016年12月第1次印刷
书　　号：ISBN 978-7-5096-4844-5
定　　价：45.00元

2016年拉丁美洲蓝皮书

——拉美发展与中拉合作关系

主　编：隋广军

副主编：朱文忠　李永宁

序 言

本书是我校（广东外语外贸大学）拉丁美洲区域与国别研究的开篇之作，充分凝聚了我校中拉研究团队的长期坚守和辛勤努力，也彰显了我校全国一流外语学科与华南地区外经贸和国际战略重要研究基地的特色优势与交叉融合。今后将每年编写并出版一本年度拉丁美洲蓝皮书，重点关注中拉经贸投资环境和实际案例，积极服务国家“一带一路”战略，尤其为中国企业投资拉美市场提供政策咨询和决策参考，助推中拉经贸合作不断跃上新台阶。

本蓝皮书的主要内容分为五个部分：第一篇：中国—拉丁美洲经济关系，包括拉丁美洲和加勒比海地区与中国经济关系新解、中国对拉丁美洲和加勒比海地区的直接投资新议题与新趋势、中国与拉丁美洲国家经贸关系；第二篇：中国—拉丁美洲发展战略与差异比较，包括中国积累的效应溢出与中拉合作的战略路径、智利—亚洲贸易的引力估计、中国与拉丁美洲国家的“中等收入陷阱”比较等；第三篇：中国—拉丁美洲合作发展案例，包括广东与墨西哥经贸合作现状、问题及对策，中国—智利自由贸易协定实施10周年成果回顾与发展趋势展望，我国矿企在秘鲁的“走出去”战略：基于首钢的案例、智利葡萄酒在中国销售情况的调查等；第四篇：中国—拉丁美洲合作关系中的政治与文化，包括2015年“整体合作”战略导向下的中拉外交关系、国会大选后的委内瑞拉形势与中国的对策、浅探中国国家形象在智利的建构路径、19世纪巴西媒体构建的中国移民形象：“中国人”镜像中的“巴西人”；第五篇：拉丁美洲区域问题，包括拉丁美洲区域与国别发展沿革。

本蓝皮书的出版契合时代发展的需要，具有重要的学术价值和现实意义。中拉同为庞大的新兴经济体，经贸合作潜力巨大。近年来，中拉经贸合作取得了长足发展，且增速不断加快。目前中拉双边贸易占中国对外贸易总额的约6%，中国是拉丁美洲第二大贸易伙伴国，拉丁美洲目前是中国企业，尤其是广东企业“走出去”的主要目的地。然而，根据中国社会科学院拉丁美洲研究所研究员吴国平（2015）等学者的观点，目前国内外对“中拉之间相互研究和了解不够，将会影响中拉关系的发展深化”。过去，中国的拉丁美洲研究机构相对集中并且较少，主要是中国社会科学院拉丁美洲研究所和中国现代国际关系研究院拉丁美洲研究所。这几年虽然有了较大的变化，如北京大学、南开大学、复旦大学、西南科技大学、天津外国语大学、四川外国语学院等大学都相继成立了拉丁美洲研究机构，得到了一些拉丁美洲历史和政治外交等问题的研究成果，但是从整个国家层面来看，同中拉经贸关系的发展相比、同我们对拉丁美洲的全面了解相比，中国对拉丁美洲的研究还很不够。

本蓝皮书出版的意义还在于丰富拉丁美洲研究领域，填补相关研究的缺陷。20 世纪 80 年代，关于拉丁美洲多学科、跨学科和交叉学科问题的研究快速发展，学术界兴起了对拉丁美洲科学、技术与社会学的广泛研究，而且在科学史、技术经济学、科技政策研究和技术哲学等领域取得了显著的成果。但目前我们对拉丁美洲相关问题的研究还存在一些突出问题和缺陷：研究政治外交、科学技术和人文文化的成果多，但研究实体经济环境和企业管理案例的少；关门自己研究的多，“走出去”对外交流合作研究的少。这些问题正是本蓝皮书努力改进和弥补的重要研究领域。

本蓝皮书的编写旨在发挥我校现有平台优势，强化相关研究的国际化特色。一是发挥我校现有中拉研究国际合作平台优势，打造本书的国际化特色。我校中智研究中心已经成立六年多，每年与智利圣托马斯大学中智研究中心定期联合举办年度中智经济管理高层论坛，编写并印刷《中智研究通讯》。我校商学院与智利圣托马斯大学商学院还建立了紧密的教师交流和学生交换项目，定期相互派教授到对方院校商学院讲授一门 MBA 课程。与此同时，智利大学教授和墨西哥大学教授直接参与本蓝皮书的编写工作，亲自撰写部分章节内容，以拉丁美洲本土教授的独特视角诠释拉丁美洲相关问题，彰显本书编写的鲜明国际化特色。

二是发挥我校得天独厚的葡语国家语言文化优势，打造本书编写的跨学科交叉特色。本书由我校西语学院葡语、西班牙语教师和商学院教师组成的跨院系拉丁美洲研究团队编写完成。我校西语学院西班牙语系和葡萄牙语系拥有一批专职教师和研究人员，其中包括两位巴西籍教师。本书编写团队充分利用我校葡语和西班牙语专家资源，发挥我校与葡语国家已有的纽带关系，与商学院专家形成了得天独厚的相关语言文化与国际商务研究资源交叉融合的优势。事实上，在全国范围内，从事拉丁美洲研究的中国学者大都缺乏对相关语言文化的掌握，存在国际学术交流合作困难。而从事拉丁美洲研究需要了解对方的语言文化，这正是深化相关研究的重要基础。本书的编写正好借力我校相关语言文化优势将拉丁美洲语言文化研究与企业管理研究进行了无缝对接和交叉融合。

三是发挥我校国际智库平台优势，打造服务社会功能和特色。本书研究团队依托广东省国际战略研究院和我校“海上丝绸之路协同创新中心”省级研究基地的智库平台开展拉丁美洲区域与国别研究，同时发挥我校区域与国别研究二级博士学位授权点的人才培养平台优势开拓创新，得到特色鲜明的拉丁美洲蓝皮书、论文、案例报告等研究成果，努力服务于国家“一带一路”战略，同时服务于广东省企业在拉丁美洲国家的投资和经营活动，发挥服务社会功能，帮助中国企业在拉丁美洲成功开拓市场。

四是创新编写理念，强化蓝皮书的独特内涵和特色。本书的编写从“宏观大洲问题、中观区域问题、微观热点国别问题以及企业案例”等几个维度进行内容安排，力求突破蓝皮书编写传统，在选题视角和内容安排方面有所创新，提出独到见解。本书从宏观视角综述拉丁美洲国家发展态势与中拉国家合作趋势，并从微观层面论述委内瑞拉经济形势与中国的选择；首次将拉丁美洲国家按照文化传统和地域相近性原则细分为几个区域模块进行相关问题深入研究，同时还按照行业细分原则对中国企业投资拉丁美洲成功或失败的真实案例进行研究，力求创新编写理念，贴近中国企业“走出去”的成功管理实践，强化与时俱进的独特内涵和特色。

此外，本成果依托国家重大科研平台。本书是隋广军教授主持的国家社科重大课题项目“‘一带一路’战略与中国参与全球经济治理问题研究”（项目编号：15ZDA018）阶段性成果之一。

因本团队蓝皮书编写经验匮乏，本书的内容可能还存在一些不足之处，敬请各位读者批评指正，多提宝贵意见。盼望在广大读者的关心和指导下，系列蓝皮书的编写能够日臻完善。

朱文忠

广东外语外贸大学商学院院长，

中拉研究团队负责人，博士、教授、博士生导师

目　录

第一篇：中国—拉丁美洲经济关系

第二篇：中国—拉丁美洲发展战略与差异比较

第三篇：中国—拉丁美洲合作发展案例

第四篇：中国—拉丁美洲合作关系中的政治与文化

第五篇：拉丁美洲区域问题

第一篇：中国—拉丁美洲经济关系

拉丁美洲和加勒比海地区与中国经济关系新解

恩里克·杜塞尔·彼得斯*

自20世纪末特别是21世纪以来，中国在国际舞台上越来越频繁的亮相是当代一个显著的国际现象。政治上，中国积极参与国际以及地方性组织和论坛，频频出现在大众媒体之中；文化上，孔子学院遍地开花，不仅迎合了汉语学习的热潮，同时也有利于文化交流；经济上，中国表现得十分活跃，自2012年以来，中国成为世界第二大主要海外直接投资来源、第一大出口国和最近十年最活跃的进口国。人民币正逐渐进入新的金融中心，特别是与一些国家的双边贸易中。中国经济的国际化以及中国的身影出现在所有国家（不管有没有与中国建立外交关系），是近30年来一个显著的现象。

对于拉丁美洲和加勒比海地区来说也是如此。自20世纪90年代至21世纪，拉丁美洲和加勒比海地区与中国的关系在质和量上都得到了显著的提升。这种新型关系在中国20世纪80年代的改革中得以推进并快速融入全球市场，并于2001年加入世界贸易组织时达到高潮。政治上，中国加入了几个最重要的地区性组织，例如，中国于2004年和2009年分别成为美洲国家组织和美洲开发银行的永久观察员，并在过去十年积极参与联合国拉丁美洲和加勒比地区经济委员会事务。

本文旨在为理解这种日益复杂的关系提供一个框架。以往的学术型的、个人或官方的分析拉丁美洲和加勒比海地区与中国关系的论文只能满足经济关系“量”上的分析，也就是“多就好，少就差”。与之不同的是，本文把拉丁美洲和加勒比海地区与中国经济关系的复杂性归为20世纪90年代初以来多个平行阶段发展的结果。这个框架不仅是出于对学术研究的兴趣，而且是为了研究政策挑战及工具之用。

---

* 恩里克·杜塞尔·彼得斯：墨西哥国立自治大学经济学研究生院教授，中国—墨西哥研究中心协调员，LAC—中国学术网协调员。本文由王敏翻译。

鉴于中国越来越频繁地出现在拉丁美洲和加勒比海地区，本文聚焦于拉丁美洲和加勒比海地区与中国交流的地区性经验以及自2000年以来因这种关系而出现的社会经济结构。尽管对于拉丁美洲和加勒比海地区与中国关系的研究有待完善，但部分研究组织也取得了一定的成果，例如，联合国拉丁美洲和加勒比经济委员会、美洲开发银行以及一些学会如墨西哥国立自治大学中国—墨西哥研究中心及拉丁美洲和加勒比海地区中国学术网。在中国，尤其是中国社会科学院拉丁美洲研究所和中国当代国际关系研究院拉丁美洲研究所，以及来自北京大学、清华大学、复旦大学、中国人民大学和南开大学的同仁，为此项研究做出了很大贡献。

根据不同的目标，本文可分为四个部分。第一部分考察20世纪90年代以来拉丁美洲和加勒比海地区与中国之间的贸易结构；第二部分展示2007～2008年拉丁美洲和加勒比海地区与中国境外直接投资的经验；第三部分分析拉丁美洲和加勒比海地区与中国的最新互动形式，以及基础设施项目的形式；第四部分总结前文的主要问题，讨论相应的解决办法。

本文以拉丁美洲和加勒比海地区与中国几百年的历史渊源为基础，根据中国的“再度出现”，分析拉丁美洲和加勒比海地区与中国最新的经济关系。

一、拉丁美洲和加勒比海地区与中国经济关系的第一阶段：贸易（20世纪90年代——21世纪前5年）

拉丁美洲和加勒比海地区与中国经济关系的第一阶段为“相遇”，此阶段贸易十分活跃。数十年前，也就是在20世纪七八十年代，双方有着重要的政治和外交互动，但缺乏经济上的交流。在过去十年，拉丁美洲和加勒比海地区与中国贸易呈现出四个特点[①]。

第一，在20世纪90年代，双方的贸易是拉丁美洲和加勒比海地区与中国关系最活跃的一部分。

2014年，拉丁美洲全球贸易中，中国占12.4%（拉丁美洲和加勒比经济委员会，2015）[②]。2000～2014年，拉丁美洲和加勒比海地区向中国的出口从2%升至9%，从中国进口由2%升至16%。基于中国数据（不包括中国香港），拉丁美洲是中国第四大贸易伙伴，仅次于美国、日本跟韩国（如图1所示）。短期来看，拉丁美洲和加勒比海地区占中国对外贸易的8%，中国占拉丁美洲和加勒比海地区贸易总额的15%。但是这种活跃的景象不是自动形成的，也不是永恒不变的，

① 拉丁美洲的数据和中国的数据呈现很大的不同，例如在一些双边活动中这种不同达到300%，参见Cechimex（2016）。

② 值得注意的是，不同的数据来源反映的情况大不一样。据中国统计，LAC在对中国的贸易中存在顺差，而LAC数据显示却恰好相反。

例如，因全球商品价格下降，拉丁美洲和加勒比海地区向中国的出口减少。

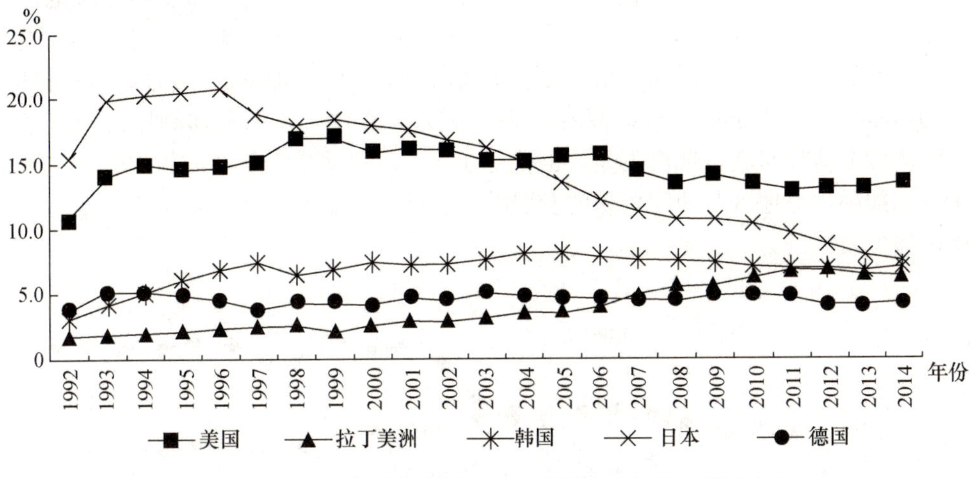

图1　中国五大贸易伙伴（2014年贸易）（1992～2014年）

数据来源：笔者基于联合国商品贸易统计（2015）的分析

第二，区域性的数据显示拉丁美洲对中国的贸易赤字从20世纪中叶的2000亿元到2012年涨到7500亿美元，赤字的来源主要是加勒比海地区、中美洲以及墨西哥，与南美的贸易相对平衡。2014年出现自2009年以来的首次贸易贬值，主要是因为原材料价格的下降（拉丁美洲和加勒比经济委员会，2015）。

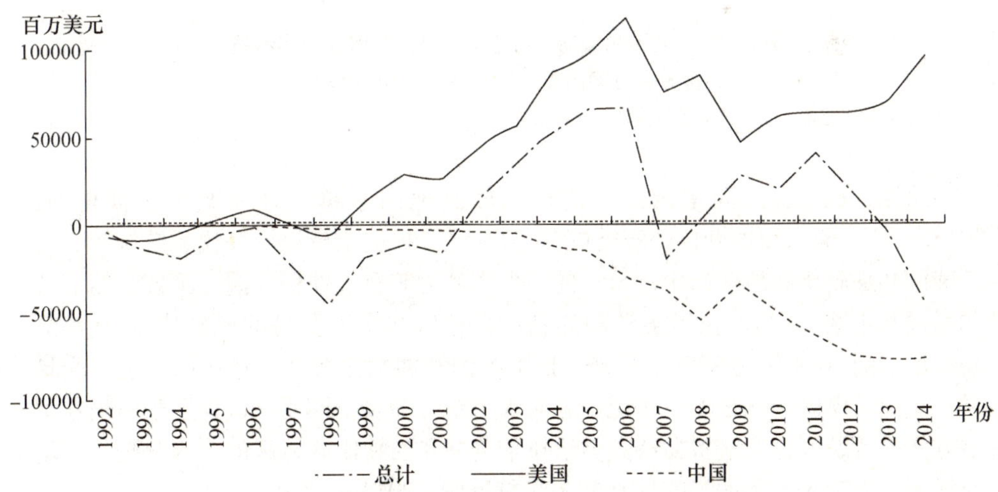

图2　拉丁美洲和加勒比海地区：与主要贸易伙伴的贸易差额（1992～2014年）

数据来源：笔者基于联合国商品贸易统计（2015）的分析

第三，拉丁美洲和加勒比海地区向中国出口小幅增加，但以低附加值和低技术产品为主。中高科技产品仅占5%（相比过去20年拉丁美洲和加勒比海地区总出口额的30%，40%）：图3显示了贸易科技含量的巨大差异。过去十年，中高科技产品——都为制成品，出口量占中国向拉丁美洲和加勒比海地区出口总额的约60%。这些差异也可以解释在过去十年为什么拉丁美洲和加勒比海地区最活跃的贸易伙伴对其表现出失望，也就是在与中国贸易量不断增加的同时，拉丁美洲和加勒比海地区与中国贸易的发展潜力远低于拉丁美洲和加勒比海地区与其他国家的发展潜力。

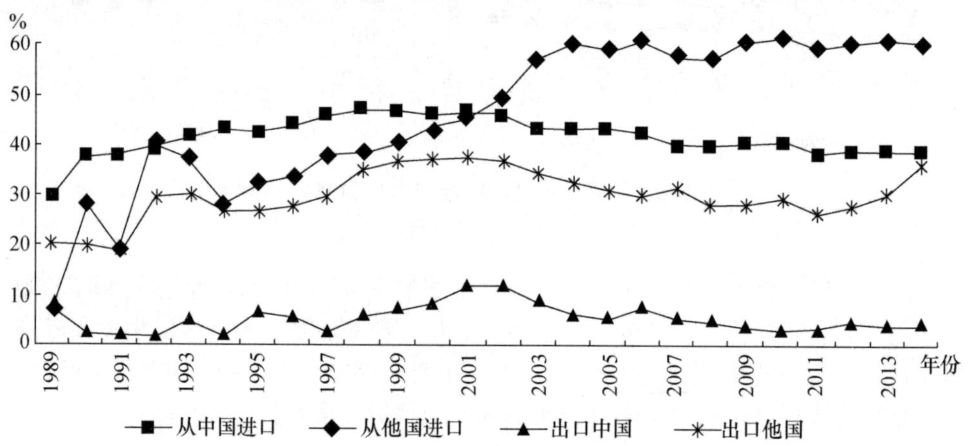

图3　拉丁美洲和加勒比海地区的进出口贸易中高科技含量占总额的百分比（1989～2014年）

数据来源：笔者基于联合国商品贸易统计（2015）的分析

第四，拉丁美洲向中国出口的产品较其他国家单一（杜塞尔·彼得斯，2013a；拉丁美洲和加勒比经济委员会，2015）。根据全球统一关税系统统计，拉丁美洲和加勒比海地区向中国出口的三大产品为矿石、油籽和铜（第四、第五位的是油和木浆），其占拉丁美洲和加勒比海地区与中国贸易的份额从2000年的50%增加到2014年的72%。另外，拉丁美洲和加勒比海地区从中国的进口交易量在一定时期内一直很低——低于绝对水平60%（如图4所示）。鉴于中国在贸易方面的活跃度，这些贸易特点会给拉丁美洲和加勒比海地区的收入分配、环境及健康方面带来不利的影响（杜塞尔·彼得斯，2013a；等等）。

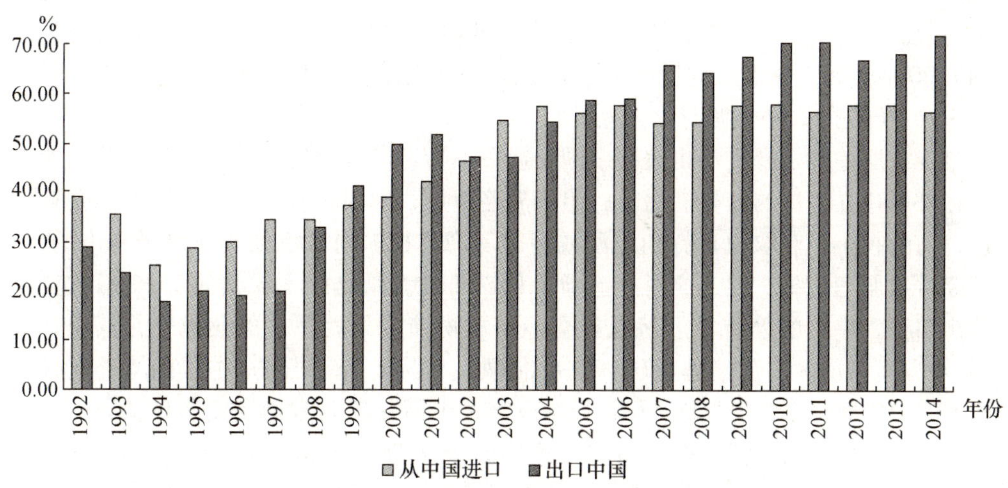

图4 拉丁美洲和加勒比海地区与中国的贸易集中度（1992～2014年）

数据来源：笔者基于联合国商品贸易统计（2015）的分析

二、拉丁美洲和加勒比海地区与中国经济关系的第二阶段：境外直接投资（2007～2008年）

自20世纪90年代以来，中国已经成为世界第二大海外投资接受国，仅次于美国。从长远来看，外商直接投资是中国吸引和学习跨国企业这项长期战略的一个重要部分，尤其是在纱线纺织、服装、电子、汽车零部件和汽车等领域。

在这种背景下，拉丁美洲和加勒比海地区与中国关系在2008年呈现出两个特点：融资量和海外直接投资不断增加。

自2007年以来，中国不断扩大在拉丁美洲地区的融资水平。2005～2014年，借贷高达1180亿美元。仅委内瑞拉就占拉丁美洲和加勒比海地区借贷总量的50%，占基础设施项目的42%。相对于其他国家，中国的融资主要集中于委内瑞拉、巴西和玻利维亚（加拉赫·欧文和科里斯克，2013）。鉴于中国基础设施项目的预期增加，中国这种新型的经济活动将会持续发展。自2008年全球经济危机以来，人民币在各地区的重要性不断增加，因此拉丁美洲和加勒比海地区与中国的贸易和金融关系也受到人民币不断国际化的影响。阿根廷、巴西和智利已与中国进行了2800亿元的双边货币互换，其他国家也有望加入此行列（斯坦利，2013）。

除融资以外，境外直接投资也大大提高了中国在拉丁美洲和加勒比海地区的影响力：2008年全球经济危机将OFDI和GDP增长以及固定资本形成总量联系在了一起。按绝对价值计算，2007 年以前，OFDI 为 200 亿美元，2013 年开始增长到 1000 亿美元，中国成为世界第三大主要 OFDI 来源国，仅次于美国和日本（计算中国 OFDI 的数据来源有很大差异）。

上文所述的发展趋势也表明中国企业在不断走向国际化及其在全球收购企业和在外国建立工厂的需要。另外，出于战略考量，中国政府也开始鼓励中国企业进行海外投资，获取原材料和能源或特定的高科技。同时也强调立足国内市场，不断升级服务质量，促进高科技产业价值链日益精细化。不像其他 25 个最大资本出口国，中国的公有制经济在社会经济中扮演着无处不在的角色，尤其是在 OFDI 方面，中国正在建立层层“制度滤网”，提高（或抑制）中国的境外直接投资。自 2000 年实施“走出去”战略以来，中国在产业方面制定具体清单——产业和加工的“正面”OFDI 清单，而不是像大部分国家那样列“负面清单”（也就是除部分产业和产品，其余都可进行境外直接投资）①。另外，国家发展改革委员会和商务部根据中央和地方各级标准来评定境外直接投资项目的价值。财政部也通过特项基金和税收政策支持 OFDI。中国进出口银行、信用保险公司、国有资产监督管理委员会以及国家外汇管理局也属于“制度滤网”的一层，用以协助实施国家战略（恩里克·杜塞尔·彼得斯，2013、2014）。

21 世纪后期，中国的境外直接投资增长主要有以下几个原因：国际上，中国面临着平衡资本账户和汇率下调的压力；宏观经济上，外汇储备的累积使得企业收购增加，也减少了外汇市场的压力；微观经济上，中国企业具有在国际新兴领域里竞争的渴望，因此就必须获得研发、专利、创新成果和知识，也就必须考虑境外直接投资；最后，或许也是最重要和饱受争议的一点，中国的公有制经济强烈刺激着中国企业转向境外投资（恩里克·杜塞尔·彼得斯，2015）。

因此，自 20 世纪后期，拉丁美洲和加勒比海地区与中国关系进入第二阶段，现在正处于境外直接投资阶段②。在过去五年，中国在拉丁美洲和加勒比海地区年均投资额为 107 亿美元（见表 1）。其中，巴西、秘鲁和阿根廷三国的投资额占总投资额的 87.63%，且在未来十年有望继续大幅增加。另外，在 2000～2012 年，中国在拉丁美洲和加勒比海地区收购的企业中 87% 为国有企

① 关于中国 OFDI 数据根据不同的来源而显示出巨大的差异。例如，中国国家统计局（2014）数据显示中国 2005～2013 年间 CFDI 总额为 776 亿美元，年均 77 亿美元（低于联合国拉丁美洲和加勒比地区经济委员会的数据）。其中，开曼群岛和维尔京群岛占总投资额的 87.83%，这一官方数据表明中国对拉丁美洲和加勒比地区年均境外直接投资低于 10 亿美元，是联合国拉丁美洲和加勒比地区经济委员会（2015b）数据显示的 1/11。更详细的信息，参照拉丁美洲和加勒比海地区—中国学术网（2015）。

② 不同的来源显示出巨大的数据差距。根据中国的数据来源（商务部，2016），中国在 2015 年首次成为净资产出口国。另外，中国香港、开曼群岛和维尔京群岛占中国境外直接投资的 2/3，也就是说，数据来源和统计方法是必须考虑的因素。

业（见表2），且主要是为了获取原材料（占57%）和该国的市场份额（占34%）（恩里克·杜塞尔·彼得斯，2013b）。通过调查五家在拉丁美洲的中国企业，结果反映中国的境外直接投资正经历一个快速和艰难的学习过程，双方都必须完善各自的制度机制，例如供应商和客户，以便推进中国在拉丁美洲和加勒比海地区的直接投资。但可能出现的问题，例如秘鲁的采矿业、乌拉圭和墨西哥的其他行业的问题会影响中国境外直接投资的活跃度（恩里克·杜塞尔·彼得斯，2014）。

表1　中国对拉丁美洲和加勒比海地区直接投资（1990～2013年）

单位：百万美元，%

地区＼年份	1990～2009	2010	2011	2012	2014	2010～2013	2010～2013年增长率（%）
阿根廷	143	3100	2450	600	120	6270	14.68
巴西	255	9563	5676	6067	2580	23886	55.92
智利	—	5	0	76	19	100	0.23
哥伦比亚	1677	6	293	996	776	2071	4.85
厄瓜多尔	1619	45	59	86	88	278	0.65
圭亚那	1000	—	15	—	—	15	0.04
墨西哥	146	9	2	74	15	100	0.23
秘鲁	2262	84	829	1307	4262	6846	16.03
特立尼达和多巴哥	—	—	850	—	—	850	1.99
委内瑞拉	240	900	—	—	—	900	2.11
总计	7342	13712	10174	9206	9624	42716	100.00

数据来源：笔者基于联合国拉丁美洲和加勒比经济委员会数据分析

表2　中国在拉丁美洲和加勒比海地区的企业并购情况（2000～2012年）

	交易量		总额	
	数量	份额（%）	交易额（百万美元）	份额
总计	2817	100.00	436845	100.00
已完成交易量	1502	53.32	268192	61.39
国有企业	542	36.09	225067	83.92
私营企业	960	63.91	43125	16.08
已完成交易量（已付款）	986	35.00	268192	100.00

续表

	交易量		总额	
	数量	份额（%）	交易额(百万美元)	份额
国有企业	380	38.54	225067	83.92
私营企业	606	61.46	43125	16.08
原材料　能源　水　汽	323	32.76	151589	56.52
制造业	47	4.77	3159	1.18
技术	227	23.02	22795	8.5
国内市场	389	39.45	90649	33.8
与拉丁美洲和加勒比海地区交易量	169	6.00	41084	100.00
已完成交易量	102	60.36	26965	65.63
国有企业	36	35.29	23543	87.31
私营企业	66	64.71	3422	12.69
已完成交易量（已付款）	58	34.32	26965	100.00
国有企业	23	39.66	23543	87.31
私营企业	35	60.34	3422	12.69
原材料　能源　水　汽	23	39.66	24100	89.38
制造业	4	6.9	95	0.35
技术	10	17.24	122	0.45
国内市场	21	36.21	2648	9.82

资料来源：杜塞尔·彼得斯（2013）基于汤森路透分析

因此，双方之间的融资和OFDI加大了双方关系的复杂性，机遇和挑战并存。中国对拉丁美洲和加勒比海地区的境外直接投资数量显著增加，占中国境外投资总额的10%～15%。此阶段双方互动和交流也显著提高。

三、拉丁美洲和加勒比海地区与中国经济关系的第三阶段：基础设施项目（2013年至今）

如今，除了贸易、直接投资和融资，中国还提供日益精细化的基础设施项目，其与贸易及境外直接投资有明显的区别。相关分析（恩里克·杜塞尔·彼得斯，2016）显示，此现象的出现有一系列原因。一方面，中国在经济、科技以及企业层面有实力进行基础设施项目设计和提供建后服务，例如道路、通信、港

口、能源体系（水力和其他形式的发电厂）等。另一方面，中国供应与拉丁美洲和加勒比海地区的需要，两者一拍即合：由于产能过剩，为了迎合走向全球化的需要，同时也为了表明与美国、欧洲和日本的不同，自2013年以来，中国政府大力支持“一带一路”战略，而LAS对基础设施建设投资明显不足，本该将国民生产总值的5%用于基础设施建设，然而实际却不到3%。中国企业通过公开招标的形式参与这些项目表明这些企业的精细化程度加强。

拉丁美洲和加勒比海—中国学术网曾研究过中国在拉丁美洲和加勒比海地区的基础设施项目，然而，最新一项研究表明（恩里克·杜塞尔·彼得斯，2017）：①中国在全世界的基础设施项目超过1000项，达5800亿美元。至2016年，拉丁美洲和加勒比海地区的项目占9.04%，金额占9.48%（见表3）。委内瑞拉、阿根廷、厄瓜多尔和玻利维亚的项目所占比重较大。②尽管拉丁美洲和加勒比海地区国家有着显著的特点，尤其是阿根廷和玻利维亚，但拉丁美洲和加勒比海地区平均每个项目的花费与世界其他地区持平。③中国全球投资追踪系统（2016）将寻求基础设施项目的主要中国企业与相应的拉丁美洲国家联系起来，结果发现，2005~2016年，仅19家中国企业就占了中国总的基础设施项目的76%，它们是国机集团、中国通信建设、中国铁路建设、国家建筑工程等企业。④拉丁美洲和加勒比海地区与中国相关研究的巨大潜力：少数企业如国机集团、中国通信建设、中国电力建设集团公司、国家电网和中国能源工程，占中国在拉丁美洲和加勒比海地区所有基础设施项目的77%，其价值占83%。因此，细致地分析每家企业能够帮助理解拉丁美洲和加勒比海地区与中国第三阶段的关系。

表3 中国2000~2016年在世界各地基础设施项目

	项目价值（美元）	World = 100
总计	574.05	100.00
非洲撒哈拉	570.68	99.41
拉丁美洲和加勒比海	602.20	104.90
阿根廷	1711.43	298.13
玻利维亚	294.44	51.29
巴西	676.67	117.88
厄瓜多尔	454.61	79.19
墨西哥	305.00	53.13
委内瑞拉	658.42	114.70
东亚	481.22	83.83
西亚	648.12	112.90

续表

	项目价值（美元）	World = 100
澳大利亚	571.00	99.47
美国	428.75	74.69
欧盟	585.88	102.06
中东和北非	570.06	99.30

资料来源：笔者基于中国全球投资追踪系统（2016）分析

四、结论和建议

本文分析的贸易和投资结构同样引起了 20 世纪五六十年代有关拉丁美洲和加勒比海地区的研究所面临的争议。例如，基于原材料的发展在中长期来看是不是可持续发展？科技进步——现在叫作“升级”在拉丁美洲和加勒比海地区这个以出口原材料为主的地区有没有可能实现？在这些社会经济活动中，国有企业扮演什么角色？拉丁美洲和加勒比海地区政治和商业精英是否准备好接受有助于认识中国，与中国合作、竞争的一些政策？等等。

对第三阶段拉丁美洲和加勒比海地区与中国经济关系的分析有助于解释不断复杂的拉丁美洲和加勒比海地区与中国关系。换句话说，在 2016 年，无法单独评价贸易、境外直接投资、融资或基础设施项目某一方面，因为这些因素在共同起作用。同时，也可以预见拉丁美洲和加勒比海地区与中国经济关系将进一步发展。

如前文提到的，过去十年，拉丁美洲和加勒比海地区向中国提供大量的原材料，这使拉丁美洲和加勒比海地区几十年前原本不能适应该地区的贸易和生产结构得到复兴。这项早期战略需要一个建立在低附加值产品和农业、油矿及其他加工贸易上的资本集约型模式。然而，与早期原材料贸易不同的是，自 20 世纪 90 年代以来，拉丁美洲和加勒比海地区主要原材料价格持续偏高（詹金斯，2011），在过去三四年，由于中国的需要，其价格得以下调。因此，在过去 30 年，阿根廷、玻利维亚、巴西、智利等国家能够以高价和有利的条件进行出口贸易。

另外，中国对拉丁美洲和加勒比海地区的贸易顺差自 2008 年以来达到 500 亿美元。因此，该地区与中国的贸易中不仅没有受到“荷兰病”效应的影响，反而导致其贸易赤字不断加大，拉丁美洲和加勒比海地区内不同的区域情况不同。于是回到最初的问题：基于低附加值原材料的增长，出口和发展能不能可持续？该地区与普雷比施进行了几十年的讨论，同时结合国际专家如弗里德里希·李斯特在19世纪末德国的讨论，得出一个明确的答案：不能。历史上，相比原材料和农产品，制成品有很强的需求价格弹性（意味着制成品对价格变动反应更加灵敏）。从这方面看，中国促成了新的社会经济结构的产生——低附加值、低科技含量的出口，高集中度，集中于小部分产品、加工和企业，而不是更加精细的制成品，许多情况下不利于进口替代政策的实施。该政策被认为是中心—外围关系的典型。受影响的拉丁美洲和加勒比海地区产业精英对此强烈抵制①。

鉴于自身20世纪70年代以来的发展经验，中国应理解拉丁美洲和加勒比海地区对长期发展的考虑。自20世纪70年代起，中国的国有企业领导者和决策者们一直认为不能通过原材料（中国在20世纪80年代初主要出口油）、低附加值和低科技含量的产品出口来发展中国。认识中国国有企业的积极政策——社会政策、教育、处理地区差异、外商直接投资、产能提升以及在贸易方面的研发激励等（恩里克·杜塞尔·彼得斯，2015；等等），有助于认识现代中国。

从这一角度来看，拉丁美洲和加勒比海地区与中国要建立长久和谐的可持续关系，双方就应该进一步加强多样化的贸易和投资往来（联合国拉丁美洲和加勒比地区经济委员会，2015b）。若2014~2025年以6.8%（远低于2000~2014年的24.2%）的年平均增长率计算，拉丁美洲和加勒比海地区与中国的贸易在2015年可达到5000亿美元。中国在拉丁美洲和加勒比海地区股票直接投资在2025年可突破2500亿美元，尽管有些困难②。但从拉丁美洲和加勒比海地区方面来看，这都不是主要的发展问题。过去十年中国在拉丁美洲和加勒比海地区贸易和投资结构调整中发挥了重要作用，拉丁美洲和加勒比海地区走出当前的贸易投资结构合乎双方利益。

由此看来，仅有拉丁美洲和加勒比国家共同体—中国论坛是不够的，因为论坛关注的是现有贸易和投资结构的发展。基于对拉丁美洲和加勒比海地区与中国的分析，双方都应着眼于长期可持续发展日程，该日程也将论坛所强调的发展潜力考虑在内。从区域的角度来看，中国与拉丁美洲和加勒比国家共同体（联合国拉丁美洲和加勒比地区经济委员会）都应建立专门机构持续定期解决相应的问题，包括基础设施、贸易、投资、谈判、教育、贸易和投资交流、移民及签证等问题。要创立和支持此类机构——拉丁美洲和加勒比国家共同体就是制度缺陷一个典型的例子，缺少专业知识以及具体的监督和评价机制，甚至缺少对合作计划

① 拉丁美洲和加勒比海地区—中国学术网（2013）的四本书列出了异构效益以及对中国在拉丁美洲和加勒比海地区角色的看法。

② 要达到这一目标，相比2004~2012年中国对LAC直接投资17%的年平均增长率，该年平均增长率须达到11.4%。

(2015 ~2019 年）的执行力。如果把本文分析过的挑战都考虑在内，此话题会变得愈加重要。这些机构应该允许拉丁美洲和加勒比海地区与中国国有企业的参与，同时也欢迎专家、民间机构及某领域的专业学术机构。另外，拉丁美洲和加勒比国家共同体—中国论坛已建立的融资机构将有助于该制度建设。

为了制定一个保证长期可持续发展且超越现有投资结构的日程，拉丁美洲和加勒比海地区与中国都应着眼于双方具体的、共同的长期发展目标，例如在拉丁美洲和加勒比海地区的矿物、油、农产品出口方面制定具体的升级步骤，该步骤对相应的人群、企业和地区都有一定的影响力。目前为止，中国在拉丁美洲和加勒比海地区的贸易以及 OFDI 没有考虑到对该地的影响力，大部分国家没有做到出口升级。帮助拉丁美洲和加勒比海地区完成贸易结构升级对中国来说或许不是一项必须履行的责任，但双方短期关系的不和谐势必会影响其长期的和谐发展。

目前，拉丁美洲和加勒比海地区与中国关系的发展潜力和挑战更加复杂。除了贸易和 OFDI——这两项在拉丁美洲和加勒比海地区产生了相似的结构——在第三阶段，中国的基础设施项目要么会融入所有的包括地方或国家企业和团体，要么完全排斥。很明显，基础设施项目成了“交钥匙”工程，因为中国有能力提供资金、供货商、生产商、设计师、劳动力以及后加工服务等，也就是说，如果得到允许，上述的一切都可以由中国企业承担。从这一点看，拉丁美洲和加勒比海地区面临的发展挑战是不容小觑的。

此外，拉丁美洲和加勒比海地区与中国应建立专业工作组，以促进双边贸易，帮助中国根据发展目标投资具有附加值的产业链和地区。案例分析（恩里克·杜塞尔·彼得斯，2014）显示，中国在拉丁美洲和加勒比海地区的境外直接投资不同于其他国家，需要具体的规定来实现其升级、评估和规则的制定。否则，会产生误解致使工程失败。所以在这一地区，专家和学者的分析意义重大。

中国对拉丁美洲和加勒比海地区的直接投资新议题与新趋势

塞缪尔·奥尔蒂斯·贝拉斯克斯*

引　言

自 1978 年中国开始迈向世界，特别是 2001 年加入世界贸易组织，在许多领域改变了中国原有的国民经济面貌。在资本出口方面，以融资和境外直接投资（OFDI）的方式，中国正在逐渐成长。2005 ~ 2016 年中国在世界各地的基础设施投资达 5800 亿美元，拉丁美洲和加勒比海地区（LAC）占 9.5%（中国全球投资追踪系统，2016）。中国又是一个资本净进口国（联合国贸易和发展会议，2016），自 2014 年以来，中国资本进出口近乎持平，因此预计中国在近十年内又会成为一个资本净出口国。中国已经成为 LAC 主要的 OFDI 来源国之一，在 2005 ~ 2014年，年平均投资达 1071 万美元（中国国家统计局，2016）。

这与 LAC 的现状有很大关系，特别是拉丁美洲地区对基础设施的投资不足 GDP 的 3%，低于该国为消除地区差距而应投入的 5%（萨罗布里斯基等，2016）。在这种情况下，中国可以扩大在该地的投资，同时完善国内投资结构，增加资本存量。

本文旨在讨论中国对 LAC 直接投资的新议题和新趋势。本文分为三节，第一节为文献综述。第二节为中国对拉丁美洲和加勒比海地区的直接投资。在本节中，首先介绍记录中国境外直接投资的方法，这将有助于理解研究中存在的数据不一致的情况。其次分别从宏观经济和企业层面论述中国对 LAC 直接投资的新趋势。第三节为结论。

---

* 塞缪尔·奥尔蒂斯·贝拉斯克斯：墨西哥国立自治大学研究生院教授。本文由王敏翻译。

一、文献综述

关于中国对LAC直接投资的问题现有研究已从多个角度进行过分析，本文将对近期的讨论结果进行简要介绍。该结果是通过分析现有相关经济、社会及环保方面的文献讨论而得出的。此项研究涉猎384部文件，包括262部英文文件，83部汉语文件和39部西班牙语文件，通过查阅这些文件，得到一系列结论。首先，英文文献强调两个主题：①从实证、历史和传闻方面看OFDI对目的国可持续发展的影响；②通过与经济合作与发展组织国家对比，来审视中国的金融组织和发展政策。其次，来自拉丁美洲的文献主要强调两个主题：①通过案例分析中国直接投资对LAC的影响；②地区回应和外商投资规定。最后，中方文献主要强调：①境外中国企业将可持续发展理念融入政策和经营的重要性；②境外中国企业对社会责任的履行；③中国企业不考虑OFDI接受国可持续发展的原因。另外，指出中国对LAC直接投资是仿照现有的商业模式，例如，杜塞尔·彼得斯（2013）发现，2000~2013年，中国87.31%的FDI来自国有企业。同时，中国89%的境外投资（以企业并购的形式）集中在与原材料相关的领域，对应的国内占比仅为10%。基于商务部中国境外直接投资一览表，岳林（2013）也强调了同样的结果。

此项研究以集计研究为主（联合国拉丁美洲和加勒比经济委员会，2015），当然也包括基于私人数据提供者对于企业和投资者层面的非集计研究（杜塞尔·彼得斯，2013）以及中方如中国商务部的数据来源。然而，从宏观和微观研究LAC地区中国企业行为的文件却相对不足。

笔者认为，杜塞尔·彼得斯（2014）整理的《中国在拉丁美洲的直接投资：十例》是目前为止最准确的一部相关文献。该书论述了中国企业在五个拉丁美洲国家投资的具体条件动机：阿根廷（以华为、中海油、中石化为例），巴西（以国家电网、联想为例），秘鲁（以中渔集团、中国铝为例），乌拉圭（以汽车公司奇瑞和力帆为例），墨西哥（以华为和吉安汽车为例）。其他材料记录了中国企业参与的小型活动以及当地的反应，其中秘鲁与中铝（阿莫斯·桑伯恩和达梅尔特，2013）尤为突出。

二、中国对拉丁美洲和加勒比海地区的直接投资

1. 研究方法

表1显示，不同的数据来源，中国对外直接投资的数据差异较大。例如根据联合国贸易和发展会议2016年世界投资报告（与中国商务部数据差异很大），2015年中国OFDI达1275.6亿元，比同年经合组织的数据低32%。

表1　2005～2016年中国对LAC直接投资总额　　单位：百万美元

年份	2005	2010	2011	2012	2013	2014	2015	2016
世界各国								
经合组织	13730	57954	48421	64963	72971	123130	187801	64012
联合国贸易和发展会议	12261	68811	74654	87804	107844	123120	127560	
中国国家统计局	12261	68811	74654	87804	107844	123120		
	拉丁美洲和加勒比海地区							
联合国贸易和发展会议	6466	10538	11936	6170	14359			
中国国家统计局	6466	10538	11936	6170	14359	10547		
拉丁美洲和加勒比经济委员会		13712	10175	9206	9624			

注：2014年数据为笔者基于中国全球投资追踪系统估计

数据来源：笔者基于经合组织（2016）、联合国贸易和发展会议报告（2016）、中国国家统计局（2016）、拉丁美洲和加勒比经济委员会（2015）数据的分析

自2003年以来，中国政府在收集和公布OFDI数据时坚持采用国际标准（经济合作与发展组织，2008），然而，仍然存在对OFDI数据估计过低的情况（见表1）。因为商务部仅收纳经其批准和登记的项目，未经批准和登记的项目不包括在内。

国际货币基金组织（2014 年）承认中国自 2010 年实施协调直接投资调查以来，其对外直接投资数据收集质量不断提高。很大程度上是因为中国采用国际收支平衡法和直接投资区位统计法，在数据收集的范围、准确度和详细度方面有很大提高。

2013 年 10 月，协调直接投资调查组开展双边信息不对称查明工作，并从信息不一致的国家取得反馈。共 18 个国家的反馈表明，数据的不一致主要是由信息的不对称、统计方法和统计范围的不同造成的。

自 2014 年起，中国国家商务部、国家统计局和国家外汇管理局，基于《经济合作与发展组织手册》（第四版）（商务部，2015），合作整理中国对外直接投资数据。为了找到对外直接投资的影响方向（奥尔蒂斯·贝拉斯克斯，2016），对外直接投资的数据计算须采用定向方法，这也有利于检验对外直接投资的本质和动机（经济合作与发展组织，2014）。

定向方法仅考虑对外直接投资常驻母公司的位置，而外商直接投资仅考虑常驻子公司的位置。传统的计算方法（资产/负债）带有这种强烈的反差，因为资产包括母公司的资产和子公司的资产。若采用定向方法，互相投资或交叉投资（子公司投资母公司）不计算在总投资额内（包括对外投资和接受投资）。在一定时期，一些国家因采用的计算方法不同导致 FDI 数据差异很大，这种差异的程度取决于交叉投资的数量及方向[①]。

经济合作与发展组织近期颁布部分国家 2005 ~ 2016 年 FDI 数据（包括对外投资、接受投资及资本存量），该统计采用了两种统计方法。对于中国，经合组织仅报告了定向统计的结果。表 2 为经合组织与联合国贸易和发展会议关于中国 FDI 的数据对比，前者统计要高于后者，自 2010 年开始甚至高出了 1 倍（见表 2）。

另外，中国 OFDI 显示出巨大的不一致和不稳定性，例如，2009 ~ 2013 年，经合组织显示的 OFDI 数据比联合国贸易和发展会议报告的数据低 26%，而在 2015 年又高出 47%。原因是考虑到对外直接投资的影响方向，中国成为一个 FDI 净接受国，这与传统方法的统计结果——中国正在成为一个资本净出口国恰好相反。根据联合国贸易和发展会议报告结果，2015 年 OFDI/FDI 的值为 94.1%（2005 ~ 2015 年累计 64.3%），而在经合组织定向方法统计下，该数据为 75.2%（累计 31%）。

① 详见奥尔蒂斯·贝拉斯克斯（2016）。

表 2　2005～2015 年两种方法下的中国 FDI 和 OFDI　单位：百万美元

年份	2005	2006	2007	2008	2009	2010	2011	2012	2013	2014	2015	2005～2015
联合国贸易和发展会议												
资本流动												
OFDI	12261	17634	26506	55907	56529	68811	74654	87804	107844	123120	127560	758630
FDI	72406	72715	83521	108312	95000	114734	123985	121080	123911	128500	135610	1179774
OFDI/FDI	16.9	24.3	31.7	51.6	59.5	60.0	60.2	72.5	87.0	95.8	94.1	64.3
资本存量												
OFDI	57206	75026	117911	183971	245755	317211	424781	531941	660478	882642	1010202	4507123
FDI	272094	292559	327087	378083	473083	587817	711802	832882	956793	1085293	1220903	7138396
OFDI/FDI	21.0	25.6	36.0	48.7	51.9	54.0	59.7	63.9	69.0	81.3	82.7	63.1
经合组织（定向统计）												
年份	2005	2006	2007	2008	2009	2010	2011	2012	2013	2014	2015	2005～2015
资本流动												
OFDI	13730	23932	17155	56742	43890	57954	48421	64963	72971	123130	187801	710688
FDI	104109	124082	156249	171535	131057	243703	280072	241214	290928	268097	249859	2260906
OFDI/FDI	13.2	19.3	11.0	33.1	33.5	23.8	17.3	26.9	25.1	45.9	75.2	31.4
资本存量												
OFDI	64493	90630	115960	185694	245750	317210	424780	531900	660480	882640	1129300	4648837
FDI	471549	614383	703667	915524	1314771	1569604	1906908	2068000	2331238	2599102	2842300	17337047
OFDI/FDI	13.7	14.8	16.5	20.3	18.7	20.2	22.3	25.7	28.3	34.0	39.7	26.8

资料来源：笔者基于联合国贸易和发展会议及经合组织（2016）的分析

值得一提的是，两种统计方法都表明 2015 年世界四大资本出口国（美国、日本、中国、俄罗斯）仍保持其地位。但在定向统计中，例如英属维尔京群岛和中国香港等避税天堂不在此列（奥尔蒂斯·贝拉斯克斯，2016）。

2. 中国对拉丁美洲和加勒比海地区投资新趋向

2010 年以前，中国对拉丁美洲和加勒比海地区投资十分有限，之后得以迅速发展。根据联合国拉丁美洲和加勒比经济委员会 2015 年的统计，2010 年该投资额为 1400 万美元，该年成为了转折性的一年。然而，3/4 的投资与两大油业巨头相关，即投资巴西的中石化和投资阿根廷的中海油。ECLAC（2015）估计 2010～2013 年中国年均对外直接投资超过 1067.9 万美元。另有资料显示，2010～2014年中国对 LAC 年均直接投资达 1071 万美元（见表 1）。

除了统计方法的原因，ECLAC（2015）认为，中国商务部之所以不能统计出真实的中国对外直接投资数据，还有其他方面的原因：一是中国企业通常是通过第三方进行 OFDI 的[①]。二是 LAC 一些国家不记录投资来源，例如，ECLAC 指出，2014 年 LAC 地区前 20 项最大的并购中，有三项是中国企业完成的，包括该年最大的一项[②]。然而，有两项是在秘鲁进行的，该国的中央银行就没有追踪其投资来源。三是中国对 LAC 地区直接投资的资金到位和分配都是由位于避税天堂的特殊目的实体来完成的。例如，2004～2014 年中国对 LAC 地区的直接投资 88% 开曼群岛和维尔京群岛（见图 1）。因此中国和 LAC 应该以定向统计计算其 FDI。

另外，从国际收支平衡来看，并非所有外国公司参与的外部融资都会被算作 FDI，关键要看该公司归当地还是外国公司所有。例如，巴哈马大型度假村（始建于 2010 年，2015 年竣工）是加勒比海地区投入金额最大的一个项目，高达 35 亿美元（ECLAC，2016）。但该项目由该国企业家发起，雇用中美建设公司，从中国进出口银行取得融资，雇用中国劳动力，该项目就不能算作外商直接投资项目。只有当该项目由外国公司发起才能算作外商直接投资项目[③]。

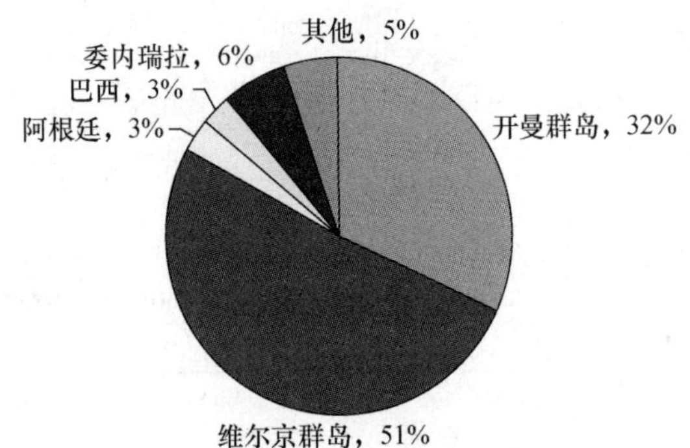

图 1－a　中国国家统计局计算的 2003～2013 年中国在 LAC 投资主要目的国（比例结构）

资料来源：笔者基于国家统计局（2016）的分析

① 中石化 700 万美元收购雷普索尔 40% 的股份记录为卢森保投资，因为该收购是通过中国在卢森堡的子公司完成的（拉丁美洲和加勒比经济委员会，2015）。

② 前 20 项包括如下中国在 LAC 2014 年的并购。第 1 位：五矿资源有限公司和另一中国公司合伙收购秘鲁拉斯班巴斯铜矿，出售国为瑞士，交易额达 700 万美元。第 5 位：中国石油天然气集团公司收购位于秘鲁的巴西国家石油公司，出售国为巴西，交易额达 260 万美元。第 20 位：中国建设银行收购位于秘鲁的工商银行，出售国为巴西，交易额达 72.5 万美元。

③ 该项目因银行、当地投资者、政府间的矛盾以及经济问题而未能完成（ECLAC，2016）。

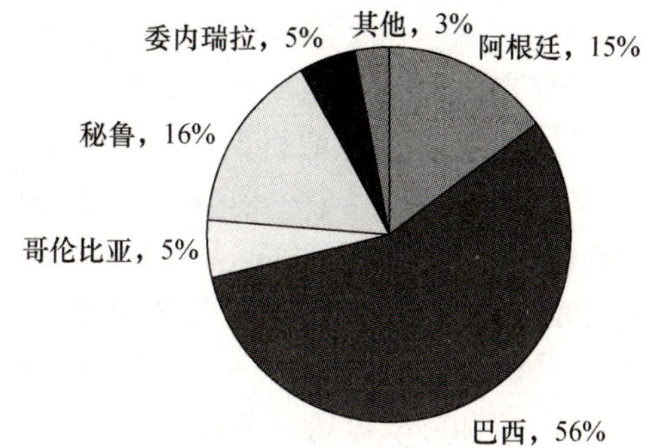

图 1－b　拉加经委会计算的 2003～2013 年中国在 LAC 投资主要目的国（比例结构）

资料来源：笔者基于拉加经委会（2015）的分析

统计方法上的不同只是目前缺乏有效数据的部分原因。事实上，ECLAC 数据仅记录了 1990～2013 年的十个经济体（见表 3）。仅秘鲁和巴西就占 2013 年中国对 LAC 直接投资的 3/4，而墨西哥仅占 0.2%。

表 3　1990～2013 年中国对外（LAC 十国）直接投资

单位：百万美元，%

年份	1990～2009	2010	2011	2012	2013	1990～2009	2010	2011	2012	2013
	投资额					占比				
阿根廷	143	3100	2450	600	120	1.9	22.6	24.1	6.5	1.2
巴西	255	9563	5676	6067	2580	3.5	69.7	55.8	65.9	26.8
智利	—	5	0	76	19	—	0.0	0.0	0.8	0.2
哥伦比亚	1677	6	293	996	776	22.8	0.0	2.9	10.8	8.1
厄瓜多尔	1619	45	59	86	88	22.1	0.3	0.6	0.9	0.9
圭亚那	1000	—	15	—	—	13.6	—	0.1	—	—
墨西哥	146	9	2	74	15	2.0	0.1	0.0	0.8	0.2
秘鲁	2262	84	829	1307	4626	30.8	0.6	8.1	14.2	48.1
特立尼达和多巴哥	—	—	850	—	—	—	—	8.4	—	—
委内瑞拉	240	900	—	—	1400	3.3	6.6	—	—	14.5
总计 LAC	7342	13712	10175	9206	9624	100.0	100.0	100.0	100.0	100.0

资料来源：ECLAC（2015）、官方消息、路透社、外商直接投资市场、遗产基金会和企业信息

中国对LAC直接投资90%用于自然资源，但考虑到该投资仅占中国对LAC直接投资总额的25%（拉丁美洲和加勒比经济委员会，2015），该数字就显得十分重要了。比当古（2012）和杜塞尔·彼得斯（2013）基于分析并购的数据也得出类似结论。但因为并购只是FDI其中一个方面[①]，该数据还有待验证。图2和图3为2005～2014年中国OFDI结构，主要为两大类：企业并购和新投资。从图中可以看出，中国在LAC地区的并购97%集中在能源和采矿行业，新投资的53%用于制造业，其次为采矿行业。因此，决定中国对LAC地区的直接投资的因素主要为寻求资源（并购）和寻求市场（新投资）。

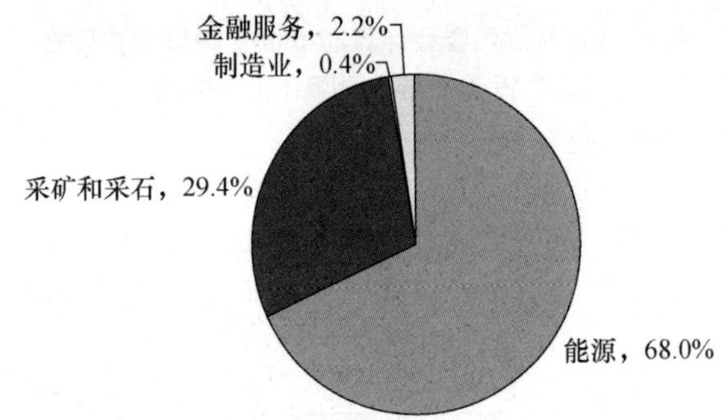

图2　中国2005～2014年对外（LAC）直接投资——并购形式

注：LAC包括阿根廷、巴西、智利、哥伦比亚、厄瓜多尔、墨西哥、秘鲁和委内瑞拉

资料来源：笔者基于汤森路透的分析

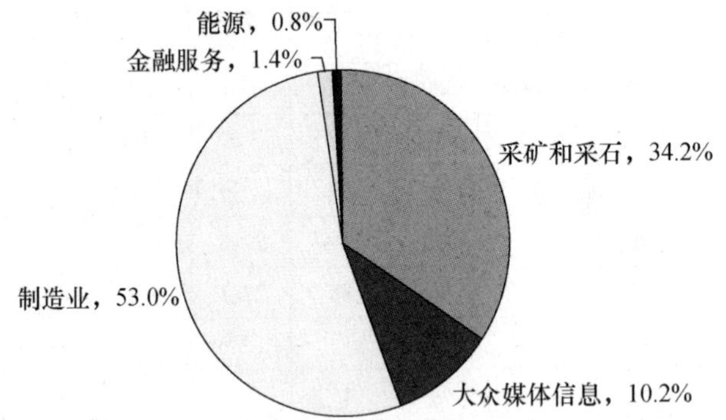

图3　中国2005～2014年对外（LAC）直接投资——新投资形式

注：LAC包括阿根廷、巴西、智利、哥伦比亚、厄瓜多尔、墨西哥、秘鲁和委内瑞拉

资料来源：笔者基于外商直接投资市场信息的分析

① 区别并购和新投资对从地区层面了解OFDI的社会经济意义十分关键。新投资是通过注入新资本、扩大生产性资产，短时期内能起到增加就业的作用。而并购仅改变公司所有人，不代表有新的资本产生。

表4　2015～2016年中国OFDI估计（从企业层面）

投资企业	投资领域	目标国家	投资类型	被收购的企业	金额（百万美元）	份额（%）
中国卫星发射测控系统部	科技	阿根廷	新投资		300	4.0
比亚迪	能源	巴西	新投资		100	1.3
交通银行	金融	巴西	并购	Banco BBM SA	170	2.3
三峡	能源	巴西	并购	Participacoes	490	6.6
中国工商银行	能源	巴西	并购	巴西石油公司	2000	29.6
海航集团	交通	巴西	并购	Azul Linhas Aereas Brasileiras	460	6.2
长江三峡集团公司	能源	巴西	并购	Jupia e Iiha Solteira	3660	49.3
中国建筑工程总公司	旅游	巴哈马	新投资		250	3.4
LAC总计					7430	100.00
至2016年5月						
国家电网	能源	巴西	并购	马托格罗索	110	5.8
洛阳栾川钼业集团股份有限公司	化学	巴西	并购	英美资源集团	1500	78.9
上海鹏欣集团	农业	巴西	并购	Flagril Participac	290	15.3
LAC总计					1900	100.00

资料来源：笔者基于中国全球投资追踪系统（2016）和媒体报道分析而得

截至2015年，信息显示美国是LAC第一号直接投资大国（占25.7%），其次是荷兰（15.4%）和西班牙（11.5%）（ECLAC，2016）。基于中国全球投资追踪系统2016年数据，笔者估计中国2015年OFDI为74.3亿美元（见表4），其中，93%集中在巴西。至于项目类型，91%为并购。通过分析目标地子公司，表4中显示的趋势有所加强，也就是说8个项目中有4个是能源方面的。在金额方面，这些项目的占比超过所有中国对LAC直接投资的84%。

2015年，LAC地区20起并购中排第二位的是通过公开投标进行购买，例如中国长江三峡集团公司，世界最大的水力发电厂的经营者经营圣保罗的Jupiá and Ilha Solteira水力发电厂（ECLAC，2016）。2015年，中国另一个重大举动有关一个租赁合同，未来十年巴西石油预计向中国工商银行筹资20亿美元，租下P－52和P－57平台，以筹集资金减少贷款（路透社，2015）。

另外，2016年5月，中国全球投资追踪系统记载，仅中国对巴西的三项交易就达1.9亿美元（见表4）。中国洛阳栾川钼业集团股份有限公司收购的英美资源集团化学公司价值17亿美元，包括已敲定的15亿美元金额和1.87亿美元的营运资金及调整资金（泛美矿业，2016）。

表5　2016年中国主要对外投资企业公告

国家	投资公告
阿根廷	中石化推出新的油气勘探项目
秘鲁	世界第六大水泥制造商唐山冀东水泥股份有限公司计划收购 Cementos Interoceanicos
委内瑞拉	郑州宇通客车计划投资4.17亿美元，在亚拉奎建一个汽车装配厂；中国重汽计划建重型载货车厂；三一集团计划建一个建筑机械厂
牙买加	牙买加政府同意出让486公顷土地给中国港湾工程有限责任公司建三家豪华酒店（2500个房间），换取在该岛北海岸建设斥资6亿美元的67千米公路（《金融六月》（2016））
巴拿马	太阳能源公司（SPI）宣布建设100兆瓦的太阳能发电厂
巴哈马	中美建设公司宣布在拿索投资2.5亿美元建一个酒店
安提瓜和巴布达	一达国际投资集团计划投资20亿美元建一栋带有豪华酒店的综合大楼

资料来源：笔者基于 ECLAC（2016）的分析

表5基于ECLAC（2016）总结了至2016年中国在LAC地区主要投资项目，显示出：中国在拉丁美洲地区的投资集中于能源行业，在加勒比海地区集中于房地产业（特别是牙买加、巴哈马、安提瓜和巴布达岛）。

三、结论

2010年，中国成为LAC外商直接投资的主要来源，之后有所下降，2015年落后于美国、荷兰和西班牙。LAC地区投资水平不高（所占GDP份额），特别是基础设施领域（不到GDP的3%），因此中国的OFDI就显得格外重要。中国将通过OFDI提升LAC地区投资率。

通过查阅最新相关文献、材料和企业动态，本文对中国在LAC地区的直接投资做了一个分析。理解中国OFDI的行为和动机对理解中国企业在LAC地区借助直接投资和基础设施工程实现其长期发展的战略至关重要。如前所述，研究中

国 OFDI 是以集计研究（联合国拉丁美洲和加勒比经济委员会，2015；比当古，2012）为主，也包括企业层面的研究如汤森路透和中国全球投资追踪系统的研究。尽管有相关案例分析提到了 LAC 地区中国企业的存在，但真正意义上的研究仅杜塞尔·彼得斯一人。鉴于统计方法上的不足（这个不足影响很大），2000～2012年，中国在 LAC 地区 87% 的并购源于国企，在投资类型上，基于文献和笔者估计，自 2005 年以来，中国在 LAC 地区投资主要为两类：寻求资源（以企业并购为例）和寻求市场（以新投资为例）。而 97% 的并购是在能源和采矿领域，53% 的新投资也是在采矿领域。2015～2016 年，中国的直接投资主要投向巴西，特别是巴西能源领域的并购居多。

中国与拉丁美洲国家经贸关系

黄　磊　陈　丹*

一、拉丁美洲概况

拉丁美洲（Latin America）是指美国以南的美洲地区，地处北纬32°42′和南纬56°54′之间，包括墨西哥、中美洲、西印度群岛和南美洲。因曾长期沦为西班牙和葡萄牙的殖民地，现有国家中绝大多数通行的语言属拉丁语族，故被称为拉丁美洲。拉丁美洲东临大西洋，西靠太平洋，南北全长11000多千米，东西最宽5100多千米，最窄处巴拿马地峡仅宽48千米。北部有墨西哥湾和加勒比海。面积2056.7万平方千米。

南亚美利加洲（South America），简称南美洲。位于西半球的南部，东濒大西洋，西临太平洋，北濒加勒比海，南隔德雷克海峡与南极洲相望。一般以巴拿马运河为界，与北美洲分隔。大陆东至布朗库角（西经34°46′，南纬7°09′），南至弗罗厄德角（西经71°18′，南纬53°54′），西至帕里尼亚斯角（西经81°20′，南纬4°41′），北至加伊纳斯角（西经71°40′，北纬12°28′）。

南美洲面积约1797万平方千米（包括附近岛屿），约占世界陆地总面积的12%。从地理区域上划分为：南美北部诸国，包括圭亚那、苏里南、法属圭亚那、委内瑞拉和哥伦比亚；安第斯山地中段诸国，包括厄瓜多尔、秘鲁、玻利维亚；南美南部诸国，包括智利、阿根廷、乌拉圭、巴拉圭。巴西是南美洲面积最大、人口最多的国家，占地面积8514877平方千米，约占南美大陆总面积的一

---

* 黄磊：广东外语外贸大学商学院博士，富布莱特学者；陈丹，广东外语外贸大学商学院硕士研究生。

半，人口 2.04 亿左右，约占南美洲总人口的 1/3。

南美洲民族成分十分复杂，居民构成的突出特点是人种复杂，混血人种居多，占一半以上，各种混血型都有，是不同种族之间通婚的结果。在 2015 年的人口统计中，6 亿多人口中白人人数居第一位，其次是印欧混血和印第安人居多，其中黑人最少。在语言方面，除了英语互通以外，一些国家也有属于自己的官方语言，比如巴西官方规定葡萄牙语为官方语，土著居民印第安人则习惯用印第安语，法属圭亚那一直以法语为主，大多数国家通用西班牙语，语言互通性比较强，各地区之间经济文化方面交流合作比较容易开展。

南美各国人民宗教信仰比较一致，大多数信奉天主教，少数信奉基督教，其他教派小到可以忽略不计。所以在南美地区，很少会发生宗教冲突事件。由于其特殊的历史与地理因素，南美人民在生活习惯与待人礼仪方面深受欧美影响。比如智利，其建筑风格、人民穿衣打扮与欧美类似，故而，在智利经商，学习欧美作风会是一种不错的选择。

一般而言，拉丁美洲属于文化地理上的划分，拉丁美洲国家主要说西班牙语和葡萄牙语，宗教信仰主要是天主教，而南美洲属于自然地理上的划分，巴拿马运河以南就是南美洲，以北则是北美洲。不过，为了便于讨论，本文将南美洲与拉丁美洲视为等同表述。

二、拉丁美洲经济特点

拉丁美洲经济由于受诸多方面因素的相互作用、互相融合，最终形成当前呈现出来的具体特征。下面首先对拉丁美洲的自然、社会、文化和政治、法律以及技术五个方面的特点进行具体阐述，在此基础上讨论拉丁美洲的具体经济特点。

1. 拉丁美洲环境特点

（1）自然环境。

拉丁美洲地势西高东低，高原平原相间分布，拥有世界上最长的山脉安第斯山脉，地理环境优越。拉丁美洲大部分位于南北回归线之间，属于热带；全年高温，以热带气候为主，常年湿热；四面临海，周围有广阔的海岸线，降水量丰富。因为拥有天然的优势，拉丁美洲植物生长茂盛，森林和草原占地较大，分别约占世界森林面积的 23%、草原总面积的 14%。自然资源十分丰富，石油、铁、铜等存储量居世界前列，亚马孙热带雨林拥有多种红木、乌木、纺锤树等珍贵树种。渔业资源和水力资源也十分丰富，河流多，流量大。巴拉那河上游位于巴西与巴拉圭边境的伊泰普水电站是目前最大的水电站。天生优越的地理环境为其经济发展提供了得天独厚的条件。如今，各国工业化进程加快，对原材料的需求不断增加，光靠自身的原材料资源已经远远不能满足工业化的发展需求。因此，各国对拉丁美洲国家的重视程度不断提升，对拉丁美洲市场的竞争更为激烈。拉丁美洲各国凭借其原材料和初级产品的大流量出口，获得了经济快速发展的空间。也正是因为自然资源充裕，导致大多数拉丁美洲国家的出口商品结构不平衡，出口产品集中单一，多数以原材料和初级加工产品出口为主导，这些都令其国内经济脆弱不堪。

（2）社会环境。

除了古巴，拉丁美洲国家大多实行多党制度，通过竞选投票决定执政党。由于国情与历史背景的差别，拉丁美洲地区的政党更迭比率居高[①]，左右翼政治力量竞争激烈，政局动荡。政府管制力度小，社会治安差。如哥伦比亚社会环境混乱，毒品泛滥，革命暴力盛行。巴拿马犯罪率一直居高不下[②]。社会环境不稳定，势必引起商业环境的动荡，给企业带来较大的社会风险，增加企业社会成本的付出。除此之外，政党的频繁更迭很多时候也会影响其政策的一贯性与稳定性。政策的随意性往往会给企业带来较大的变数。拉丁美洲地区国家风险之大，被视为拉丁美洲社会经济环境的一大特征。

（3）文化和政治环境。

拉丁美洲大多数地区人民思想仍比较保守落后，各地区多少都遗留了大男子主义的遗风。尤其是委内瑞拉，大男子主义一直盛行不衰，当地文化认为女子就应该待在家里相夫教子，抛头露面是一种令人无法容忍的行为。在这样的文化背景下，在拉丁美洲经商的女性往往会面临许多意料之外的不便和麻烦，比如受到周围人的打击、排斥甚至歧视等。

此外，拉丁美洲国家的资源经济民族主义思想的负面影响也很大。资源经济民族主义盛行于20世纪30年代大萧条和70年代国有化改革时期。在80年代实行新自由主义后，此民族主义思想才开始式微。近年来，由于新自由主义改革带来的诸多问题以及全球金融危机的爆发，这种民族主义又呈抬头趋势。典型的例子如委内瑞拉第52任总统查韦斯曾经宣称其国家目标是对全部能源享有主权；玻利维亚现任总统莫拉莱斯也提出要对石油和天然气实行国有化。这些政策措施无疑会叩启冲突和矛盾的潘多拉之盒，阻碍外资进入，进而对拉丁美洲国家的经济环境带来负面影响[③]。

---

① 毕晶．中拉经贸合作的现状、前景展望和政策思考［J］．国际贸易，2015（3）：37－40.

② 李国力．新世纪中国与拉丁美洲国家关系研究［D］．内蒙古大学硕士学位论文，2014.

③ 董国辉．中国与拉美经贸关系中的合作与冲突［J］．拉丁美洲研究，2013（3）：42－48＋80.

（4）法律环境。

法律环境是指一个国家或地区的整体法治状况和法治发展水平。从全球看，拉丁美洲整体法治状况处于中等水平，而且，拉丁美洲各国的法治发展水平参差不齐。部分国家相差悬殊，如乌拉圭与智利的国家法治水平处于上游，素有南美瑞士和“民主橱窗”之美称，法治水平堪比欧美法治成熟的发达国家，而玻利维亚与委内瑞拉国内法治状况极差，法治水平一直排世界最后几位。同是拉丁美洲国家，对比鲜明。在法律法制机构层面，尽管拉丁美洲国家投资、经贸相关法日益完善，但稳定性一直阙如。例如，1993～2010 年，巴西共修改宪法 72 次，被修订条款达 1042 条之多。作为一国根本大法的宪法尚且遭受如此境遇，遑论其他类型的法律法规。

拉丁美洲国家法律的波动性来源于其政治意识形态“左右”之争以及经济领域里的市场化与国有化的角力结果。例如拉丁美洲激进左翼代表查韦斯和莫拉莱斯分别在委内瑞拉和玻利维亚上台后，很快就推动在本国制定出新宪法。相对而言，拉丁美洲国家执法监管机构还算健全，政府的透明度也一直在增强。如巴西颁布了《信息自由法》，专门设立了政府信息公开机构。与此类似，智利也设立了透明委员会。尽管拉丁美洲国家司法系统相对独立，司法腐败却依然司空见惯。行政干预层出不穷，有法不依、执法不严等现象比比皆是。同时，行政效率低下，诉讼程序冗长，处决结果久拖不下①。而且，由于历史、地理和政党等问题导致拉丁美洲各国，甚至是同一个国家不同地区之间，具体的法律条款竟然大相径庭。

表 1 对拉美各国的法治指数排名进行了总结。由表 1 可见，在全球 113 个国家和地区的法治指数排名中，除了智利、哥斯达黎加和牙买加分别名列第 26、第 25 和第 47 位，剩余各国均排名 50 开外。排名 70 开外的达 10 个国家，其中委内瑞拉更是排名世界最末，表明拉丁美洲的整体法治环境不容乐观。

表 1　拉丁美洲各国的法治指数排名（2016 年）

国家	全球排名（共 113 国）	政府权力	没有腐败	开放政府	基本权利	秩序与安全	监管执法	民事司法	刑事司法
墨西哥	88	0.47	0.32	0.61	0.51	0.61	0.44	0.41	0.29
巴西	52	0.61	0.45	0.62	0.61	0.67	0.54	0.53	0.39
智利	26	0.73	0.7	0.72	0.75	0.68	0.66	0.64	0.58
危地马拉	97	0.53	0.34	0.49	0.55	0.59	0.39	0.33	0.29

① 谭道明，王晓惠．拉美投资、贸易的法律环境及风险防范［J］．拉丁美洲研究，2015（4）：3－11＋7.

续表

国家	全球排名（共113国）	政府权力	没有腐败	开放政府	基本权利	秩序与安全	监管执法	民事司法	刑事司法
阿根廷	51	0.59	0.51	0.57	0.69	0.62	0.47	0.57	0.43
委内瑞拉	113	0.18	0.25	0.32	0.33	0.48	0.21	0.29	0.13
哥伦比亚	71	0.53	0.41	0.64	0.55	0.55	0.52	0.5	0.34
秘鲁	65	0.63	0.36	0.56	0.64	0.64	0.5	0.44	0.34
玻利维亚	104	0.39	0.29	0.44	0.5	0.58	0.43	0.35	0.24
洪都拉斯	102	0.44	0.36	0.46	0.44	0.56	0.41	0.43	0.25
厄瓜多尔	91	0.39	0.42	0.45	0.51	0.6	0.46	0.44	0.36
萨尔瓦多	75	0.51	0.42	0.51	0.57	0.63	0.5	0.48	0.34
尼加拉瓜	101	0.32	0.37	0.41	0.45	0.66	0.46	0.37	0.32
巴拿马	62	0.56	0.45	0.58	0.63	0.67	0.52	0.48	0.29
哥斯达黎加	25	0.78	0.69	0.69	0.79	0.68	0.67	0.62	0.55
多米尼加	85	0.44	0.54	0.54	0.6	0.61	0.41	0.46	0.34
牙买加	47	0.64	0.58	0.58	0.63	0.64	0.54	0.54	0.45

数据来源：World Justice Project, The Rule of Law Index 2016 Report

（5）技术环境。

拉丁美洲式的进口替代道路向来主张出让国内市场以换取国际投资。这个战略虽然增进了居民福利，节省了技术研发耗费，减少了投资风险和市场风险，却断送了自己的技术研发和创立品牌的前景。忽略技术的内生化发展，导致今天除少数国家，如巴西、阿根廷和墨西哥等国家以外，绝大多数拉丁美洲国家技术地位不突出，技术水平落后，创新研发机制很弱，自主创新在深度和广度上都十分有限①。与亚洲国家相比，拉丁美洲国家之间技术水平差距悬殊，自我创新性低，对外来经济体依赖性十分严重。

此外，拉丁美洲国家的人才缺失问题较为严重，供需之间差距大、不平衡。根据世界银行统计数据，拉丁美洲正规经济部门中，有36%的正规公司在劳动力市场上找不到合适的技术人才。如巴西，高达60%的企业主称缺少可雇用的技术人才，而这种技术人才的需求差距世界平均水平是21%，OECD国家连15%都不到。相比之下，拉丁美洲国家技术人才缺乏程度可想而知。原因之一是这些国家在科研教育上的投资十分有限，在GDP中的占比微乎其微。其中只有巴西

① 谭道明，王晓惠．拉美投资、贸易的法律环境及风险防范［J］．拉丁美洲研究，2015（4）：3-11.

科研经费占 GDP 的 1%。跟发达国家比起来，这也是相差甚远。拉丁美洲国家每年向其他国家派出的留学生总数只占拉丁美洲总体人口的极少部分，而且，这些在外留学生很多都选择在国外生活，回流人才稀少，这是高科技人才严重缺失的深层原因。在学术环境上，拉丁美洲国家国内学术氛围普遍淡薄，学术交流不活跃。

2. 拉丁美洲经济发展水平

拉丁美洲国家绝大多数是发展中国家。21 世纪以来，凭借其丰富的自然资源，借助世界工业化进程加快以及世界市场对原材料需求旺盛这一趋势，拉丁美洲经济获得快速发展，并步入发展中国家前列。21 世纪的前十年，拉丁美洲国家 GDP 总体获得高速增长。人均 GDP 可观，经济规模较大，社会需求旺盛，市场广阔，成为投资热门地区之一。尽管如此，拉丁美洲各国的发展水平十分不均衡，各个国家实力相差甚远。表 2 是对拉丁美洲主要国家的人口统计资料进行的摘要性总结。

表 2　拉丁美洲主要国家基本资料（2015 年）

国家	领土（平方千米）	GDP 总量（10 亿美元）	人口（百万）	人均 GDP（美元）
墨西哥	1964375	1144	121.01	9517
巴西	8514877	1775	204.45	11159
智利	756102	240	18.01	14626
危地马拉	108889	63.79	16.18	3052.27
阿根廷	2780400	548	43.13	12128
委内瑞拉	912050	510	30.62	12794
哥伦比亚	1138910	292	48.20	7448
秘鲁	1285216	192.08	31.15	5974.48
玻利维亚	1098581	33.2	10.83	2372.55
巴拉圭	406752	27.62	6.76	3824.81
乌拉圭	176215	53.44	3.47	13943.9
洪都拉斯	112090	20.15	8.58	2329
厄瓜多尔	283561	100.87	16.28	5337.17
萨尔瓦多	21041	25.83	6.13	3853.11
尼加拉瓜	1304	12.69	6.26	1849.03
巴拿马	75420	52.13	3.91	10750.94
古巴	110860	80.66	11.24	5351.30

续表

国家	领土（平方千米）	GDP 总量（10 亿美元）	人口（百万）	人均 GDP（美元）
哥斯达黎加	51100	51.11	4.85	9129.53
海地	27750	8.88	10.91	731.23
多米尼加	48670	67.10	9.98	6494.15
牙买加	10991	14.01	2.79	4997.78

资料来源：http://www.tradingeconomics.com

如表2所示，2015年拉丁美洲国家中只有墨西哥和巴西两国的GDP在1万亿美元以上，两国GDP总计为29190亿美元，约占全拉丁美洲GDP总量的一半以上。委内瑞拉、哥伦比亚、智利、秘鲁、厄瓜多尔等国的GDP在1000亿美元以上，经济比较发达，除此之外，拉丁美洲其他国家GDP均处在较低水平，经济水平比较落后。在人均GDP上，超过1万美元的国家有6个，包括巴西、智利、阿根廷、委内瑞拉、乌拉圭和巴拿马。大部分在5000美元上下，少数在2000美元左右。而最贫困的海地，GDP总量不足100亿美元，人均GDP仅为700多美元。拉丁美洲国家经济发展水平的不平衡，原因如下：工业化程度普遍不高，主要依靠能源和自然资源优势生存，资本和技术匮乏，经济结构长期不合理，产品过于集中化和单一等。

此外，国际经济环境对拉丁美洲经济的影响也不容忽视。如美国经济虽复苏迹象良好，前景却仍扑朔迷离；欧元区主权债务危机阵痛仍未消除，被希腊、意大利等国拖后腿，近些年经济增长仍然没有起色。日本经济除了在2010年出现过短暂的增长外，以后一直处于死而不僵的状态。为了刺激增长，美国实行宽松的货币政策，日元和欧元一再贬值，波动不堪的国际汇率导致拉丁美洲原材料价格下降，石油价格下跌。拉丁美洲总体的经济潜在增长率从前十年的5%下降到3%，和预期的增长率落差较大①。更为严峻的是，拉丁美洲国家的区域经济融合度低，合作性差，人力资本缺乏。在出口方面，贸易保护主义抬头，与外国的贸易摩擦此起彼伏。

① 唐俊．新常态下中国与拉美经贸关系的新发展［J］．拉丁美洲研究，2015（5）：34－40＋80．

三、中国与拉丁美洲经贸合作与挑战

1. 贸易往来

中国和拉丁美洲国家的经济存在很强的互补性。拉丁美洲国家在矿物能源和原材料上有绝对的优势，中国的工业化进程加快，对原材料的需求也日益加大。根据资源禀赋论，拉丁美洲国家向中国出口其丰富的自然资源，中国则向拉丁美洲国家出口大量的工业制品，互惠互利，因此，拉丁美洲国家已然成为中国原材料市场多元化及其稳定性的关键所在。虽然中国对拉丁美洲国家贸易总额受国际市场上大宗商品与原材料价格下跌的影响有所下降，但是由于贸易额基数大，发展势头旺盛，中国对拉丁美洲国家贸易额从2000年的126亿美元增长到2014年的2635亿美元，14年增长了21倍。中国从而成为拉丁美洲的第二大贸易伙伴，也是巴西、秘鲁和智利等多个拉丁美洲国家的第一大贸易伙伴。贸易关系一直都是中国与拉丁美洲各国交往的主要基石①。

长期以来，由于中拉贸易商品结构的不合理和贸易品种单一，导致那些对中国有敌意的“新殖民主义”、“中国威胁论”等言论在拉丁美洲众多地区有一定的市场空间，中拉贸易摩擦不断②。1981年12月，巴西对中国发起第一次反倾销调查。根据中国贸易救济信息网统计，1979～2010年，在外国对中国共发起的1375起贸易救济调查中，拉丁美洲318起，占总数的23.1%。而这318起调查中，反倾销256起，占同期国外对中国反倾销调查总数1048起的24.4%，涉华保障措施50起，占总数202起的24.8%，特别保障措施12起，占总数85起的14.1%。拉丁美洲对中国的反倾销特点是：单方面发起诉讼，中企应诉率极低，结果往往是，对中国出口产品采取严厉的惩罚性措施，是对中国贸易制裁最严重的地区之一，并且拉丁美洲对中国贸易的限制形式，除了传统的那几种方式，又增加了海关估价、最低限价和出口认证等贸易救济手段，越来越具有隐蔽性和多样性。而中国对拉丁美洲鲜有贸易制裁。1997年至2007年6月30日期间，中国共发起138次反倾销调查，仅有一项针对拉丁美洲地区③。

---

① 孙岩峰．拉美行助推中拉关系开启历史新征程［EB/OL］．http：//news. sina. com. cn/c/2016－12－02/doc－ifxyhwyy0527427. shtml.

② 唐俊．新常态下中国与拉美经贸关系的新发展［J］．拉丁美洲研究，2015（5）：34－40＋80.

③ 董国辉．中国与拉美经贸关系中的合作与冲突［J］．拉丁美洲研究，2013（3）：8－42＋80.

表 3　主要拉丁美洲国家与中国的经贸关系（2014 年）

国家	对中国出口贸易额（万美元）	占中国进口比例（%）	从中国进口贸易额（万美元）	占中国出口比例（%）	对中国逆差(－)/顺差(＋)(万美元)
墨西哥	1117342	0.5703	3225539	1.3771	－2108197
巴西	5165322	2.6364	3489013	1.4896	＋1676309
智利	2098588	1.0711	1301750	0.5558	＋796838
危地马拉	5140	0.0026	186728	0.0797	－181588
阿根廷	524694	0.2678	767983	0.3279	－243289
委内瑞拉	1132005	0.5778	565742	0.2415	＋566263
哥伦比亚	759889	0.3878	804333	0.3434	－44444
秘鲁	814087	0.4155	610085	0.2605	＋204002
玻利维亚	49257	0.0251	70594	0.0301	－21337
巴拉圭	5563	0.0028	139624	0.0596	－134061
乌拉圭	262909	0.1342	245849	0.1050	＋17060
洪都拉斯	16166	0.0083	68654	0.0293	－52488
厄瓜多尔	106451	0.0543	324514	0.1385	－218063
萨尔瓦多	1047	0.0053	60189	0.0257	－59142
尼加拉瓜	4337	0.0022	56813	0.0243	－52476
巴拿马	12750	0.0065	930739	0.3974	－917989
古巴	33302	0.017	106247	0.0454	－72945
哥斯达黎加	418627	0.2137	110954	0.0474	＋307673
海地	1483	0.0008	39138	0.0167	－37655
多米尼加	27380	0.014	127363	0.0547	－99983
牙买加	3751	0.0019	52304	0.0223	－48553

数据来源：作者根据国家统计局，中国统计年鉴资料编制

表 3、图 1 和图 2 以 2014 年为例，总结了部分拉丁美洲国家与中国的进出口贸易情况。由图表可知，在列举的 21 个国家中，对中国贸易产生顺差的国家只有 6 个，按照规模大小排序为巴西、智利、委内瑞拉、哥斯达黎加、秘鲁和乌拉圭，占 28%。剩余国家均对中国出现贸易逆差，占 72%。这充分说明，拉丁美洲国家和地区与中国的进出口贸易关系并不属于均衡状态，绝大多数国家对中国表现为贸易逆差。另外，占中国进出口额比例较大的国家有四个，分别为巴西、智利、墨西哥和委内瑞拉，其他国家占比较小。

2. 投资

长期以来，拉丁美洲国家一直都处于中国“走出去”战略的核心地位。中

国对拉丁美洲投资持续增长，拉丁美洲成为中国重要的海外投资目的地。因拉丁美洲宏观经济环境相对稳定，国内需求旺盛，中国对拉丁美洲国家投资势头一直保持良好。截至 2014 年，我国企业在拉丁美洲直接投资存量为 1061.1 亿美元，流量达到 128.5 亿美元，涉及能源、矿产、农业、金融、基础设施、制造、服务业等诸多领域，占拉丁美洲国家吸引外商直接投资的 9%。此占比虽然不大，前景却被双方看好①。近年来，中国企业在拉丁美洲的重大投资以并购为主。2015 年，中国对拉丁美洲非金融类直接投资流量 214.6 亿美元，与 2014 年的 128.5 亿美元相比增长 67%。中国对拉丁美洲的投资不仅数量增多，涉及的领域也越来越广泛，特别是在基础设施方面的投资数额大、地域广。

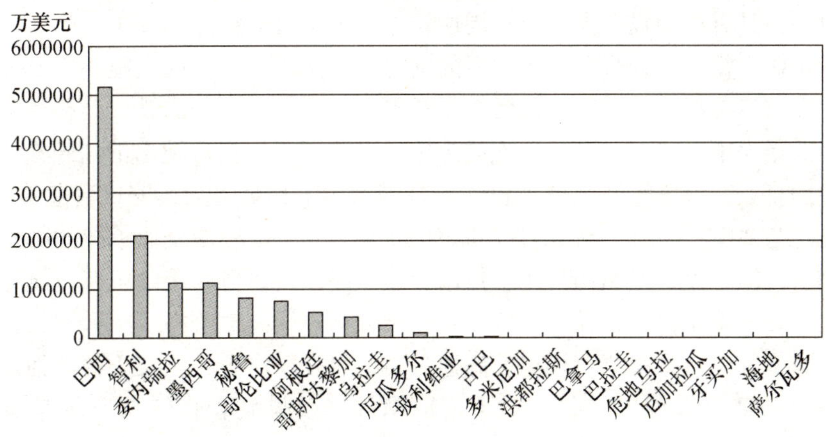

图 1　南美国家对中国出口贸易额（2014 年）

资料来源：作者根据国家统计局资料绘制

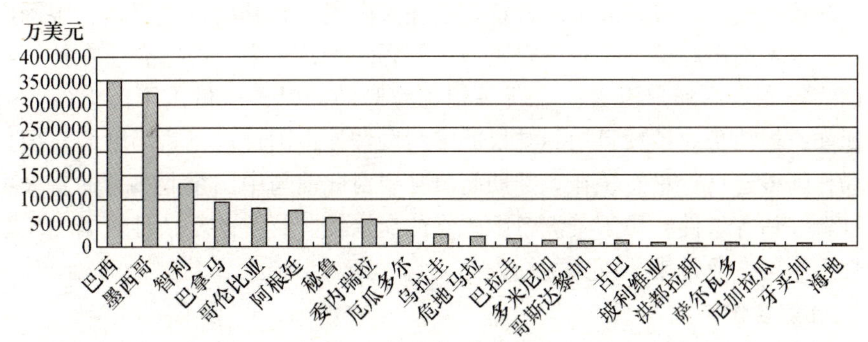

图 2　南美国家从中国进口贸易额（2014 年）

资料来源：作者根据国家统计局资料绘制

① 张明德．投资拉美：风险与应对［J］．国际问题研究，2015（6）：122－131.

拉丁美洲的发展需要与中国企业“走出去”战略高度契合：拉丁美洲基础设施落后，几乎成为国际公认的事实，严重降低拉丁美洲的投资环境条件，制约拉丁美洲地区的经济振兴，影响拉丁美洲经济的后续发展。改善交通、能源、电力、水利等基础设施的供应条件，在拉丁美洲地区客观上需要大幅度地增加基础投资，帮助改善拉丁美洲国家的商业环境。美洲开发银行在参与的《拉美与加勒比地区面临的挑战与机遇展望》研究报告中指出，“今后20年，拉丁美洲需投资2万亿美元用于基础建设”①，这就给中国企业在拉丁美洲投资指明了投资方向。

中国企业在拉丁美洲奉行公私伙伴关系的模式和相对开放的投资环境下，利用国内改革开放以来经济发展取得的资本、技术和管理优势，再加上基础设施投资项目一般具有初期投资大、收益周期长、资金密集等特点，竞争力明显高于许多本土企业。得益于资金和技术方面的优势，中国企业在基础设施投资方面优势突出，在拉丁美洲基础工程投标活动中频繁拿下项目，涉及高铁、公路、港口等多方面的重大项目建设。基础设施成为中国对拉丁美洲投资输出的增长点。2015年，中国企业在拉丁美洲承包工程签署合同额181.6亿美元，完成营业额164.0亿美元，与2014年相比分别增长10.3%和24.4%。由中国企业承揽的阿根廷基什内尔—塞佩里克水电站和贝尔格拉诺货运铁路改造、巴西美丽山特高压输电二期工程、玻利维亚鲁雷纳瓦克公路、哥伦比亚马道斯高速公路等重大项目已经或即将实施。其中，哥伦比亚马道斯高速公路项目是中国企业在拉丁美洲地区中标的第一个PPP基础设施项目，对于推动中拉基础设施合作转型升级具有深远意义。

中国在拉丁美洲投资也面临着许多挑战，比如拉丁美洲由来已久的经济保护主义，政策不稳定，投资成本高，特别是在人力资本和基础设施方面，跟国内相比投入的成本高出几倍，有效需求乏力等问题。十几年来，中国企业在拉丁美洲投资面临着许多不确定因素，在获得相关经验的同时，也付出了巨大的学习成本。比如，墨西哥高铁项目招标结果的突然取消，中国建设巴哈马度假村项目陷入僵局，阿根廷马克里总统在竞选期间声称要对此前与中国企业签订的重大项目进行重新评估等事件，拉丁美洲各国政党的交错性、利益的复杂性、国内政策的随意性给中国企业带来了巨大的损失②。

3. 金融合作

世界市场上原材料、石油价格的下跌导致拉丁美洲各国的融资能力进一步下降，在国际社会上很难取得借款，无形中加重了中国对拉丁美洲国家在金融合作方面的筹码。再加上中国对拉丁美洲国家的贷款没有附加条件，使得拉丁美洲各

---

①② 张明德. 投资拉美：风险与应对［J］. 国际问题研究，2015（6）：122－131.

国更愿意与中国进行金融合作。

中国对拉丁美洲的信贷主要流向委内瑞拉、巴西、阿根廷和厄瓜多尔等国，信贷方面也日趋多元化。2015 年，工商银行与巴西国家石油公司开展了前所未有的金融合作，信贷优先集中在能源和基础设施、矿业部门和发展基金以及贸易信贷等领域。中国与巴西、阿根廷签署了数额巨大的货币互换协议，以应对可能的支付危机，为拉丁美洲贸易提供便利。阿根廷新任马克里政府在本国推动的汇率市场化改革和偿还外债中使用了该协议的信用额度。智利等与中国贸易关系密切的拉丁美洲经济体积极推行人民币作为储备货币。中资银行在拉丁美洲地区设立了更多的分支机构开展业务。金融合作大力促进了中国与拉丁美洲经贸合作转型升级①。2015 年，为支持中拉产能合作项目，中国宣布设立 300 亿美元的中拉产能合作专项基金。此外，中国还与巴西共同宣布设立 200 亿美元规模的中巴扩大产能合作基金。

2014 年 7 月，习近平主席在访问巴西期间，在与拉丁美洲领导人集体会晤时适时地提出了“1 +3 +6”合作框架，“1”是“一个规划”，是指要切实实行《中国与拉美和加勒比国家合作规划》（2015 ~2019 年）；“3”是三大引擎，要以贸易、投资和金融合作为动力，推动中拉合作全面发展；“6”是六大领域，即以能源资源、基础设施建设、农业、制造业、科技创新和信息技术为合作重点，推进中拉产业对接，为未来几年中拉合作指出了具体的方向②。在中方倡导的“1 +3 +6”中拉务实合作框架内，其中 200 亿美元中拉基础设施专项贷款、100 亿美元优惠性质贷款和 50 亿美元中拉合作基金已经或即将开始运行。此外，为推动中拉贸易和投资合作，中国在智利和阿根廷分别设立了人民币结算中心③。这些金融支持，有利于中国企业、产品和服务进入拉丁美洲地区，提高人民币国际化水平。

4. 政府关系

国家间政府关系会直接对经贸关系产生重要影响。中国和拉丁美洲政府的关系也是如此。近几年来，中国最高领导人多次访问拉丁美洲国家，大大提高了中拉之间政府关系的亲密度。国家主席习近平于 2013 年访问墨西哥、哥斯达黎加、特立尼达和多巴哥，2014 年又访问巴西、阿根廷、委内瑞拉和古巴，2016 年 11 月，又出访了厄瓜多尔、秘鲁和智利。如此高频率的出访拉丁美洲国家政府，足以表达中国的诚意，中国十分愿意与拉丁美洲国家进行深度交流与合作，说明拉

① 张明德．投资拉美：风险与应对［J］．国际问题研究，2015（6）：122 －131.

② 孙岩峰．拉美行助推中拉关系开启历史新征程［EB/OL］．http：//news. sina. com. cn/c/2016 －12 －02/doc －ifxyhwyy0527427. shtml.

③ 习近平．共同谱写中拉全面合作伙伴关系新篇章［N］．人民日报，2015 －01 －01.

丁美洲在中国的外交地位日益突出[①]。在内部，拉丁美洲国家正处于十多年来政局最为动荡的时期，政党竞争激烈，社会动荡不安；在外部，国际大宗物品价格持续下跌，石油价格更是屡创新低，拉丁美洲出口贸易受到严重影响，再加上欧美麻烦不断，难民危机，英国脱欧，导致欧美无法顾及拉丁美洲问题。美国新任总统特朗普奉行“利益至上”原则，更是不会插手拉丁美洲危机。在这种局面下，中国愿意向拉丁美洲国家伸出援手，中拉合作更为紧密的趋势势不可挡。巴西、阿根廷和秘鲁均将发展对华关系置于优先地位，阿根廷、巴西总统也参加了杭州 G20 峰会，并与中国签署多项合作协议，秘鲁的新任总统库琴斯基 7 月当选后，首访的第一个区域外国家就是中国。

2016 年中国与拉丁美洲政府之间的互动充分肯定了 20 世纪以来中国与拉丁美洲国家良好的交流合作关系。中国与拉丁美洲国家在文化交流上也取得了喜人的成绩，关系突飞猛进。中国开设西班牙语与葡萄牙语的高校已达上百所，在校学生 2 万多人，在拉丁美洲地区，从 2006 年第一所孔子学院在墨西哥建立以来，共 15 个国家已建有 10 所孔子学堂和 35 所孔子学院[②]。

不过，中国与拉丁美洲国家政府的关系仍然存在很多问题。比如中国与哥伦比亚自由贸易协定仍停留在可行性研究阶段，巴西国会一直没有正式承认中国的市场经济地位等。由于中拉地理距离遥远，文化差异比较大，双方都对彼此不是很了解，在政治和经济政策方面，可能存在着较大的分歧，但是中国与大多数拉丁美洲国家都有过被殖民侵略，追求民族解放与自由的历史经历，同属发展中国家，在反对霸权与强权政策，维护世界和平，建立国际政治经济新秩序等方面有着相同或相似的立场，有着相同或接近的利益诉求。中国与大多数拉丁美洲国家都是被排除在以《跨太平洋伙伴关系协定》为代表的新一代国际经济合作规则之外[③]。双方此时应求同存异，积极沟通，互相合作，谋求经济共同发展。

四、展望与对策

综上所述，中国与拉丁美洲国家一直以来都能够保持良好的关系，双方的经济贸易合作具有无可取代的互补性，比如，拉丁美洲国家在矿物能源和原材料上有绝对的优势，中国国内仍然会维持对拉丁美洲原材料和初级产品的长期需要。

①② 孙岩峰．拉美行助推中拉关系开启历史新征程［EB/OL］．http：//news. sina. com. cn/n/2016 - 12 - 02/doc - ifxyhwyy0527427. shtml.

③ 张明德．投资拉美：风险与应对［J］．国际问题研究，2015（6）：122 - 131.

中国在过去30年所积累的资本、技术和管理水平优势，跟拉丁美洲资源优势相结合，可以在拉丁美洲地区大有作为，促进双方发展。因此，加强中国与拉丁美洲国家的经济贸易合作符合双方利益的共同需求。中国对拉丁美洲国家的基础设施投资、进出口和其他类型的经贸合作，不仅令中国企业在海外开拓市场获得巨大的空间，也可以以此带动拉丁美洲地区产业升级优化，促进拉丁美洲企业技术与科技的进步，为当地人民提供就业机会，提高当地人民的福利水平①。而且，以此经济贸易关系为纽带，可以推动中国和拉丁美洲的政治合作，促进中国及拉丁美洲国家政治关系由点到线，再到面，获取质的飞跃，扩大中国及拉丁美洲经济体在国际上的话语权，为更多发展中国家谋利益。

但不可否认，中国和拉丁美洲经济也存在着显而易见的竞争性。改革开放以来，随着中国经济的迅速发展，现今中国经济总量已经在世界经济中排名第二，中国贸易总量排名第一。而且，由于拥有人口基数大、需求旺盛、劳动力价格低等条件，中国已经成为外来资本直接投资最有吸引力国家之一，在这方面拉丁美洲国家在把中国当作一个不可多得的资源的同时，也在一定程度上将中国视为世界市场上的主要竞争对手。这也是中国与拉丁美洲国家之间贸易摩擦不断的根源之一。

拉丁美洲国家和地区存在明显的共性，但是差异化程度也一样显著。因此，在未来的经济贸易活动中，中国政府和企业必须根据各国不同的政治、经济、法律环境和文化特点采取适当的对应政策。在未来的经济贸易方面，中国政府和企业应该根据拉丁美洲国家不同的政治、经济、法律环境和文化特点采取适当的对策。比如，针对贸易结构单一化问题，需要对中拉贸易的传统的比较优势的产业部门或分工环节升级换代，进行动态转化。在传统优势合作领域，相互借鉴，积极进行交流，对重点难题联合攻关，联合创新，分担风险。加大产业合作力度，特别是一些高新技术产业，比如清洁能源风能的开发、光伏产业、空间技术卫星研发，在中国实现快速转型的同时，帮助拉丁美洲国家提升其出口产品的附加值，拉升双方加工链上的高度，实现双方的梯度优势互补②。

基础设施建设将会是“一带一路”在拉丁美洲地区的重头戏。在这方面，有关企业和组织必须加大对国家风险的防范措施。很多投资项目在执行之前，应该对其进行全面的风险预估评测，最大范围地找出投资环境的不确定性，并针对具体风险做出防范措施，比如购买保险，降低风险损失。企业还要注意与当地利益团体拉好关系，特别是企业与工会组织之间要有明确的制度规章。由于拉丁美洲国家特殊的历史关系，大部分拉丁美洲国家拥有比一般发展国家更健全的法律

① 张明德．投资拉美：风险与应对［J］．国际问题研究，2015，(6)：122－131.

② 乔丽荣，陈红娟．中拉经贸关系发展的四大趋势［J］．经济纵横，2015（2）：87－90.

制度，工会等市场法律制度完善[①]，如巴西、墨西哥、智利等国工会势力强大，影响力广，国内劳工制度相关法律复杂，企业的非政府压力大，解决好劳资问题显得尤为重要。

另外，由于拉丁美洲地区市场规模小，十分容易饱和，中小企业在这方面具有天然优势。基于这一特点，我们应该积极引导中小企业走进拉丁美洲，进行投资[②]。投资方向尽量多元化，比如，拉丁美洲国家劳动力价格低，有益于生产性投资，拉丁美洲资源丰富，有益于进行农业、畜牧业的发展。

在世界经济潮结构调整的背景下，越来越多的发达国家开始重视创新科技和制造业革命，如美国呼吁制造业回归，致力于打造高端制造业和相应的服务业，我国要想继续保持制造大国优势，必须提高科技创新性。中拉之间的合作也要从基础设施合作向高附加值领域扩散，这样才能在世界经济潮流中不被淘汰，具有竞争优势。从长远看，在促进中国与拉丁美洲国家的经济贸易合作层面上，政府必须发挥关键作用。政府在这个过程中的核心功能是，接洽当地政府，与对方洽谈，达成各类协议，为国内企业“走出去”创造条件。并且，利用政府的有利资源，收集被投资国家的基本信息，建立信息交流平台，供企业参考和选择，尽量给企业创造相对稳定的投资环境，并为国内投资企业提供强有力的保障措施。

①② 张明德．投资拉美：风险与应对［J］．国际问题研究，2015（6）：122－131.

第二篇：中国—拉丁美洲发展战略与差异比较

中国积累的效应溢出与中拉合作的战略路径

李永宁*

引　言

改革开放以来的30多年，是中国经济发生史无前例的迅速增长的时期，是为中国崛起和民族复兴奠定坚实基础的时期，是中国在独立自主地壮大自身的同时不断融入世界经济格局的时期。中国的变化举世瞩目，从学术方面和实践方面探讨中国奇迹的相关研究也开始遍地开花。

中国的增长与发展除了自身的不断改革进取之外，很大程度上源于三个重要因素：一是从改革开放之初直至已然成为经济大国的今天，中国始终坚持高效和大规模地利用外商直接投资（FDI）；二是中国始终保持高度的市场意识，从供需市场的一般原理到制度化的市场运作机制的不断完善，我国对社会主义市场经济发展的探索从未停止；三是中国的经济发展，从资本流向到市场拓展，从产业政策到行业规范，特别是在国家和区域经济计划的宏观层面，政府的决策和主导政策一直是富于系统性、逻辑性和灵活性的。

基于这种思考和判断，我们在探讨中国经济持续上升的同时，就要对背景进行理性认识和把握，无论是研究内部变化还是外部合作，都有一个可以依据的国情基础。比如本文在对中国与拉丁美洲进行国际经济合作的方向和路径进行探讨时，便可以从中国的高速增长与积累出发，从中国做过的对外贸易与接受国外投资

* 李永宁：广东外语外贸大学商学院教授，广东国际战略研究院研究员、博士，研究领域：全球化与战略管理。

方式出发，从中国国际经济合作中对产业价值链的实践和经验出发，直接提出几个可以展开讨论的问题：①中国的哪方面积累可以向外“溢出”而争取中拉合作的双赢？②中拉经济战略合作是否可以从市场进入路径依次推进？③中国和拉丁美洲产业和企业的价值链如何在对接中延伸？④中拉合作还需要什么样的制度安排？

一、积累与溢出效应

1. 中国的经济贸易积累

说起积累，人们通常首先要探讨的是中国经济总量的积累，比如中国 GDP 数值如何跃居世界第二。然而，三四十年前的中国，还是几乎难以拥有足够开展工业化发展的条件，经济总体水平远低于目前拉丁美洲国家的平均水平。中国经济起飞的第一步，除了国内的农村改革获得一定效益外，工业化的“第一桶金”主要是从20世纪80年代初期开始就通过特区和沿海城市大规模地利用外资获取的。然后在这种外资推动的工业化过程中，中国有效地开拓了国际市场，逐步成为对外贸易领先世界的大国。这种态势，通过沿海，特别是广东珠三角对外加工、合资企业及其外商独资企业持续繁荣，带来了中国经济在全球化过程中的腾飞效应。这种态势在20世纪90年代后也未曾减弱，截至2014年，中国甚至超越美国，成为全球利用外商直接投资最大国。见表1和表2。

表1　1990～2015年全国利用外资态势（对外贸易和利用外资）

指标 \ 年份	1990	1995	2000	2005	2014	2015
吸引外商投资						
合同项目（个）	7371	37184	22347	44001	23778	—
外商直接投资（个）	7273	37011	22347	44001	23778	26575
实际使用外资额（亿美元）	102.9	481.3	593.6	638.1	1197.1	1262.7
外商直接投资（亿美元）	34.9	375.2	407.2	603.3	1195.6	1262.7
外商其他投资（亿美元）	2.7	2.9	86.4	34.8	1.4	—
对外经济合作						
合同金额（亿美元）	26.0	96.7	149.4	342.2	—	—
对外承包工程（亿美元）	21.3	74.8	117.2	296.1	1917.6	2100.7

续表

指标 \ 年份	1990	1995	2000	2005	2014	2015
对外劳务合作（亿美元）	4.8	20.1	29.9	42.5	—	—
完成营业额（亿美元）	18.7	65.9	113.3	267.8	—	—
对外承包工程（亿美元）	16.4	51.1	83.8	217.6	1424.1	1540.7
对外劳务合作（亿美元）	2.2	13.5	28.1	47.9	—	—

资料来源：中国报告大厅，http：//www.chinabgao.com，2016－07－04

表2　1990～2015年全国对外贸易态势（对外贸易和利用外资）

指标 \ 年份	1990	1995	2000	2005	2014	2015
货物进出口总额（亿美元）	1154.4	2808.6	4742.9	14219.1	43015.3	39569.0
出口总额	620.9	1487.8	2492.0	7619.5	23422.9	22749.5
初级产品	158.9	214.9	254.6	490.4	1126.9	1039.8
工业制成品	462.1	1273.0	2237.4	7129.2	22296.0	21709.7
进口总额	533.5	1320.8	2250.9	6599.5	19592.3	16819.5
初级产品	98.5	244.2	467.4	1477.1	6469.4	4730.1
工业制成品	434.9	1076.7	1783.6	5122.4	13122.9	12089.4
进出口差额	87.4	167.0	241.1	1020.0	3830.6	5930.0

注：①本表进出口、对外经济数据分别由海关总署和商务部提供。②2000年起吸引外商投资数据不包括对外借款。③非金融类对外直接投资从2002年开始统计。④2011年起，商务部不再对外公布对外劳务合作合同数、合同金额以及成交营业额数据

资料来源：中国报告大厅，http：//www.chinabgao.com，2016－07－04

由于利用外资，扩大出口贸易，中国沿海沿边大城市的工业化得到了长足的发展，GDP的增长不仅明显高于内陆省市，而且推动了全国GDP的总体增长。虽然由于发展的不平衡，加上中国巨大的人口基数，到2015年，据国家统计局1月19日公布的经济数据显示，2015年中国全年国内生产总值（GDP）为67.67万亿元，在世界排名第二，仅次于美国，然而人均GDP为5.2万元，约合8016美元，与美国、日本、德国、英国等发达国家3.7万美元以上的水平仍有很大差距。但是与大多数发展中国家相比，中国人均GDP还是开始接近世界均值水平，如图1所示。

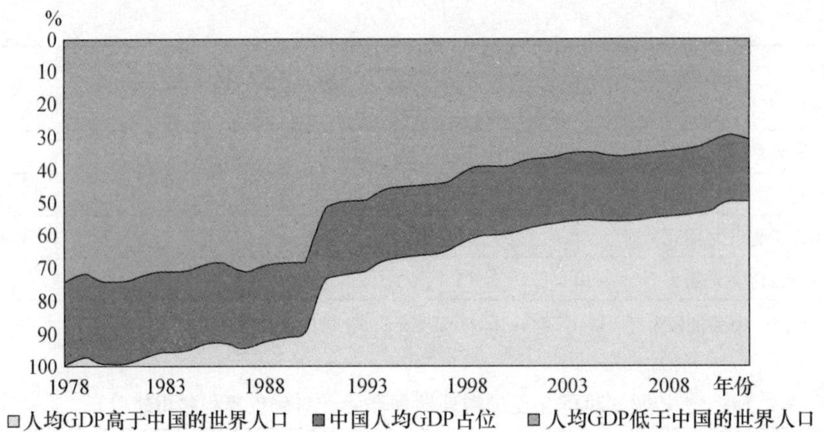

图1　世界人口与人均GDP分布（依据2013年美元兑换率）

资料来源：John Ross. The Truth about China，Statistically Speaking

2. 从中国企业"走出去"开始的"溢出效应"

通常情况下，GDP增长伴随着资本的积累，达到一定程度后，就有对外投资获得更大利益空间的需求。随着中国的外汇储备不断增高，从21世纪初开始，特别是国家2008年后扶持企业"走出去"形成势头，中国企业开始对外投资合作，从传统的服务业到积累了大量经验的制造业，还有资源能源开发的其他产业，自2006年起就受到世界范围内的高度关注，中国对外投资结构的变动如图2所示。

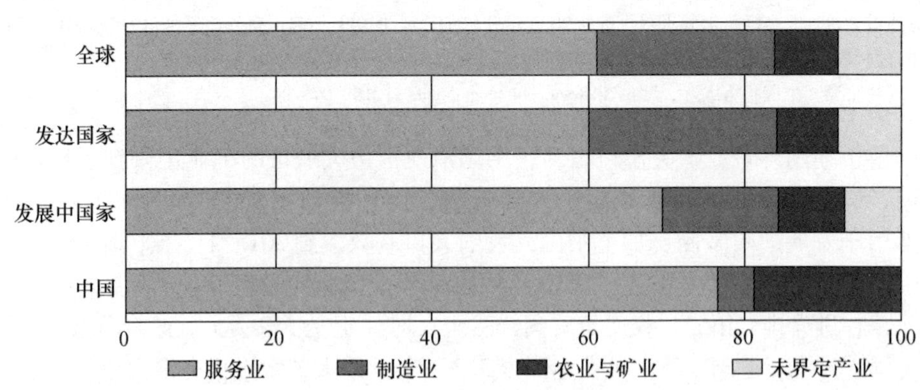

图2　中国对外直接投资的结构（2006～2008）

资料来源：巴莱克总部统计数据

从表面上看，中国企业加大“走出去”步伐，中国资本开始投向世界各洲，包括发达国家和欠发达国家，是资本积累的外溢，是国内产能过剩的外溢，是占据世界市场份额的需求，甚至有些国家，包括拉丁美洲国家认为这是一种新的“中心—外围”的产业扩张模式。

然而实际上，中国的积累外溢效应并不仅是资本和产能的输出。根据 FDI 接受和吸收理论，企业和产业在利用外商直接投资的过程中产生的重要积累有一个接受、模仿、吸纳和创新发展的过程。这种过程中的积累就是建立和完善跨国企业的所有权的过程，中国企业“走出去”，包括中国和丝绸之路的发展，以及近年在拉丁美洲开展经济合作，都是这种积累的溢出效应。

所有权是跨国公司的能量和资源（Capability and Resources），是其在国际上发展的内在动因。和许多发达国家的跨国公司不同，中国走向全球，包括在拉丁美洲的投资及其他合作，并非由高端技术和知名品牌构成，中国企业在 30 多年中引进 FDI 过程中积累的“中国模式”、“中国经验”、“中国速度”，包括企业国际合作从 OEM 到 ODM 再到 OBM，包括接受投资中的合资与独资模式合同化的工程合作项目以及跨境及其离岸资产管理等。这种溢出，具有国际惯例的长期影响，也带有鲜明的中国式管理色彩，是中国对拉丁美洲合作中非常值得探讨和关注的重要领域。由此出发，对中国企业的国际合作战略路径及其相关价值链上的内部整合也在情理之中。

二、中拉经济合作的战略路径

1. 市场进入的模式与路径

自 20 世纪六七十年代开始，随着老牌发达国家通过投资等模式开展国际扩张，关于企业与产业国际化的研究也相应开始。在诸多研究中，有关企业对外拓展的国际化历程方面的研究涉及许多方面，而作为普遍规律的结论是一个国家企业和产业进入目标国的市场阶梯化路径，如图 3 所示。

从图 3 可以看出，企业早期的国际化基本上是通过产品和服务开拓国际市场，不需要资本 FDI 的投入，这种市场进入通常是通过贸易，包括间接贸易和直接贸易，通过合同化管理的合作，包括工程合作、加工生产以及连锁经营来实现的。此后，随着资本的积累，特别是企业所有权的强化，企业国际化通过对外直接投资（ODI）形式开始出现，包括可能伴随 ODI 的跨国企业联盟、一定规模的合资企业（JV）、在国外目标国建立子公司分公司以及迅速获取资源的企业兼并（M&A）

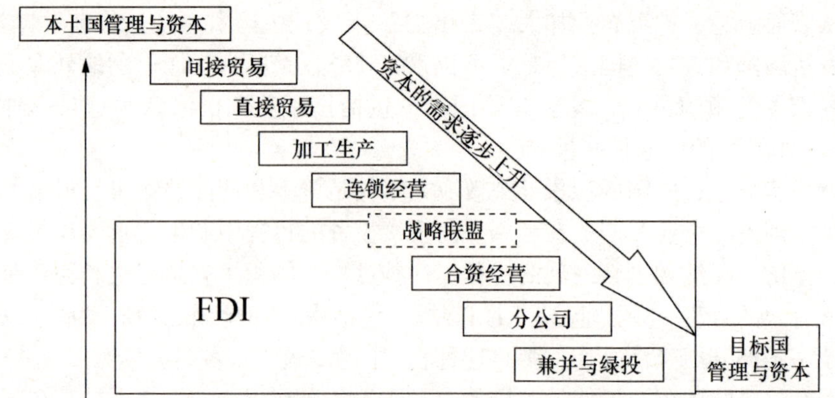

图3　企业国际化的市场进入阶梯路径

资料来源：澳大利亚纽卡斯尔大学相关研究

和稳步成长的绿地投资（Greenfield Investment）等。中国作为一个发展中的大国，随着经济的高速增长，在过去30多年间几乎采取了所有这些市场进入的战略，只不过在初期比较多的是贸易战略，通过国际市场的份额拉动国内的制造业迅速发展，所以广东成了世界著名的制造业大省，实现了外向型经济驱动的快速增长。而到最近几年，中国也开始在工程服务和加工业方面对外投资，以项目方式、合资方式进入国际市场直至通过一定规模的ODI采用兼并方式，以及绿地投资方式开办自己的境外企业。

2. 中拉合作的战略选择

具体到中国与拉丁美洲的合作战略路径问题，目前已经显示出来的主要有贸易合作、工程项目合作以及绿地投资办厂开矿三种最常见的市场进入模式。下面从中拉企业合作历史及趋势出发，对相关战略路径展开逐一探讨。

首先，拉丁美洲国家和中国发展阶段比较近似，虽然人力资源远比中国短缺，但其相当长一个时期也在实施出口带动战略，面对中国的庞大市场，扩大出口贸易是其首要的战略选择。拉丁美洲国家一方面出口矿产等原材料，虽然自身开采能力有限；另一方面某些当地的特产工业品也是其出口的强项。以拉丁美洲发展比较均衡、国家经济发展水平相对较高的智利为例，其优势产品红酒，近年一直瞄准中国市场，仅从2006年开始，出口总额就从2100万美元增长到2012~2014年的1.5亿美元左右，不到10年增长超过5倍，如图4所示。

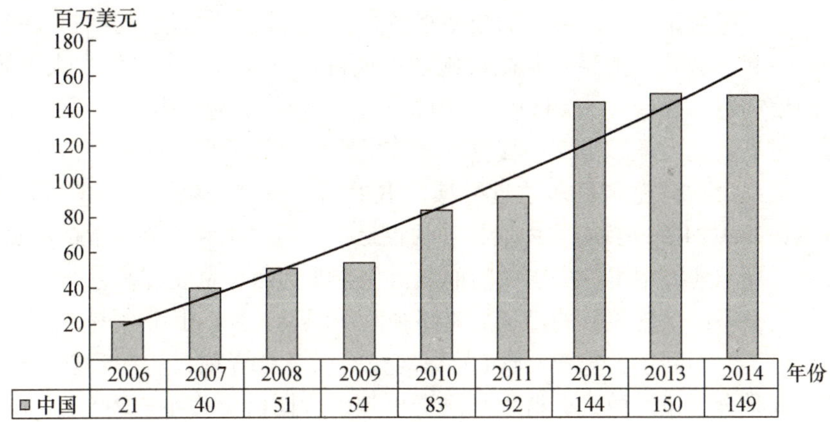

图 4　智利瓶装红酒对中国的出口

资料来源：智利 Temuco 经贸局

与此同时，拉丁美洲各国特别是巴西、阿根廷、墨西哥等大国，先后将中国视为最大或者重要的贸易伙伴，与中国的贸易往来迅速增长，出口产品包括农产品、畜产品、林业产品、制造业产品，特别是矿产资源等。同样以智利为例，近年出口产品的门类不断扩大，其中矿物产品和林业产品都超过历史最高水平，如图 5 所示。这些贸易往来，涉及数个产业成千上万的企业，这些企业都是在这种贸易活动中，特别是在自贸区的一些政策条件下，通过自身的出口或者通过与国际上，包括中国的贸易进出口机构的合作，逐步实现国际化发展的。可见贸易出口目前是拉丁美洲企业走向中国，与中国开展经济合作很重要的而且比较易于开拓的一大战略路径。

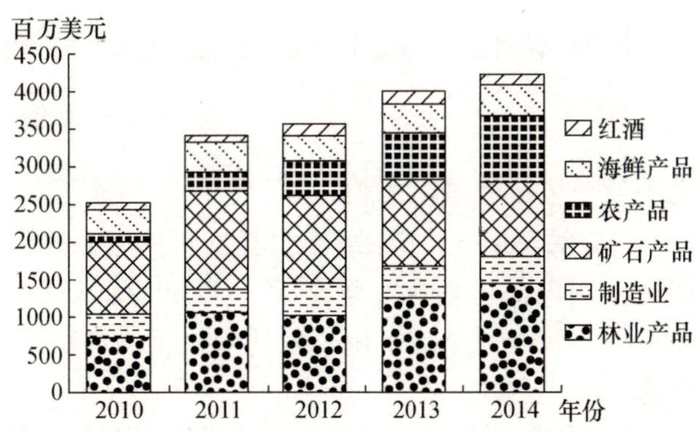

图 5　智利各产业对中国的出口（铜业和服务业除外）

资料来源：智利 Temuco 经贸局

其次，中国与拉丁美洲合作的战略路径之二是通过合同管理的项目在拉丁美洲融资和兴起，这其中主要是基础设施建设项目。一方面，中国许多大型道路、桥梁、通信和电力建设企业通过多年的积累，有较强的技术与工程管理的所有权，据墨西哥国立大学恩里克·杜塞尔·彼得斯教授的研究，目前中国在拉丁美洲的大型基础设施在建项目多达近百项，占中国“一带一路”倡议前后全球类似项目总数的9.04%，其中委内瑞拉、阿根廷、厄瓜多尔和玻利维亚的项目所占比重较大，而承建方中不少中国大型的股份化企业、国有企业都有参与。另一方面，这种大型基础设施项目的市场战略路径既不同于一般的服务贸易，如劳务或者技术出口，又不同于大规模 OFDI 的绿地投资或者合资项目。在管理和融资方面，基本都是合同化的模式，特别是融资更是以合同借贷为主。2005～2014 年，借贷高达 1180 亿美元。仅委内瑞拉就占拉丁美洲和加勒比海地区借贷总量的 50%，基础设施项目的 42%。相对其他国家，中国的融资主要集中于委内瑞拉、巴西和玻利维亚。鉴于中国基础设施项目的预期增加，这种新型的经济战略路径活动将会持续拓展和延伸。

最后，中国在拉丁美洲的直接投资也一直保持良好势头，过去五年，中国在拉丁美洲的直接投资超过百亿美元，这种投资的市场进入选择的战略路径有一定规模的兼并与收购，为了获取原材料，其中大型的拉丁美洲国有企业被收购比重较大。同时，一定数量的中拉合资企业以及中国绿地投资企业也在拉丁美洲出现，后者主要是中国在制造业方面的企业包括一些科技产品企业，比如格力、华为等。它们通过自身利用外资时形成的所有权积累，奠定了在境外管理和营运企业，包括技术、管理、制度以及在市场营销方面的长效基础。

三、中拉合作发展通过价值链的对接

1. 中国产业与企业价值链管理方兴未艾

作为所有权溢出效应的一部分，中国产业和企业价值链上的管理，尤其是对企业各种资源和能量实现内部化整合方面（Internalization），也在自身接受 FDI 和国际经济合作的打拼中，通过全球范围，包括与拉丁美洲国家的经济合作方面，取得了长足的进步。

在全球化时代，价值链理念目前已经是分析产业和企业跨国跨区域进行营运时分析企业行为或者各方面活动的有效工具。将一个企业置于价值链上考量时，时空关系已经不一定具有传统产业社会的特征。价值链链接的领域已经被证明是

相当广泛的，尤其是中国的价值链更是国家层面、区域层面和产业群层面以及企业层面管理上的多重链接，如图6所示。

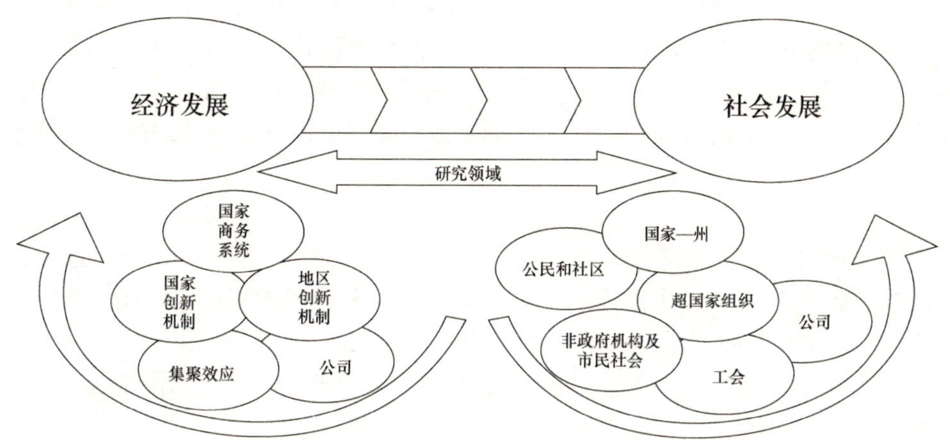

图6　价值链的链接领域

资料来源：英国伯明翰大学相关研究

从图6来看，一个经济领域的价值链会融合国家、区域、产业群和企业自身的诸多资源。而当人们将一个国际化的产业或者企业自身的价值链展开时，价值链细节更是可以得到无限的延伸。如果将价值链的各个部分稍做排列，我们就会发现目前许多国际企业的总部可能设在A地区，其原材料的供应链可能在B地区，其研发和设计可能在C地区，其生产可能在F地区，而其增值分销可能在G地区，最终的产品销售更是遍布世界各地。这种分布不仅在地理上充分地考虑了成本和资源，而且在功能上各个部分之间都可以有独特的战略组合。

本文讨论中拉合作发展，特别是企业和产业合作发展时，就是希望从价值链的某些方面或者某个部分，通过对价值链高低端的需求进行分析，发现合作的对接口与链接渠道。在资源内部化（Internalization）管理和整合上，或者在供应链的构建上，中国许多产业通过长期的积累，目前已经有一定的在生产管理、供应链管理或者研发方面具有竞争优势的产业，比如制造业企业，在从OEM到ODM，再到OBM的发展过程中就极有可能是拉丁美洲国家“再工业化”过程中最佳的合作伙伴。同时一些其他门类的中国在拉丁美洲的营运企业，或者拉丁美洲国家在中国发展的企业，双方也都有在合作战略的链接和延伸方面值得关注和加强合作的需求。

2. 制造业有可能成为中拉新一轮合作的最佳对接领域

研究表明，拉丁美洲国家从20世纪六七十年代开始制造业就开始徘徊不前，以至于到21世纪，随着中国工业化取得较大的成功，它们才开始认识到错失机遇，以致经济难以像中国一样进入高速的增长，因此近年来拉丁美洲“再工业化”的呼声不断增强，产业结构的重构、制造业企业的建立，急需强有力的合作伙伴。例如根据苏振兴等的研究，20世纪末期的20年，包括21世纪的前10年，拉丁美洲国家的经济与制造业几乎处于同步徘徊的阶段，同时也有比较大的波动，在20世纪80年代到90年代中期有超过5%的增长率，而在80年代初期、90年代初期，甚至到了2010年前后，制造业也下滑到低于－5%的增长率，如图7所示。

与此同时，图8表明，在世纪之交的大约30年间，拉丁美洲国家的制造业占GDP的比重更是逐年下滑，从1980年前后的27.8%下降到了2010年前后的15.3%。而这30年正是中国通过利用外资发展制造业和相关产业，在一些区域基本实现工业化的时间段。由于产业发展缺乏合适的战略路径，发展不平衡，拉丁美洲部分国家的工业化速率也许有所提高，比如巴西，但是，如果错过工业化的进程，后工业化，包括国家和区域的现代化，都将严重滞后。

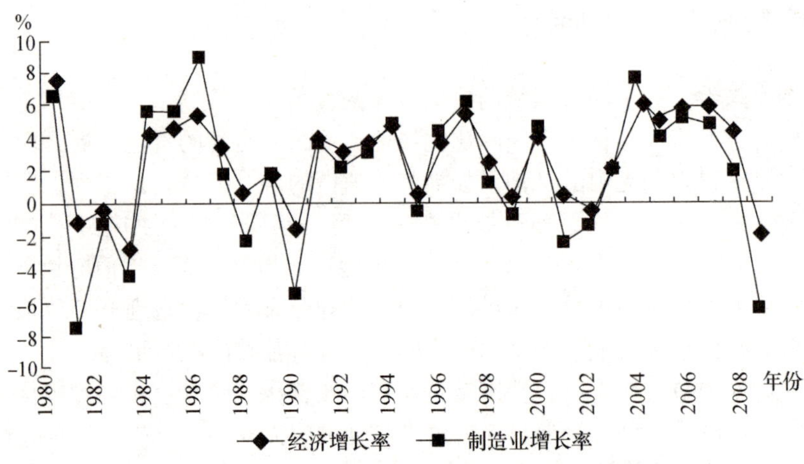

图7　1980～2009年拉丁美洲国家经济与制造业增长率

近几年来，随着国际经济往来的加强，拉丁美洲国家越来越希望借鉴中国发展经验，在仅通过提供初级产品和原材料的对外贸易基础上，调整产业结构，加大对制造业的影响，其中，美国近年有意识地开始制造业回归战略，也对拉丁美洲产生了较大的影响。然而薄弱的工业基础，包括资本、劳动力的素质、设备投入和制造业企业管理方面的弱势，都使得有关产业举步维艰。而中国制造业产业，特别是诸如曾经号称“世界工厂地域”的珠三角企业在制造业方面大量的积累，正好可以通过价值链的不同端口，实现与拉丁美洲有关国家产业的战略对接。中国从中央到地方政府，一些大型的制造业跨国企业以及中小型国际化的企业也跃跃欲试，力图在合作中有所作为。

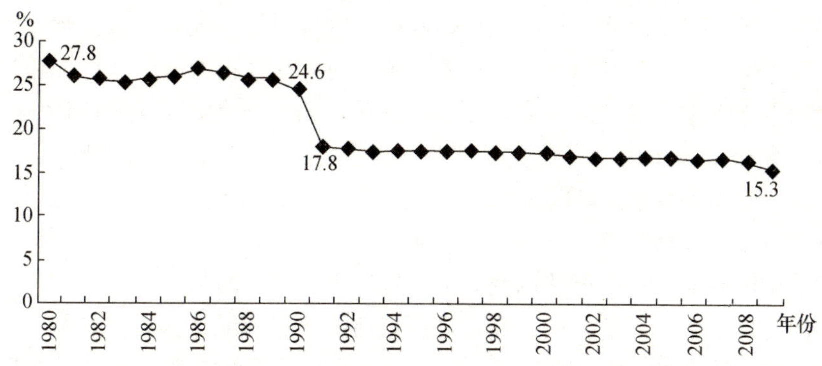

图 8　1980～2009 年拉丁美洲国家制造业占 GDP 比重的变化

资料来源：图 7 及图 8 根据苏振兴、张勇等的相关研究绘制

3. 制造业合作对接的基础与领域

如前所述，中国企业除了在资本上可以通过 ODI 直接在拉丁美洲国家开办制造业工厂、设立生产基地之外，还可以溢出很丰富的资源，许多制造业企业发展中积累的其他所有权，例如中国的家电企业，80% 都是通过 OEM 厂商经过一定阶段的代工生产，在生产成本管理、技术和品牌管理、人力资源管理等方面积累了大量的经验，这种过程其实比较漫长，甚至比较艰辛，但是现在却是重要的资源，特别是有些企业还逐步开始走向 ODM 和 OBM 阶段，开始积累自主设计和自主品牌资源。而一些高科技企业，比如高端通信产品的制造和高铁领域，更是很快跨越了 OEM，直接进入到 ODM 直至 OBM 这些价值链低端领域。

事实上，中国有一些制造业企业已经开始在许多国家延伸价值链的触角，一改单纯做国际贸易的路子，直接在一些国家，包括拉丁美洲国家开拓生产链和供应链的业务，除了国际知名度很高的华为，一些传统的家电制造业企业比如 TCL、海尔、格力、东菱等都开始了曲折历程，有些已经获得了较大的成功。比如根据王卫红等的研究，20 世纪 90 年代由海利空调厂和冠雄塑胶厂合并组成的格力电器就已经证明了中国制造业企业在拉丁美洲的成功链接。1998 年，格力提出了“走出去”战略，起初是通过格力空调进入巴西市场，凭着产品质量优异和品种规格齐全的优势，很快就受到巴西消费者的欢迎，当年仅两个半月就在巴西实现销售额 300 多万美元。2000 年，格力公司开始在巴西投资建厂，并于 2001 年 6 月正式建成年产 20 万台空调的格力电器（巴西）有限公司生产基地。

这种合作的顺利开展，首先得益于格力严格奉行“先有市场，后有工厂”的经营思路，其次是利用了巴西制造业短板的条件，利用自身制造业的经验迅速开展了建厂合作发展。根据格力的经验，中国企业走向拉丁美洲投资设厂最大的挑战在于需要与所在国的政府、社区及外籍雇员产生各种复杂关联。下一步，中国企业需要在组织结构、管理制度、经营方式等方面实现真正的国际化，并通过雇用拉丁美洲本土管理人员、深入参与当地社区发展等方式加速企业的国际化布局，进而融入全球市场体系。最为重要的是，该企业首先得进行价值链内部化整合（Internalization）。中国企业现在就应着手招募、培养和储备国际人才队伍，为更好地投资拉丁美洲市场奠定基础。

随着中国政府政策的调整以及中国与拉丁美洲国家的高层协商和谈判不断展开，中国与拉丁美洲制造业的合作是产业价值链链接的最佳领域。这两年，中国不同领域的制造业企业不断加入在拉丁美洲投资建厂的浪潮。例如，2016 年 6 月，中国福田汽车与美国康明斯公司重卡项目签约仪式在巴西举行。除整车出口之外，福田汽车正在筹备其在巴西的两家散件工厂。总体而言，中国企业在拉丁美洲的投资领域从能源、矿产、纺织品等传统领域，向汽车、家用电器、电子、航天、通信等领域拓展。可以说，随着产业价值链上的战略对接日益频繁广阔，中国企业投资拉丁美洲的脚步越来越坚实，道路越走越宽广。

四、中拉合作发展的制度安排与相关建议

众所周知，无论是 30 多年前中国开始高效利用 FDI，还是近年中国企业“走出去”（Going Global），通过投资，特别是将“中国模式”，亦即产业和企业的所有权溢出，都是政府政策扶持、规划和引导的结果。现今的中拉合作，尤其是在制造业方面的新一轮合作，同样得到了政府的高度重视和鼓励。这几年中国领导人频繁出访拉丁美洲诸国，有关政府部门更是于 2015 年初在北京召开中拉论坛首届部长级会议之后，进一步明确做出了以下制度安排：

第一，初步构建起了中国与拉丁美洲和加勒比 33 国整体合作的新框架，这是历史上从来没有过的事。过去所推动的都是两个国家或多个国家之间的合作，从来没有推动过中国与 33 个国家作为一个整体的合作。

第二，整体合作全方位展开，政治、经济、文化、外交、合作网络建设五位一体新格局谋划成型，达成共识。过去我们在经贸和外交有些合作，但在政治互信建设、人文交流方面，特别是在合作网络建设方面做得很不够。

第三，整体合作围绕大家都认可、都接受的共同的新目标来推进。过去大家都有各自的目标，很难统一。通过努力，中国与拉丁美洲和加勒比 33 个国家这次确定的总的共同目标是要促进包容性增长和实现可持续发展。

第四，提出了推进整体合作的一系列切实可行的新措施，充分体现了务实的特点。譬如说，提出了关于如何推进贸易、投资、金融三大引擎加快发展的建议与基本政策，关于如何促进六大产业有效对接的基本思路与措施，等等。

第五，突出了合作各方在整体合作框架下坚持友好协商、共同建设、共享成果的新理念，实现合作共赢，谋求共同发展。

第六，在从以上各方面促进中拉合作的基础上，提出了全面深化合作的新要求，从而将中拉合作提高到一个新层次。

在此时段，中拉双方的官员、企业家及其专家学者还提出了许多相关的合作建议，通过归纳并加入笔者的见解，可以简述为以下几条：

首先，中方决策者必须在哪里明确拉丁美洲最需要的制造业产业有哪些，以及中国企业在拉丁美洲的核心竞争力在哪里。据美国制造业生产力与创新联盟（MAPI）预测，未来两年，拉丁美洲市场上的汽车制造、计算机和电子设备、金属冶炼及压延加工业、交通设施及装备将是增长最快的行业，这也意味着以汽车工业为主导，将会带动相关产业经历一个较长时间的繁荣发展期，这也解释了为什么如此多的中国汽车企业作为第一梯队纷纷登陆拉丁美洲市场。

与此同时，中国在计算机及办公设备、纺织品、通信设备、机械及运输设备、集成电路和钢铁等领域行业竞争优势明显。通过中拉两地的供需比对，我们能够发现拉丁美洲国家所需和中国市场所长有非常高的吻合度，这也意味着中国相关制造类企业能够在拉丁美洲找到非常好的市场接口及合作空间。

其次，中国企业走向拉丁美洲需要官方和民间机构提供一定的商业平台，并通过专业机构了解拉丁美洲营商环境。目前，中小规模的中国企业很难直接走进拉丁美洲拓展业务，因为走出国门进行投资的门槛过高，它们有限的资金、人力和信息资源难以支撑前期巨大的市场开发成本和风险性投入，这就需要双方政府、官方及民间商会组织、企业自助性团体进行商业合作平台搭建。

中拉商业合作平台需要软件和硬件两方面的建设，从软件方面说，就是智力支持和金融支持，为企业走向拉丁美洲提供充分的市场信息、投融资渠道、商务往来的政策性便利等；从硬件方面说，需要为中国企业搭建成规模、成体系“走出去”的投资合作平台，比如中拉双方可以共同进行特区、园区、总部基地等商业合作载体的开发建设等。

再次，推动中国企业的国际化需注意序位与团组规模。中国企业走向拉丁美洲投资设厂最大的挑战在于需要与所在国的政府、社区及外籍雇员产生各种复杂关联。下一步，中国企业需要在组织结构、管理制度、经营方式等方面实现真正的国际化，并通过雇用拉丁美洲本土管理人员、深入参与当地社区发展等方式加速企业的国际化布局，进而融入全球市场体系。最为重要的是，中国企业现在就应着手招募、培养和储备国际人才队伍，为更好地投资拉丁美洲市场奠定基础。

目前，有条件、有实力的中国企业可以选定拉丁美洲地区的潜在市场和目标国家，并先行派出小规模工作团队或设立工作机构，进行前期市场勘探和一线练兵。中国的制造业企业一旦走向海外，就自动开启了企业自身的国际化进程，而这一步能否顺利实现跨越，将成为该企业未来市场竞争力强弱的一个至关重要的分水岭。

最后，要正确认识政府与市场的关系，要高度重视行业协会的作用。总体而言，拉丁美洲国家的政府综合实力都比较弱，市场的力量比较强。因此，投资于拉丁美洲，在拉丁美洲做生意，一定要有强烈的市场观念与市场意识，千万不要以为搞定政府或搞定政府里的一个或几个关键人物就万事大吉了，主要还是要按照市场规则来做事，尤其是智利、秘鲁、哥伦比亚、哥斯达黎加等国更是如此。即使在少数几个例外的国家，由于政治经济与社会局势并不稳定，也不能对政策因素抱过高的期望。

要加强相关研究，正确处理经营与文化的关系。投资到拉丁美洲国家，要努力了解当地文化，学习当地语言，了解并尊重当地的风俗习惯，与当地人民多进行感情上的沟通与交流。不过，不少中国企业和企业管理人员多习惯于将企业及其人员与当地隔绝起来，不与当地人民交往，因此双方互相并不了解，也就很难建立起真正的信任。

参考文献

［1］ John Ross. The truth about China，statistically speaking ［EB/OL］. http：//www. defence. pk/forums/china – far – east/250913 – only – 30 – 2 – worlds – population – has – higher – gdp – per – capita – than – china. html.

［2］ Stephen Nicholas，et al. Entry form and modes ［R］. Working Paper; Western Theories of Internationalisation，Working Paper，for Teaching and Research in GDUFS – University of Newcastle，2014.

［3］苏振兴，张勇. 从进口替代到出口导向：拉丁美洲工业化模式的转型［J］. 拉丁美洲研究，2011（8）.

［4］王卫红，张超. 珠三角企业品牌国际化路径模式及其启示［J］. 战略决策研究，2013（5）.

［5］田志. 中国制造业应在拉丁美洲市场输出“中国模式”［J］. 管理学

家，2015（3）.

［6］金立群，林毅夫．“一带一路”引领中国：国家顶层战略设计与行动布局［M］．北京：中国文史出版社，2015.

［7］［德］贡德·弗兰克．白银资本：重视经济全球化中的东方［M］．刘北成译．北京：中央编译出版社，2013.

智利—亚洲贸易的引力估计

吉列尔莫·亚涅斯*

引　言

本文拟简要分析智利和一些国家（如中国、印度、日本、韩国、马来西亚和越南）之间的贸易模式。以描述性视角来看，芬斯特拉、库森和罗斯认为贸易模式不能用标准的引力等式进行估计。智利与签订《自由贸易协定》的部分亚洲国家之间的贸易正在增长且意义重大。本文列出了一些说明性数据，包括标准的引力等式所能预测出的贸易模式，笔者认为这是受自由贸易区的影响。在亚洲，中国是智利主要的贸易伙伴，尽管是所选样例国家中相隔最远、与智利 GDP 的差异最大的一个。伊特（1998）的框架理论对该自由贸易区提供了一个合理的解释。笔者也做了简单的面板数据分析，得到自由贸易区有利于贸易往来的初步证明。第一部分列出了作为样本的智利—亚洲国家贸易以及引力变量；第二部分包括面板数据分析和结论。

一、猜测与样品描述

许多人都知道牛顿万有引力定律，该定律用下列等式表示：

$$F_{12}=\frac{Gm_1m_2}{d^2} \tag{1}$$

---

* 吉列尔莫·亚涅斯：智利圣托马斯大学经济与管理学院院长、教授。本文由王敏翻译。

等式（1）表明两个物体之间的引力是通过一个引力常量作用的，并且与两个物体的质量成正比，与两个物体距离的平方成反比。

引力等式在20世纪60年代初期作为一种经验借鉴被运用于国际贸易领域的研究中（安德森，1979；伯格斯特兰，1985；迪尔多夫，1998），但其理论基础是两个国家（物体）之间的引力与贸易、产值（如GDP）、地理距离、文化和法律差异有关。

本文借助梅耶和齐格纳格（2002，2006）的引力等式来进行分析：

$$x_{kl} = Gy_k y_l d_{kl}^{\theta} \tag{2}$$

等式（2）表明地区k和地区l之间的贸易取决于双方的GDP和地理上的距离。

$$d_{ij} = \left(\sum_{k \in i} (y_k / y_i) \sum_{l \in j} (y_l / y_j) d_{kl}^{\theta} \right)^{1/\theta} \tag{3a}$$

$$\text{where} y_j = \sum_{l \in j} y_l \text{and} d_{kj} = \left(\sum_{l \in j} (y_l / y_j) d_{kl}^{\theta} \right)^{1/\theta} \tag{3b}$$

等式（3）表明i国和j国之间的距离靠一种函数来调整，该函数用来解释每个地区之间的相对距离。

为了简洁起见，假设 $\theta = -1$，各种地理和文化变量都应作为距离测量的影响因素①。

通过等式（3）计算出理论上智利与样板中 $J = \{1, \cdots, 6\}$ 亚洲国家间的交易量，从而以异常高的交易量作为证据支持自由贸易区。

结合实际情况，瓦伊纳（1950）描述的三种类型的优惠市场将被考虑进去：①《自由贸易协定》；②关税联盟；③共同市场。

我们将从瓦伊纳（1950）的角度着眼于与智利签订《自由贸易协定》的部分亚洲国家，意味着本章论述协定下的关税自由，当然不排除i国或j国单独签订其他协议的可能。关税联盟能够有效限制与非成员国之间的关税协议，对擅自改变相关政策的成员国不提供关税自由。一个共同市场包括关税联盟以及该市场的因素流动自由。

除了《自由贸易协定》，智利不参与其他任何说明性协议，但作为外部主体加入了共同市场，例如南方共同市场（也就是说智利不是该成员国，但是该共同市场的合作伙伴）。

表1总结了智利加入的自由贸易区和经济组织（相对简单的自由贸易区）。

表1中被样本选中的国家以星号标记；第三列为该自由贸易协定的实施年份。中国和智利的《自由贸易协定》实施于2006年，第二部分将展示该协定对

① 此处不做文化和地理因素的具体分析，具体分析参见藤田等（1999）。

双方贸易的促进作用。智利是世界上拥有最多自贸区的国家，其 80% 的国际贸易都是免关税的。以贸易为衡量标准，其开放程度显而易见。表 2 为智利和部分国家（包括样品国家和非样品国家）间的贸易。

表 1　智利加入的自由贸易区和经济组织

伙伴国家	协议类型	年份
澳大利亚	自由贸易协定（FTA）	2009
玻利维亚	经济组织（Economic Association）	1993
加拿大	FTA	1997
中美	FTA	2002
中国*	FTA	2006
哥伦比亚	FTA	2009
韩国*	FTA	2004
古巴	Economic Association	2008
厄瓜多尔	Economic Association	2010
欧洲自由贸易区	FTA	2004
美国	FTA	2004
中国香港特别行政区	FTA	2014
印度*	局部协定（Partial Agreement）	2007
日本*	FTA	2007
马来西亚*	FTA	2012
南方共同市场	Economic Association	1996
墨西哥	FTA	1999
新西兰，文莱，新加坡	Economic Association	2006
巴拿马	FTA	2008
秘鲁	Economic Association	2009
土耳其	FTA	2011
欧盟	FTA	2003
委内瑞拉	Economic Association	1993
越南*	FTA	2014

注：* 表示与智利建立自贸区的亚洲国家。

资料来源：智利贸促会

表 2　智利向部分国家和地区的出口　　单位：百万美元

地区 \ 年份	2000	2006	2010	2014
美国	30078	8947.4	6532.8	8721.0
南方共同市场	1717.2	3678.2	5513.6	5432.8
韩国	809.1	3405.2	3938.4	4560.7
中国	958.8	5033.3	16718.8	18220.0
印度	124.5	1491.8	1582.0	2571.7
日本	2546.6	6038.5	7110.6	7759.8
马来西亚	58.4	114.0	204.3	153.5
越南	6.4	107.3	224.3	374.2
总计	18216.0	55881.8	67424.8	74204.2

为了简洁起见，表 2 仅选取了部分年份，但足以反映出 14 年间智利贸易增长显著。值得注意的是中国是智利最大的出口目的国，2014 年智利向中国的出口额是向南方共同市场及其他贸易伙伴的 3 倍。从引力角度来看，南方共同市场应该排在第一位，因为其地理上更靠近智利，有共同的前殖民主义、共同的语言及文化上的相似性。然而，智利最重要的贸易伙伴是中国，一个相隔远且有着不同文化背景的国家。为分析距离因素，图 1 简要列出了智利与亚洲国家的加权距离度量。

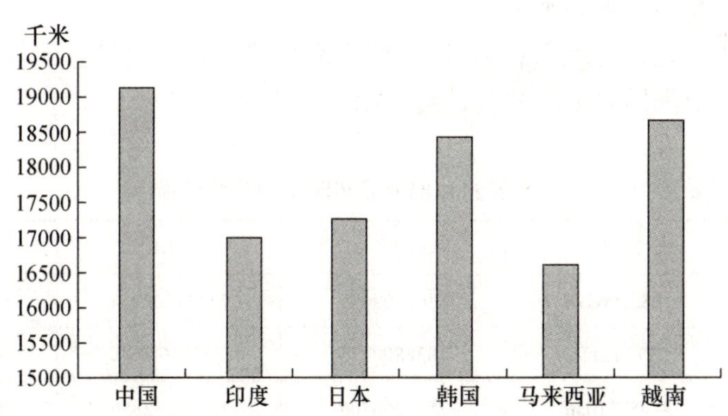

图 1　各国到智利的距离

资料来源：CEPII 数据库

智利是离亚洲最远的国家，所以在图表中两者加权距离度量最大。值得注意的是，中国的距离最远，但矛盾的是，智利与中国的贸易量在选取的样品国家中最大。

表 3　样品中国家 GDP 水平　　　　单位：美元

年份	2000	2006	2010	2014
智利	79328640264	154671012211	217538271335	258061522887
中国	1205260617244	2729784031906	6039658508486	10360105247908
印度	476609148165	949116769620	1708458876830	2066902397333
日本	4731198760271	4356750212598	5495385617892	4601461206885
韩国	561633037420	1011797440363	1094499350177	1410382943973
马来西亚	93789473684	162691714851	247533525881	326933043801
越南	33640085728	66371664817	115931749905	186204652922
总计	7181459762775	9431182846366	14919005900505	19210051015709

资料来源：笔者基于联合国商品贸易统计数据库的计算

表 3 显示，以美元计算的 GDP 来看，智利、马来西亚、越南都是小经济体。所选样品中其他国家为大经济体。在大经济体中，中国 GDP 最高。值得注意的是，中国占全球产出量的 16%，而智利仅占 0.5%。当然，这里仅考虑 GDP 总量，而不是人均 GDP。在下文的分析中，智利人均 GDP 排在第三位，仅次于日本和韩国（约 23000 美元，根据 2014 年国际货币基金组织数据），但对贸易起作用的是经济总量而非人均水平。

根据引力等式，远距离和 GDP 水平的差距都不利于贸易量的增加。表 4 为智利与选取的亚洲国家之间的贸易量（出口 + 进口）。

表 4　智利和部分亚洲国家的总贸易量　　　　单位：美元

年份	2000	2006	2010	2014
中国	1685296998	8363969695	25349322016	31846448586
印度	227342126	1838800776	2226868199	3324432292
日本	3205711038	7565306766	10430632856	9383083135
韩国	1402125859	5274159829	7157921894	6855329902
马来西亚	109312016	208923760	293467889	347481316
越南	17020173	153410204	324103222	765934792
总计	6646808210	23404571030	45782316076	52522710023

资料来源：笔者基于联合国商品贸易统计数据库的计算

表 4 显示中国和智利的贸易水平远超智利其他亚洲伙伴，该理论再次受到质疑。因为中国是智利最紧密的伙伴，然而两国之间相隔最远，GDP 差距最大。

基于自由贸易区，笔者对此做出了解释。根据伊特（1998）的观点，一个大经济体和一个小经济体达成自由贸易协定或关税联盟，或其他互利互惠的协议，仍然存在地方主义。结论就是大经济体在生产的第一阶段，从小经济体买进低附加值产品并获取利润，然后再将具有高附加值的制成品出口给小经济体或其他贸易伙伴。为了验证（仅以描述性的方式）该结论是否适用于智利和中国，笔者制作了一个简单的图，总结了智利向中国输出的商品。

图 2 是智利向中国出口的主要产品，柱状图从下到上依次为林业、制造业、金属、农产品、海产品、酒。图中铜和纸浆的出口占 50%（原材料，中国第一阶段生产所需），该出口结构与伊特（1998）所述一致。进口方面（图中没显示），根据智利贸促会（官方出口机构）的数据，主要的出口商品为机电用品。很显然，出口的商品中包括智利生产线上的铜。

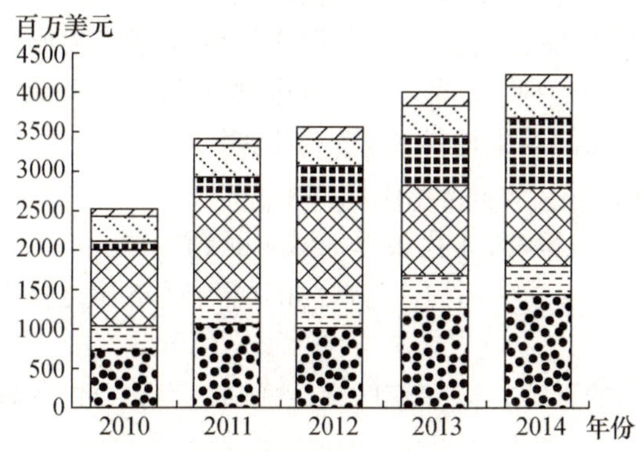

图 2　2014 年智利向中国出口商品

资料来源：智利贸促会

所以笔者分析了智利和部分亚洲国家之间的描述性引力数据，并得出以下假设。智利和亚洲国家，特别是中国，这个距离智利最远、GDP 相差最大的国家，自由贸易协定明显有利于该贸易模式的形成。在下一部分，笔者将进行简单的面板数据分析，验证该假设是否成立。然而，已经有证据表明自由贸易区能够促进贸易，防止贸易转移（亚涅斯，2004），所以这不是一个新的研究点。但是一个自由贸易区和伊特（1998）似是而非的理论足以解释如此庞大的交易量吗？很明显是不可以的。

二、面板数据简析

本部分笔者试图证明自由贸易区对解释引力等式中交易量的重要性。

前文笔者提到 Mayer T. 和 S. Zignago（2002，2006）对于距离的说明，简单来说，即在引力等式中，用加权距离、GDP 差别和文化共同来解释贸易。距离不仅指地理上的远近，实证经济地理和贸易的相关文献全面分析了文化作为一种距离衡量标准的影响力（如受同一种经济力量的殖民、语言、地域、祖先、历史等）。笔者将利用该等式以及智利和部分国家签订 FTA 当年的虚拟变量进行实证分析。

该实证包括面板中的独立变量，即智利和六个亚洲国家（中国、印度、日本、韩国、马来西亚、越南），梅耶和齐格纳格（2002，2006）的引力等式，以及作为独立变量的 FTA 虚拟量。任何固定或随机效应在实证初期不予考虑，在后期进行分析，原因是有些固定效应在初期尚难发现，因此无法判断其与解释变量相联系的可能。下面的结果提供了进一步说明。

$$\log(\text{Trade}_{ijt}) = a_{ij} + \beta_1 \log(d_{ij}) + \beta_2 D_{ijt} + \varepsilon_{ijt} \qquad (4)$$

等式（4）中 i 代表智利，j 代表以上六个亚洲国家。时间为 2000 ~ 2014 年，d_{ij}代表梅耶引力等式，D_{ijt}是一个虚拟量，如果智利和 j 国之间存在一个 FTA，那么 $D_{ijt} = 1$。

该等式采用记录的形式，以便获取线性模型。表 5 总结了该结果。

表 5　FTA 确实会影响贸易

变量	系数	标准误差	t－统计量	概率
常量	－118.6380	30.65635	－3.869933	0.0002
自由贸易区	2.303905	0.296325	7.774935	0.0000
记录	14.18464	3.138726	4，519235	0.0000
效果说明				
			S. D.	Rho
随机效应（周期）			0.000000	0.0000
随机效应（特定）			1.378378	1.0000
加权统计				
拟合优度	0.553905	因变量方差均值	21.02296	

续表

调整拟合优度	0.543650	因变量标准差	1.911137
回归标准差	1.291044	残差平方和	145.0111
F-统计量	54.01285	德宾沃森统计	0.273825
概率	0.000000		

表5证明引力等式和贸易间有积极的联系。更有趣的是，FTA虚拟量具有正面积极的作用，也就是说FTA对贸易具有促进作用。所以可以推断出智利与部分亚洲国家签订的《自由贸易协定》对双边贸易有积极的影响。结果有待进一步证明，但为之前的假设提供了证据。

同时，需要详细分析出口商品。例如，智利与中国的FTA并不简单地意味着协议签订之日就立刻把关税削减为零。有高达八位数的HS数字表、降低关税税率的时间表，也表明在某个时间某个市场，例如2015年的钢铁产业，从业税会增加。样品中其他亚洲国家的FTAs情况也是如此①。其他研究者，诸如提供具体市场层面的数据以及考虑如何区分由削减关税带来的贸易创造和贸易转移的研究者的研究成果，将有利于此项研究的进行。

三、结论

关于智利的悖论前文已做说明，这个小且远的经济体却和六个亚洲国家进行积极的贸易往来。而且显然中国是智利最主要的贸易伙伴。本文在支持加入自贸区和促进贸易方面与伊特（1998）观点一致，且通过简单的面板数据分析找到了解释智利和中国贸易情况的证据。

① 据瓦伊纳（1950）的研究，马来西亚和越南2015年以共同市场区域加入亚洲。根据协议，马来西亚和越南与智利签订的自贸协定不会修改，但在中期会进行审核。

中国与拉丁美洲国家的“中等收入陷阱”比较

李翠兰*

引　言

为了更好地衡量一个国家的经济发展水平，世界银行从1988年开始依据世界经济的发展水平，用国民收入作为划分标准，将所有成员国和地区分成低收入、中等收入（包括中下等与中上等）和高收入国家，其中低收入和中等收入国家又统称为发展中国家，高收入国家统称为发达国家，划分的标准见表1。从表1中可以看出，世界银行最新的分类标准是根据人均GNI计算的。

表1　世界银行划分国家收入水平的标准　　单位：美元

年份	低收入水平	中下收入（LM）	中上收入（UM）	高收入（H）
1987	≤480	481～1940	1941～6000	>6000
1990	≤610	611～2465	2466～7620	>7620
1993	≤695	696～2785	2786～8625	>8625
1997	≤785	786～3125	3126～9655	>9655
2000	≤755	756～2995	2996～9265	>9265
2003	≤765	766～3035	3036～9385	>9385
2006	≤905	906～3595	3596～11115	>11115
2009	≤995	996～3945	3946～12195	>12195
2012	≤1035	1036～4085	4086～12615	>12615
2014	≤1045	1046～4125	4126～12735	>12735
2015	≤1025	1026～4035	4036～12475	>12475

注：各标准值按人均GNI计算

数据来源：世界银行

* 李翠兰：广东外语外贸大学经贸学院讲师、博士。

进入中等收入国家后，要进入高收入国家的行列则相对较为困难，“中等收入陷阱”的说法由此产生，这一概念由世界银行在《东亚经济发展报告》（2006）中提出。它的基本含义是指一个国家或经济体从中等收入迈进高收入国家时，经济增长很容易出现停滞，并长期徘徊在中等收入的水平，其原因是原有的经济政策和增长机制将无法支持其继续高速发展并进入发达国家的行列。这主要是因为：当一个国家或经济体的人均收入达到世界中等水平后，经济增长没有新的动力形成，特别是内生动力的不足，加之前期发展中所形成的各种社会矛盾与问题的凸显，使这些国家或经济体长期处于低收入与高收入之间，人均国民收入很难达到12000美元以上。从发展中国家的发展实践看，拉丁美洲等一些国家和地区早就在20世纪的六七十年代进入了中等收入国家的行列，但是在进入20世纪80年代后，其经济社会发展普遍出现了停滞现象，时至今日仅少数几个国家跨过了这一陷阱进入高收入国家行列，其他多数国家仍然在这个阶段长期徘徊，有学者将拉丁美洲国家看作跌入“中等收入陷阱”的典型代表，因此也将其称为“拉美现象”。

中国作为发展中国家，经过30多年的改革开放，经济一直保持年均9.7%左右的高速增长，取得了举世瞩目的成绩。2010年我国国内生产总值超过日本，居世界第二位，2013年我国对外贸易总额已上升到世界第一位。但是从2012年开始，我国的经济增长速度明显降低，2011~2015年GDP增长率仅为9.4%、7.65%、7.65%、7.4%、6.9%，这意味着中国迈进“中等收入陷阱”已有17年。本文通过拉丁美洲国家的发展实践与中国发展的对比分析研究，对那些未跨越或是已跨越“中等收入陷阱”国家的经验进行总结与借鉴，希望中国经济能更健康、稳定地发展，更快地跨越“中等收入陷阱”，进入高收入水平行列。

一、拉丁美洲国家与中国的经济发展水平比较

拉丁美洲地区是中等收入国家最为集中的地区之一，按世界银行的划分标准，人均GDP 1026美元、4035美元、12475美元分别为低收入、中下收入、中上收入与高收入国家的划分标准，2015年共33个拉丁美洲经济体中，中等收入国家就高达25个，其中，中下等收入国家是7个，中上等收入国家是18个。多数国家的人均GDP水平为6000美元左右，与之相比，中国2015年为8280美元，相当于拉丁美洲较发达的经济水平，如表2所示。

表 2　拉丁美洲国家与中国 2015 年人均 GDP 值　　单位：美元

1	海地	734.5	18	哥伦比亚	7447.8
2	尼加拉瓜	1848	19	委内瑞拉	7926
3	洪都拉斯	2329.2	20	格林纳达	8173.1
4	玻利维亚	2390	21	苏里南	8958.7
5	危地马拉	3045	22	哥斯达黎加	9247.6
6	萨尔瓦多	3663.4	23	墨西哥	9679.2
7	圭亚那	3748	24	阿根廷	10614.5
8	巴拉圭	3826.3	25	巴拿马	10751
9	伯利兹	4394.4	26	巴西	11158.3
10	牙买加	4882.6	27	安提瓜和巴布达	13863
11	厄瓜多尔	5337.2	28	乌拉圭	13949
12	秘鲁	5940.9	29	智利	14512.5
13	古巴	6458.9	30	圣基茨和尼维斯	15080.8
14	多米尼加共和国	6526.6	31	巴巴多斯	15966.7
15	圣文森特和格林纳丁斯	6575.4	32	特立尼达和多巴哥	16305
16	圣卢西亚	6822.6	33	巴哈马	20683.9
17	多米尼加	6916.9		中国	8280

资料来源：http：//interwp. cepal. org/

与中国不同的是，早在 20 世纪六七十年代初，一些拉丁美洲国家就已经进入了中等收入国家行列，近年来，主要是拉丁美洲国家与中国由中下收入进入中上收入行列，或由中上收入跨入高收入水平的年份比较，如表 3 所示。从表中可以看出，从拉丁美洲国家的发展来看，2012 年是智利和乌拉圭成功跨越集体陷入的长达半个多世纪的“中等收入陷阱”的元年。智利在 1970 年时，GDP 为 1030 美元，到 1993 年仅为 3670 美元，到 2010 年增长至 12350 美元，花了 40 年进入高收入国家。乌拉圭的人均 GDP 在 1972 年达到 1060 美元，直到 1992 年进入中上收入国家水平，到 2011 年为 13910 美元，花了 39 年时间跨出“中等收入陷阱”。阿根廷早在 1963 年人均 GDP 就达到 1110 美元，到 1990 年仍仅为 3950 美元，2008 年仅为 7790 美元，直到 2012 年才跨越“中等收入陷阱”进入高收入国家行列，处于“中等收入国家”的时间近 50 年之久。尽管两个国家率先冲出“中等收入陷阱”，而平均滞留时间也超过 40 年，同时还有其他众多拉丁美洲国家仍旧处于“中等收入陷阱”的泥潭中。墨西哥 1973 年（1190 美元）到 1986 年迈入中上收入国家行列，但是时至 2014 年人均 GDP 仍只有 9710 美元，没有跨

越“中等收入陷阱”，巴西人均 GDP 1974 年超过 1000 美元（1170 美元），在 2005 年为 4710 美元，2014 年仍仅为 9850 美元，至今没有跨越“中等收入陷阱”。中国在 1999 年人均 GDP 达到 861 美元，正在进入中下收入水平国家；在 2010 年人均 GDP 达到 4423 美元，超过当年中下收入 3975 美元的标准线，正式跨入中上等收入国家水平。从进入中等收入国家水平的时间算起，我国进入这一阶段已有 17 年之久，如何借鉴拉丁美洲的发展经验，尽可能在短时间跨越“中等收入陷阱”，迈入高收入国家行列是我国目前努力的方向。

表 3　近年来主要拉丁美洲国家和中国收入水平的变化

（按世界银行的标准划分）

年份	2004	2005	2006	2007	2008	2009	2010	2011	2012	2013	2014	2015
阿根廷	UM	UM	UM	UM	UM	UM	UM	UM	UM	UM	H	UM
巴西	LM	LM	UM	UM	UM	UM	UM	UM	UM	UM	UM	UM
智利	UM	UM	UM	UM	UM	UM	UM	UM	H	H	H	H
哥伦比亚	LM	LM	LM	LM	UM	UM	UM	UM	UM	UM	UM	UM
古巴	LM	LM	LM	UM	UM	UM	UM	UM	UM	UM	UM	UM
乌拉圭	UM	UM	UM	UM	UM	UM	UM	UM	H	H	H	H
墨西哥	UM	UM	UM	UM	UM	UM	UM	UM	UM	UM	UM	UM
巴拿马	UM	UM	UM	UM	UM	UM	UM	UM	UM	UM	UM	UM
中国	LM	LM	LM	LM	LM	LM	UM	UM	UM	UM	UM	UM

注：LM 为中下收入；UM 为中上收入；H 为高收入

数据来源：世界银行数据库

二、跨越“中等收入陷阱”的背景分析

1. 中国跨越“中等收入陷阱”的背景

中国自 1978 年进行市场经济改革以来，在经济与社会各方面都取得较大的成就，但是由于经济发展模式较粗放，过去多年的高速增长已不能维持，在由低收入水平跨入中等收入水平后，特别是进入中上收入水平向高收入水平迈进时已不容易。因为在中等收入时期，之前经济快速发展所积累的矛盾与社会所形成的

问题都可能在这个时期凸显并爆发，导致经济发展速度下降，并带来“中等收入陷阱”。目前，我国经济正处于三期叠加时期（增长速度换挡期，结构调整阵痛期，前期刺激政策消化期），主要显示在增长速度急剧下降，已经由超过 10% 的高速转入 7% 左右的中低速（如图 1 所示），这是符合经济发展的周期性规律的；另外中国还处于结构性调整时期，由于收入的提高，经济的下滑，产业结构与消费结构都随之发生变化；同时，由于政府宏观调控的影响，特别是在金融危机时期政府政策的刺激与干预，使当前出现政策消化期，同时这也是化解多年来积累的深层次矛盾的必经阶段。在这个时期，我国不仅面临着经济增长的问题，还面临着技术创新不足、外需拉动作用减弱、劳动力成本上升、收入分配差距继续扩大、社会矛盾逐渐增多等问题，这些问题的集中出现，使我国难以跨越“中等收入陷阱”进入高收入水平国家。

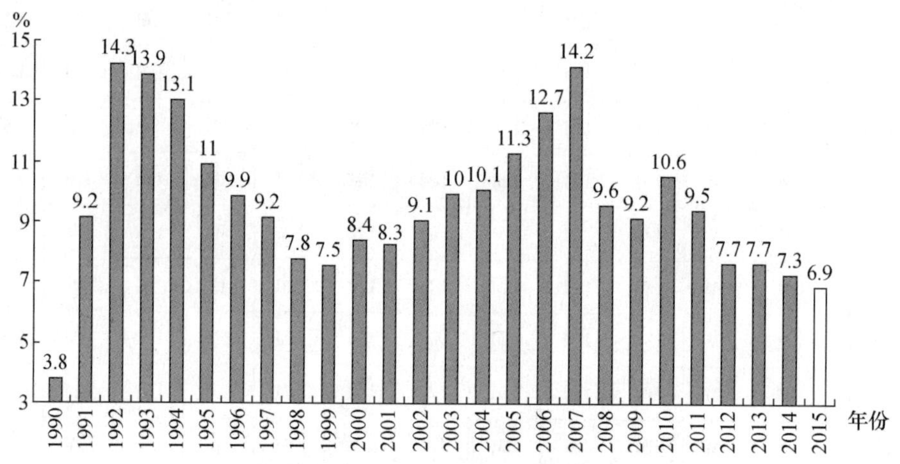

图 1　中国 1990 ~ 2015 年 GDP 年增速

资料来源：历年《中国统计年鉴》

2. 拉丁美洲国家跨越“中等收入陷阱”的背景

从几个具有代表性的拉丁美洲国家的经济增长速度来看，从 20 世纪 60 年代到 80 年代中期，巴西、墨西哥和哥伦比亚具有较高的发展速度，但是到 80 年代中后期至 2010 年，这几个国家的经济增长速度明显低于智利和阿根廷，最终智利在 2011 年成功跨越了“中等收入陷阱”，跻身于高收入国家的行列。而就平均速度而言，阿根廷与巴西分别为 3.75% 与 3.2%，都高于智利的 2.58%（见表 4），但是由于最近 30 年的发展速度较低，使其久久徘徊于中上收入国家水平，未能达到高收入国家的经济发展水平，这也是大多数拉丁美洲国家陷入“中等收入陷阱”的原因。

表4 拉丁美洲国家与中国的经济增长速度比较　　单位：%

年份	1961～1985	1986～2010	1961～2010
智利	0.98	4.19	2.58
阿根廷	1.68	5.83	3.75
巴西	3.83	2.58	3.2
墨西哥	2.8	0.99	1.9
哥伦比亚	2.49	1.22	1.85
中国	3.8	5.62	4.71

资料来源：世界银行数据库

图2为以智利、乌拉圭、阿根廷和巴西为代表的拉丁美洲国家的经济增长趋势图，前两个国家已成功地跨越了“中等收入陷阱”，而后两个国家仍处于其中。1990～2015年四个国家的经济发展平均速度分别为4.85%、3.26%、3.26%和2.46%，智利的增长总体快于乌拉圭、阿根廷和巴西。从这四个国家的经济发展速度变化来看，总体波动较为频繁且幅度较大，这使得这些国家尽管早已进入中等收入国家行列，但是却多年不能迈入高收入水平。相对而言，前两个国家近20多年的经济波动小于后两个国家，特别是最近五年，更是相对平衡。造成经济持续震荡的主要原因是：一方面曾经帮助拉丁美洲国家进入中等收入国家的经济发展模式已不能适应当前的经济环境，使其增长不能得以持续；另一方面是受国际大经济环境的影响，这些国家的经济震荡，波动较大，不能保持稳定的增长速度，最终使这些国家经济总体上处于低位运行。

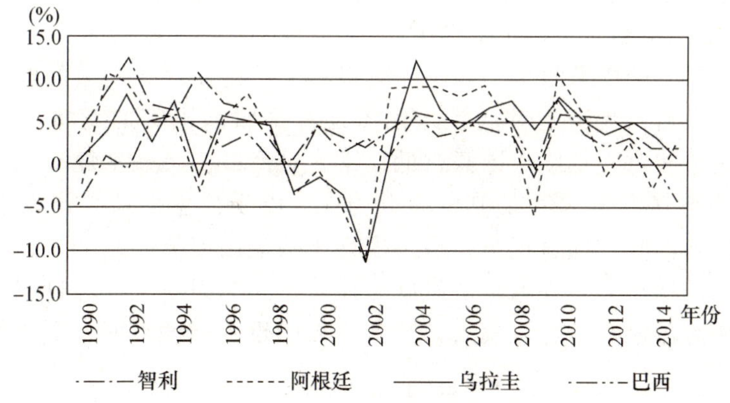

图2 智利与巴西的经济增长速度对比

资料来源：http：//interwp.cepal.org/

总体来说，自 20 世纪 70 年代拉丁美洲国家逐渐进入中等收入水平之后，在 1982 年整个拉丁美洲地区发生了较为严重的债务危机，使其整个经济陷入了较长时期的低迷状态，拉丁美洲人均 GDP 增长在整个 80 年代为 -9.6%，直到 90 年代经济才有所回升。在经历了巴西、阿根廷和墨西哥三场金融危机的连续打击之后，拉丁美洲经济再次处在低速增长时期。直到 2000 年后，各国经济才真正走上恢复的道路，受 2008 年全球金融危机的影响，在 2009 年有一次较大波动，但总体上增长速度都在小幅震荡着。除了金融危机与债务危机以外，拉丁美洲国家在跨越“中等收入陷阱”时同样还面临着产业结构不合理、外贸依存度高、贫富差距较大、制度建设不完善等问题。尽管拉丁美洲国家 20 世纪 70 年代以来进行了一系列的改革措施，如经济结构调整、民主制度重建、社会保障制度改革，但这些措施仍无法从整体上突破多重“陷阱”之间的联系。

三、拉丁美洲国家经济转型的经验

1. 拉丁美洲国家经济转型失败的原因

如前所述，当前大多数拉丁美洲国家仍处于“中等收入陷阱”之中，其原因主要包括以下几个方面：

第一，多数拉丁美洲国家在发展战略上最初都采取进口替代工业化战略，落实一系列措施推进经济高速增长的贸易保护主义政策，这使很多企业被保护起来，并保持着较低的生产效率。直到 20 世纪 80 年代后期开始实行市场经济改革，但其经济效果最近十年才在部分国家中显现出来。

第二，不注重技术创新，产业升级跟不上，这使一些国家的经济在进入中等收入阶段后，无论是对低收入国家还是高收入国家的竞争力都有所减弱。这是由于相对于低收入国家，低技术含量产品生产成本优势消失，在低端市场无法与其竞争，但在中高端市场中，由于技术创新与研发能力的制约，又难以与高收入国家竞争，最终生存于两类国家的夹缝之中，逐步失去了经济增长的推动力，导致经济发展停滞。主要原因在于缺乏自主创新的激励机制，而且国家对教育以及人力资本方面的投入强度不够，不能创造新的竞争优势。

第三，社会财富分配不公，收入差距拉大，一方面使那些具有较强消费倾向的人群减少，消费倾向递减，有效的社会消费总需求不足，对经济增长产生了遏制作用；另外由于收入差距的拉大，社会不同阶层的矛盾不断加深。具体在微观

经济上，增加了劳动者的不合理流动与离职现象，使企业缺乏稳定的职工队伍，降低了企业的创新活力，最终影响到经济增长。

第四，体制改革严重滞后于经济的发展，使经济发展受体制限制，影响其可持续增长。由于一些所谓精英集团和政党片面追求经济增长和财富积累，反对在社会结构、价值观念和权力分配等领域进行变革，或者把这种变革减少到最低限度，导致寻租、投机和腐败现象蔓延，导致市场配置资源的功能受到严重扭曲。由于低收入阶层的诉求与新兴中产阶级的政治参与意愿未能得到满足，导致社会冲突频发，影响经济增长，甚至引起经济系统的紊乱和社会动荡，最终使本国经济停滞和不正常波动。

2. 拉丁美洲国家经济转型成功的原因

智利2012年的人均GDP突破了14360美元，超越了世界银行所划分的高收入国家标准的水平。智利因此成为首个走出“中等收入陷进”的拉丁美洲国家。智利之所以能先于其他国家走出“中等收入陷进”，这当中有其自身的优势，而根本原因在于智利注重创新驱动，转变经济增长方式，实行市场经济，坚持对外开放，加强制度改革，为本国市场经济的发展创造了良好的环境。

第一，注重技术创新，强调全要素生产率的提高。随着经济的发展，创新驱动的重要性日益凸显，以要素驱动为主的增长必须转向以创新驱动为主的增长。将提高全要素生产率作为经济增长的重要动力源泉，推动技术进步和激发创新活力可以使国家经济持续增长。

第二，经济增长由粗放型向集约型转化，根据市场需求及时顺利地对产业结构进行调整和升级，从投资带动及时转向消费带动，使国家从生产型社会转向消费型社会。

第三，实行市场经济。在南美洲大陆，智利和乌拉圭之所以能率先走出“中等收入陷阱”，也是因为它们是南美洲大陆最规范地实行市场经济的国家，这些国家在实行市场经济后，生产力得到较快发展，经济增长速度有所提升，最终成功地跨越了“中等收入陷阱”。

第四，坚持对外开放。抓住转变增长方式的历史机遇，实施外向型发展战略，深度参与国际分工，融入世界经济大环境，争取经济较快发展，从而顺利跨越“中等收入陷阱”。

第五，加快推进体制改革，为促进经济结构调整和社会结构转型创造制度条件。从本国的实际出发，实行自主稳定的经济政策，推进改革任务的落实。

四、中国跨越“中等收入陷阱”的机遇与挑战

1. 中国跨越“中等收入陷阱”的机遇

（1）国际经济环境。

在经济全球化深入发展的背景下，我国与世界经济的联系和影响日益加深，在追求互利多赢的前提下，这有利于我国抓住经济全球化带来的机遇，更好地利用外部资金、技术、资源和全球市场。另外，由于我国经济实力的壮大，对外开放不断深化，我国在世界经济中所占份额增多，世界对中国的依赖加深，中国的国际地位和作用已日益凸显，使世界政治经济格局产生了较为深刻的变化，为我国提升国际话语权带来了新的机遇。

（2）国内经济环境。

中国坚实的经济基础是通过30多年的经济高速增长打下的。从经济总量看，我国目前已成为仅次于美国的第二经济大国；从发展速度看，中国经济以年均接近两位数的增长速度高速发展，创造了坚实的经济基础。而正是这样的经济基础为国家财政实力继续增加起到了保障作用，而财力的增加对促进经济发展、弥补经济和社会中的薄弱环节、切实改善民生、有效应对各种风险和自然灾害的冲击提供了有力的资金保障。

（3）全球的技术革新。

世界第三次科技革新正在进行，这将为中国跨越“中等收入陷阱”带来很多机遇。以生物、生物信息、新材料技术、新能源技术为核心的产业技术革命将催生新的经济增长点。这四大技术之间的融合借助互联网经济的发展，将会改变世界的发展，同时这次技术革命还将使产业相互整合，形成新业态、新产品、新商业模式和新产业，这将给我国产业结构的转型升级带来新的机遇。

（4）人口红利的释放。

2015年我国在坚持计划生育的基本国策、完善人口发展战略时，全面实施一对夫妇可生育两个孩子的政策，积极开展应对人口老龄化的行动。这一政策的实施，一方面将增加劳动力供给，有效补充未来劳动力，人口老龄化将得到有效缓解，释放人口红利，有助于解决劳动供应短缺的问题，有利于未来经济的发展；另一方面可以提振食品、服装、教育文化娱乐、家庭设备用品、交通和通信、医疗保健等相关行业的需求，促进经济的增长。

2. 中国跨越“中等收入陷阱”的挑战

（1）国际经济环境带来挑战。

在经济全球化的同时，一方面由于“贸易保护主义”观念在一些国家重新抬头，针对中国产品的反倾销增多，另一方面为了应对金融危机，美国、德国等发达国家开始推进“再工业化”、“工业4.0”，这对中国制造业的发展形成了巨大的压力和正面的竞争。从国际政治格局来看，在中国经济总量上升到世界第二位后，国际社会对中国的态度有所变化，部分领域的国际环境有所恶化；周边国家与中国的摩擦不断增加。所有这些国际环境的变化都给中国经济的发展带来了新挑战。

（2）经济结构调整带来挑战。

尽管市场经济制度是大背景，但是中国政府仍在较多领域主导经济发展，经济结构部分被扭曲了。在过去30多年的发展中，我国经济增长的动力结构过分依靠“三驾马车”中的投资与出口，产业结构过度依赖对GDP贡献较大的工业，区域结构过分偏重沿海发达地区，生产要素投入结构过度偏重劳动力、土地、资源等一般性要素等，带来了一系列问题。

（3）社会矛盾增加带来挑战。

中国在进入中等偏上收入水平后，在这一阶段各类社会矛盾日益突出，比如贫富差距的扩大、社会规范的失守、公平诉求的增加、社会保障制度问题的显现等。想要跨越“中等收入陷阱”就要通过针对社会公平的改革，理顺各主体之间的责权利关系，公平分配权利；还要大力发展养老、医疗、住房、教育等有关民生的社会事业。一方面经济持续下行，政府财政收支缺口加大，债务负担加重；另一方面地方政府需要承担越来越重的社会事业支出责任，这是跨越“中等收入陷阱”不小的挑战。

（4）改革难度增加带来挑战。

经济发展必须依赖改革，但中国改革已进入“深水区”，进入全面改革的新时期。新时期的改革难度增加成为我国跨越“中等收入陷阱”的另一个挑战，原因是：由于改革不仅要协调经济改革内部的各项改革，还要协调经济、政治、文化、社会、生态、党建“六位一体”的改革；改革必须触及既得利益集团，这使改革的阻力增加；很多人将贫富差距拉大、腐败严重等归结为市场化改革，因而对部分改革产生了怀疑，使改革在思想观念上遇到了更多的障碍，这使得我国深入改革的难度加大。

五、避免陷入“中等收入陷阱”的对策

1. 加强对科研与教育的投入，促进技术创新

科技是第一生产力，这是所有国家获得快速发展的根基，必须加强技术创新对经济增长的推动作用，加大自主创新的投入力度，才能更好地避免陷入“中等收入陷阱”。从拉丁美洲国家的发展经验得知，发展中国家在发展过程中会遇到一个极难突破的技术“瓶颈”。由于技术壁垒的存在，使得绝大多数发展中国家只能从事获取较低收益分红的低端领域的生产加工工作。中国在迈入中等收入国家的行列后，经济增长必须转向依靠科学技术的生产运用，大幅度提高科技进步对经济增长的贡献率，这样才能使经济增长有持续的动力。这就需要政府加大对教育和科研的投入，完善科技创新的机制和管理体系，增加自主创新比重，使经济增长尽快转入技术创新导向的轨道，使中国未来经济能持续稳定地增长。技术的进步和科学研究的开发则需要对人力资本的大力投入，而提升人力资本的主要途径则是加大对教育数量的投入和对教育质量的提升，同时教育的结构需要从侧重基础教育转向中等和高等教育，从而提高研发的效率，为技术创新创造有利的条件，最终达到促进经济增长、跨越“中等收入陷阱”的目的。

2. 继续提高对外开放程度，改进开放战略

在新时代下，一方面要引入发达国家的资本与技术，另一方面还应加强与新兴经济体和欠发达经济体的联系和合作。现代经济增长理论认为，发展中国家在经济增长的过程中最大的“瓶颈”就是资本，通过合理利用外资助力发展国内经济有利于发展中国家发挥后发优势，是发展中国家在谋求经济发展的过程中卓有成效的方法。适当合理利用外资与举债，可以弥补国内发展资金缺口，但是经济增长过程中过度依赖外资，会加大经济的外部脆弱性，造成沉重的债务负担，还可能引发债务危机，不利于经济的可持续性发展。中国经济的发展离不开改革开放，中国的外贸所占份额也较大，但主要是加工贸易类的外贸，对国外的技术依赖较大。在新常态背景下，中国要加快推动外贸转型，形成自己的竞争优势，构建新的增长点，加快从价值链低端的加工贸易向价值链高端的自主创新贸易转变，从以出口为导向转变为以进出口并重为导向。另外，应利用好当前外部发展环境总体有利的大好时机，充分认识和把握住发展新兴化的潮流和趋势，采取更加积极主动的开放战略，加强与新兴经济体和欠发达经济体的联系和合作，以大开放推动大发展，尽可能在更短时间内跨越“中等收入陷阱”，快速追赶上发达经济体。

3. 提高居民消费率，促进内需拉动经济

虽然消费、投资和出口并称为拉动经济增长的“三驾马车”，但是归根结底，消费是根本，它既是生产的起点，又是生产的归宿。同时我们看到，中国主要依靠投资与出口拉动经济增长的能力已达极限，必须真正实现经济增长内需拉动方式的转变。在进入中等收入阶段以后，人们的生活水平和生活质量都有所提高，消费需求也随之改变，我国需要由过去的生产型社会向消费型社会转变，要确立以消费为目的、生产为消费服务的观念，彻底克服重生产、轻消费，片面依靠投资拉动经济增长的倾向。只有把生产建立在消费的基础上，不断扩大居民消费率，才能实现向扩大内需和消费拉动经济的转型，以合理的经济增长速度迈入高收入国家行列。

4. 加快产业结构优化，提升经济整体素质

中国人均国民收入已经达到上中等收入国家水平，而产业结构层级尚处于中低收入国家水平，这是一种典型的产业结构，供给长期超过需求，产业结构严重偏向制造业。我国产业结构的不合理状况在全球金融危机的影响和冲击下更加凸显，产业结构不合理的程度更加严重。推进经济结构调整，提升经济整体质量，必须顺应国内需求结构升级的新形势，敏锐捕捉国际市场变化的新趋势，加快推进产业结构优化升级，及时调整产业结构和产品结构，大力发展现代农业，加快从以第二产业特别是工业为主导转向以服务业，特别是现代服务业为主导的产业结构。中国应该逐渐减少低端产品——劳动密集型产品的生产与出口，增加附加值高——技术含量高、辐射带动能力强的高端产品生产出口，将产业带向高端化和细分化方向。产业结构升级的关键是由资本密集型的重化工业转向知识和技术密集型，瞄准国际科技和产业前沿，壮大战略性新兴产业，以尽快跨越“中等收入陷阱”。

5. 改革收入分配与福利制度，缩小贫富差距

曾经和现在仍陷入“中等收入陷阱”的国家，都普遍存在没有解决好收入差距扩大、贫富不均的制度安排和机制设计问题。中国当前的贫富差距较大，基尼系数多年来处于国际警戒线以上，这不仅对经济增长非常不利，同时也不利于社会的和谐与稳定。通过收入分配制度改革，理顺分配关系，可以提高居民收入的比重和劳动者报酬的比重，让居民和劳动者更多地分享经济社会发展的成果。同时缩小居民不合理收入和财产的差距，维持社会公平与社会稳定。此外还需要对养老、医疗等社会保障制度进行改革，从而提高对弱势群体的保护力度。在改革转型过程中力求获得兼顾公平的经济增长，通过有效的社会保障政策让更多人享受经济增长的成果，特别是社会保障制度的改革，将促进社会的公平与稳定。

6. 深化体制改革，释放制度红利

制度因素与制度环境对经济增长的影响非常大，具有不可替代性，这是因为

制度环境对宏观和微观经济政策，对社会政策和公共政策产生直接影响。从国际经验看，许多国家利用自身的比较优势使本国从低收入国家迈向中等收入国家。但是，当一个国家要想从中等收入国家向高收入国家成功迈进时，以往的发展模式开始失灵，如果仅对经济结构调整还不够，必须对各种体制进行调整与改革，以适应新的需求。同时，由于制度质量的差异，导致各国在跨越“中等收入陷阱”时有不同的表现，而制度的变迁受制于当前的经济社会制度的结构，形成路径依赖和锁定效应。在迈向高收入国家的过程中需要通过制度改革释放制度红利，为要素投入和技术进步提供良好的制度环境和激励机制，这是跨越“中等收入陷阱”的必由之路！目前中国必须加快体制改革，从政治体制、经济体制、社会体制到其他体制，尽快消除那些影响或是阻碍经济社会结构转变的因素，具体包括加快金融体制、财税体制、收入分配制度、社会保障制度、城乡二元体制、对外贸易和投资体制、资源性产品价格形成机制、人才培育和引进机制等方面的改革。在进行深化体制改革时，霍米·卡拉斯列举了从中等收入向高收入过渡所不可回避的制度变迁，如发展资本市场、加快创新和发展高等教育、改善城市管理、建设宜居城市和形成集聚效应、有效的法治、分权和反腐败等，同时他还指出，所有这些领域的效果至少十年才能显现出来。这就要求政府以长远和发展的眼光坚定地深化体制改革，为经济的持续健康发展提供有利条件。

参考文献

［1］I. Gill，H. Kharas. An East Asian Renaissance：Ideas for Economic Growth［M］. Washington DC.：The World Bank，2007.

［2］范金，徐小换．拉美经济转型失败：中国适应经济新常态的镜鉴——基于巴西和阿根廷的案例分析［J］. 中共贵州省委党校学报，2015（4）.

［3］唐俊．拉美中等收入陷阱探析［J］. 浙江外国语学院学报，2012（2）.

［4］马晓河．“中等收入陷阱”的国际观照和中国策略［J］. 改革，2011（11）.

［5］郑秉文．“中等收入陷阱”与中国发展道路——基于国际经验教训的视角［J］. 中国人口科学，2011（1）.

［6］郭金兴，胡映．拉美、东南亚和东亚经济体跨越中等收入陷阱的比较研究［J］. 学海，2015（2）.

［7］霍米·卡拉斯．中国向高收入国家转型——避免中等收入陷阱的因应之道［C］//林重庚，迈克尔·斯宾塞．中国经济中长期发展和转型——国际视角的思考与建议．北京：中信出版社，2011.

第三篇：中国—拉丁美洲合作发展案例

广东与墨西哥经贸合作现状、问题及对策

何传添　袁群华*

引　言

本文在阐述中国以及广东与墨西哥经贸合作现状的基础上，探讨了广东与墨西哥经贸合作存在的文化差异和商品竞争性等问题，分析广东与墨西哥经贸合作面临的机遇，最后从构建服务广东与墨西哥经贸合作的体系，深化广东与墨西哥的产业合作两个方面提出了对策。

中国是世界上最大的发展中国家，而墨西哥是拉丁美洲第二大经济强国，两国都具有较大的经济规模，且两国选择了相同的发展道路——发展外向型经济，即出口导向战略。近30多年来两国的外经贸都发展很快，中墨之间的进出口贸易也取得了佳绩。同时我们也应看到两国具有相似的要素禀赋、产业结构和发展阶段，这使得两国在进出口贸易上存在不同程度的竞争，总体上看，中墨之间的贸易水平较低。但墨西哥拥有独特的地缘经济优势，也是世界上签订自由贸易协议最多的国家，可以作为中国未来拓展外经贸的渠道之一。总之，中国与墨西哥之间既有合作又相互竞争，本文的主旨在于寻求解决中墨贸易摩擦的办法，拓展广东与墨西哥经贸合作的空间。

* 何传添：广东外语外贸大学副校长、教授；袁群华：广东外语外贸大学经济贸易学院教师。

一、中国以及广东与墨西哥经贸合作现状

1. 中国与墨西哥经贸合作与竞争概况

虽然中国与墨西哥自 20 世纪 70 年代开始就有经贸关系，但长期以来两国经贸关系发展缓慢，至 20 世纪 90 年代两国间贸易额仍然只约占墨西哥贸易总额的 1% 左右，约占中国贸易总额的 0.3%，中国略有顺差。直到 2001 年中国加入世界贸易组织（WTO）以后，中国对墨西哥的货物出口出现了快速稳定的增长，出口额从 17.90 亿美元增长到 2014 年的 323.55 亿美元，增长了 18 倍，占墨西哥总进口额的比重也从 2001 年的 2% 增长到 2014 年的 17.7%①，占墨西哥总贸易额的 9%②，成为墨西哥第三大贸易伙伴③。对中国来说，2014 年与墨西哥的进出口总额为 434.29 亿美元，约占中国进出口贸易总额的 1%，中国贸易顺差 210.82 亿美元④。

从近期中国与墨西哥双边贸易的结构看，工业制成品在中国对墨西哥总出口中一直占有 90% 以上的比重且不断增加，产品的技术含量也在快速提升。初级产品比重在 10% 以下，并不断降低。按原料分类的制成品（SITC6）、机械设备类（SITC7）、杂项制成品（SITC8）是中国对墨西哥出口的主要产品，所占比例达 90% 以上，具体包括机电产品、家居玩具、医疗设备、运输设备等。中国从墨西哥进口的产品既有初级产品也有工业制成品，并且初级产品进口比重不断增加，约占一半。机械设备类（SITC7）、工业原料类（SITC2）、化学品类（SITC5）是中国从墨西哥进口的主要产品，约占八成。其中机械设备类（SITC7）占四成，份额呈下降趋势；工业原料类（SITC2）占三成，且快速增长⑤。

2. 广东与墨西哥进出口贸易情况

近年来，广东与墨西哥进出口贸易快速增长，贸易额从 2010 年的 55 亿美元增长到 2014 年的 100 亿美元，增长了 83.0%，远大于同期广东总进出口贸易额增长率 37.2%。其中出口额由 2010 年的 41 亿美元增长到 2014 年的 81 亿美元，

---

① 本数据来自墨西哥国家统计局。

② 本数据的依据为墨西哥经济秘书处的数据。特别说明：由于墨西哥的统计数据与中国统计数据有较大差距，导致墨西哥在认定中国顺差数额时有误判，建议政府部门多与墨西哥政府部门沟通。

③ 该说法来自中国驻墨西哥大使馆经济商务参赞处。

④ 本段其他数据均来自中国国家统计局。

⑤ 本段按联合国商品贸易（UN Comtrade）数据库分类方法分类。

也是翻了近一倍；出口占比亦不断增加，从2010年的75.4%增长到2014年的80.1%，其中2013年比重达到了84.0%，这说明广东对墨西哥的贸易顺差也长期处于高位状态。广东从墨西哥进口额呈现出先下降后增长的趋势，2014年进口额为19亿美元。从全国来看，广东是中国与墨西哥贸易的重要省份，2014年广东与墨西哥进出口贸易额占中国与墨西哥进出口贸易额434亿美元的23.0%，其中出口占25.1%。

从表1中可以看出，广东与墨西哥的贸易额占广东总进出口额的百分比由2010年的0.7%增长到2014年的0.9%，虽然不到1%，但逐年增长。此外，广东与墨西哥的贸易额约占广东与拉丁美洲贸易额的比重也是逐年递增，从2010年的18.3%增长到2014年的25.7%，可见，墨西哥是广东与拉丁美洲地区贸易增长较快的国家，发展与墨西哥的经贸关系是广东实现出口市场多元化的路径之一。

表1　2010~2014年广东与墨西哥进出口贸易额　　单位：亿美元

	与墨西哥			与拉丁美洲			广东总进出口额		
	进出口	出口	进口	进出口	出口	进口	进出口	出口	进口
2014	100.15	80.78	19.36	390.02	286.57	103.45	10765.84	6460.87	4304.97
2013	80.28	67.41	12.87	374.61	272.58	102.03	10918.22	6363.64	4554.58
2012	72.33	60.04	12.29	380.16	272.49	107.67	9839.47	5740.59	4098.88
2011	68.54	53.28	15.26	367.97	262.07	105.90	9133.34	5317.93	3815.41
2010	54.74	41.29	13.45	298.75	203.46	95.29	7848.96	4531.91	3317.05

数据来源：《广东统计年鉴》（2010~2014）

3. 广东与墨西哥的相互投资情况

对广东而言，来自拉丁美洲的投资基本是从维尔京群岛、开曼群岛、巴拿马等避税天堂而来，几乎没有来自墨西哥的投资。广东投资墨西哥的企业主要有华为、比亚迪、海能达、广州立达尔等一批具有一定影响力的企业。2014年中国对墨西哥直接投资总量仅为3亿美元，规模较小。

二、广东与墨西哥经贸合作存在的问题

广东作为中国外经贸大省，要加强与墨西哥的经贸合作，面临的问题和困难

主要包括文化差异和商品的竞争性两方面。

1. 文化和法律差异

由于中国与墨西哥存在较大的文化和法律差异且空间距离太远，给两国经贸合作带来许多障碍。

（1）文化差异。墨西哥的官方语言及大多数人讲的是西班牙语，而非英语，这样一来，一是墨西哥商人无法直接看懂我国的法律法规文件，即使是用英文写的文件，特别是网上可以下载看到的文件，他们很难明白具体的内容；二是双方企业高管之间的直接沟通困难。

（2）法律体系差异。这是影响广东与墨西哥之间经贸往来的最关键因素之一。不同的法律体系、商业惯例和法律渊源影响双方的贸易和投资，特别是墨西哥企业来广东投资。尤其是我国中央与地方的法规和政策存在差别，一些政策变化比较快，会给墨西哥企业带来一定的挑战。

（3）空间距离太远。广东与墨西哥之间的距离太远，增加了商贸往来的成本，尤其是商务往来的沟通成本。如果没有直航，墨西哥商人从墨西哥到广州需要在洛杉矶转机，路上花费的时间一般在30小时左右，这会严重影响双方的商务往来。

2. 商品的竞争性问题

由于两国出口商品构成、成本和市场有很大的相似性，因此美国和欧盟等主要出口市场竞争激烈。

（1）出口商品的结构相似。广东最主要的出口产品第一大类为机电产品，2014年出口额为4285.59亿美元，占广东总出口额6460.87亿美元的66%。其中电器及电子产品为2424.96亿美元，占广东总出口额的38%；机械及设备994.44亿美元，占比15%。广东出口的第二大类产品为高新技术产品，2014年出口额是2310.17亿美元，其中计算机与通信技术出口额为1820.42亿美元，占广东总出口额的28%[①]。2014年墨西哥最主要的出口产品是机电产品、运输设备和矿产品，分别占墨西哥出口总额的35.3%、22.9%和11.9%，其他类别的产品均在5%以下。具体商品为陆用车辆、石油及其产品和原料、电信及声音录制及重复装置设备、电力机械、办公机械和自动数据处理设备等。从主要出口产品情况看，广东与墨西哥既有相同的部分也有差异，相同部分主要在机电产品、机械及设备，差异在石油及其产品和原料。

广东是中国汽车产量大省，未来广东与墨西哥在汽车行业的竞争也将日益加剧。2012年墨西哥汽车和卡车总产量达300万辆，目前已成为全球第五大汽车生

① 本段以上数据来自《广东统计年鉴》，之后数据来自墨西哥经济秘书处。

产国，近几年各大汽车厂商都加大对墨西哥的投资，预计2020年墨西哥汽车产量还将增加1/6①。2012年中国的汽车产量为250万辆，产量略逊于墨西哥。目前中国的汽车主要以内销为主，随着未来中国汽车出口的增加，汽车业的贸易竞争与摩擦也将随之增加。

（2）出口商品的成本相近。墨西哥的低成本包括较低的生产成本和出口成本，其中生产成本主要体现为工人工资，根据2012年美国银行半年分析报告，墨西哥工人的工资大概是2.5美元/小时，比中国当时的工资水平还低20%，此外墨西哥的能源成本也略低于中国。出口成本主要是指关税税率和物流成本，如上所述，墨西哥是北美自由贸易区成员国，其出口到美国和加拿大的税率要比中国低很多，并且具有显著的经济区位优势。墨西哥还是世界上签订自由贸易协议最多的国家，关税税率较低，具有很强的出口贸易优势。

（3）商品出口的市场集中。改革开放后，中国对外贸易快速增长，2015年占全球货物出口额的13.4%，列世界第一位。尤其是最近十多年来，随着中国国际市场多元化，墨西哥与中国在国际贸易领域，尤其是在美国和欧盟市场的竞争日益激烈。1994年北美自由贸易区达成协议，墨西哥为北美自由贸易区的成员国，墨西哥对美国出口快速增长。对于墨西哥来说，美国是其赖以生存的市场，2015年对美国的出口占墨西哥总出口额的81.1%。

同样由于2001年中国加入WTO，中国与墨西哥在美国、加拿大、欧盟等出口市场产生了竞争。在加入WTO五年后（2006年），中国超越墨西哥成为美国第二大贸易伙伴，占美国进口额的17%，墨西哥下降为不到10%，是美国第三大贸易伙伴。之后的发展延续了这个趋势但差距逐步缩小，2015年中国与美国之间的贸易额创历史新高，达5981亿美元，占美国外贸总额的16%，成为美国第一大贸易伙伴。作为美国第三大贸易伙伴的墨西哥，2014年所占份额为13.5%；2015年为14.2%，贸易总额5311亿美元，贸易顺差达583.64亿美元，同比增长8.43%。这主要是由于2015年墨西哥比索贬值16.71%，维持了墨西哥制造业的竞争优势，特别是汽车制造业的出口竞争优势②。需要特别说明的是，研究结果表明，中国出口贸易长期快于墨西哥的重要原因之一在于人民币汇率一直走低，而墨西哥比索的汇率在2015年之前长期上升。

与此同时，墨西哥频繁对中国商品进行反倾销调查。在墨西哥本国市场上，中国与墨西哥产生了频繁的贸易摩擦。由于长期以来的贸易逆差，中国也多次遭到墨西哥的反倾销调查和诉讼等，如2012年中国输墨西哥鞋类产品需进行出口价格认证、2012年墨西哥诉中国纺织品服装（DS451案）、2013年的合成化纤毯

① 施思．墨西哥成汽车业投资新贵　对中国造成威胁［J］．聚氨酯工业，2013（11）．

② 本段数据来源于商务部网站。

的反倾销、2015年石墨电极的反倾销等。墨西哥已经成为对中国进行反倾销调查最频繁的发展中国家之一。

三、广东与墨西哥经贸合作面临的机遇

1. 在墨西哥的机遇

（1）墨西哥经济情况。2015年墨西哥的GDP为1210.23亿美元，约为中国的11.6%，成为世界第15位经济大国[①]。受国际油价下跌影响，2015年墨西哥国内生产总值增长2.5%，高于2014年的2.3%和2013年的1.4%，但仍远低于2012年的4%，这显示墨西哥经济仍处于缓慢复苏状态。2014年墨西哥人均GDP为10361美元；同年中国人均GDP约7594美元[②]，低于墨西哥27%。在国际商品贸易方面，墨西哥2015年进出口额达786亿美元[③]，是世界排名第12的重要国家。同年中国进出口贸易总额为3957亿美元。可见，中国与墨西哥之间有较多的贸易提升空间。

（2）墨西哥投资环境。从各种国际权威评价机构如联合国贸发组织、世界银行以及美国传统基金会等的报告看，墨西哥的投资和运营比较自由，对轻工业、银行业、建筑业、旅游业和零售业等行业完全开放，外资进入墨西哥建立外资企业的时间只要1个月（11项程序），优于中国和巴西。另外如之前所述，在墨西哥的企业与其他国家如北美、欧盟等市场的进出口贸易较为自由。根据普华（PwC）发布的调查报告，2016年墨西哥在全球对外资最有吸引力的十个国家的行列中排名第九位。但墨西哥也存在一定的缺陷，如政府机构的官僚主义和腐败，仲裁法律力度不够等，此外还有劳资关系较为紧张、工会势力强大以及社会治安条件不太好等。在接受外商直接投资总量方面，2013年墨西哥吸引FDI为383亿美元，是发展中国家中排名第三的最重要的地区。同年中国吸引FDI为1239亿美元[④]。

2. 示范效应

发展好与墨西哥的经贸关系不仅可以拓展广东经贸发展的空间，为广东出口产品国际市场多元化找到出路，也可以通过进口墨西哥产品为广东经济发展提供

---

① 英国《经济学人》杂志。
② 数据来自世界银行WDI数据库。
③ 数据来自WTO公布数据。
④ 数据来自联合国贸发会议FDI数据库。

能源和材料，并提升人民生活水平。更为重要的是，将为广东与其他发展中国家发展经贸关系提供蓝本，尤其在解决贸易竞争与摩擦方面提供经验借鉴。

四、深化广东与墨西哥经贸合作的对策

1. 构建服务广东与墨西哥经贸合作的体系

增加双方文化交流，加强双方语言培训，是深化和保障广东与墨西哥经贸长期合作的关键。目前，应尽快解决下列几个问题，以推动广东与墨西哥经贸合作再上新水平：

（1）双方各开设“一站式”服务窗口，为双方的贸易投资方面提供法律等服务。为促进贸易投资的便利化，使双方贸易投资商能便捷地获取有关贸易投资方面的信息以及法律方面的服务，双方应尽早开设“一站式”服务窗口。

（2）尽快开通广州或深圳至墨西哥城的直接航班。目前从广州或者深圳去墨西哥城需要转机，导致行程时间较长，不利于人员往来，因此需要及早开通广州或者深圳到墨西哥城的直飞航班，简化签证手续，为两国公民的交流往来提供便利。

（3）推动在广东设立墨西哥商业银行。墨西哥商业银行一般在香港设立分行以服务到广东投资的墨西哥企业。因为在广东很难得到贷款，在很多情况下，墨西哥企业主要是通过国际银行而非中国和墨西哥银行，进行融资、票据往来、信用支付等金融服务。

（4）推动中墨之间深化金融合作和货币互换。中国和墨西哥之间没有货币互换协定，所以广东与墨西哥之间的贸易投资还是以美元结算，没用人民币。加强金融合作和货币互换可以降低双方的贸易成本和推动两国货币的国际化。

（5）加强沟通和交流减少中墨之间贸易摩擦。随着中墨贸易不断发展，贸易摩擦逐渐增多，尤其是近年来墨西哥频频使用反倾销手段对中国商品进行大规模的调查，不仅给两国的经济贸易关系带来伤害，也可能给其他发展中国家带来连锁效应，损害我国外贸发展的利益，因此双方高层应加强沟通和交流，减少中墨之间的贸易摩擦。

2. 深化广东与墨西哥的产业合作

（1）加强广东与墨西哥的能源和矿业合作。石油产业是墨西哥最主要的支柱产业，在已发现的原油储量方面，墨西哥是排名第 17 的经济体，在已发现的天然气储量方面，墨西哥排名第 23。2013 年 12 月，墨西哥通过能源改革法案，

允许外资和私人资本进入垄断了75年之久的油气领域，这鼓励广东资本积极投资墨西哥的油气领域。另外，墨西哥是世界重要的矿业生产国，拥有丰富的矿产资源，主要的金属矿产有铁、锰、铜、铅、锌、金、银等；非金属矿产有硫、石墨、硅灰石、天然碱和萤石等。储量居世界前列的矿产有：银位居世界第三位；铜和石墨居世界第三位；硫和重晶石居世界第六位；钼、铅和锌矿居世界第七位；锰矿位居世界第十一位。目前，墨西哥是世界第三大产银国，银储量占世界银总产量的16%左右。2014年墨西哥的矿产品出口达345.02亿美元，占墨西哥总出口额的11.9%；石油及其产品和原料也是墨西哥出口排名第二位的产品。因此在积极探索投资墨西哥的同时，广东也可以进口墨西哥的油气和矿产品，以满足广东制造业需求。加大对墨西哥能源和矿产品的进口，有助于平衡中墨之间的贸易顺差，减少贸易摩擦。

（2）提升广东与墨西哥的产业内贸易和产业间贸易。墨西哥自中国进口的主要商品为机电产品，2014年进口额为433.8亿美元，增长5.5%，占墨西哥自中国进口总额的65.5%[①]。在此类商品上，中国的主要竞争对手是美国、韩国、日本和德国等国家。此外，在墨西哥家具、玩具的进口市场上，中国产品具有较强的竞争力，占墨西哥该类产品进口市场份额的40.7%。在墨西哥贱金属及其制品、塑料橡胶等商品的进口市场上，中国是仅次于美国的第二大进口来源国[②]。

对于广东来说，积极拓展对墨西哥的出口和扩大对墨西哥产品的进口同样重要。我们也应该转变观念，进口对于促进经济增长同样重要。因此广东需要扩大与墨西哥的产业内贸易（含出口和进口两个方面）——机电产品。广东在家具、玩具等行业具有优势，适合拓展产业间贸易。此外，广东还可以积极进口墨西哥的农产品。中国是世界上食品进口第一大国，但来自墨西哥的进口农产品仅占总额的1%，目前墨输华农产品主要有鳄梨、葡萄、龙舌兰酒、浆果、猪肉和牛肉。广东是中国食品进口大省，2014年农产品进口额168.19亿美元，这对于墨西哥农业来说是个大机遇，扩大对墨西哥农产品的进口既可以改善广东人民生活水平，也可以减少贸易摩擦。

（3）引导广东企业在墨西哥投资。广东省各级外经贸政府部门应加强与墨西哥有关政府部门的合作，完善公共服务信息系统，及时提供墨西哥国内投资政策等相关信息；完善投资保障体系，政府应进一步完善对投资墨西哥的金融服务，在融资上给予企业便利条件，并指导企业合理利用政策性资金和商业贷款。初始阶段建议与墨西哥当地企业合资设厂，降低与墨西哥的冲突。

（4）加强广东与墨西哥的旅游合作。中国和墨西哥都具有古老的文化和众

① 数据来源于墨西哥经济秘书处。

② 本段数据来源于墨西哥经济秘书处。

多风景名胜，因此加强旅游业合作可以使双方受益。广东是中国的旅游大省，理应成为中墨旅游合作的重要一方。因此，需要及早开通广州到墨西哥城的直飞航班，简化签证手续，为两国公民的出境旅游提供便利；在对方市场加大旅游资源的宣传和推广，如2015年墨西哥旅游局和墨西哥驻广州总领事馆在广州联合举办了“墨西哥旅游推介会”，2016年5月，广东亦在墨西哥举行了旅游推介会；加强对旅游业的监管和规范双方旅游市场，切实保护游客的自身利益不受损害。加强旅游合作除了促进旅游业的发展外，还能提升对双方的了解，促进双方经贸合作的发展。

参考文献

［1］吴国平，岳云霞．中国与墨西哥的双边贸易及其发展前景［J］．拉丁美洲研究，2012（12）．

［2］刘晓惠．中国和墨西哥贸易关系的实证分析［J］．国际贸易问题，2007（7）．

［3］杜莉，谢皓．中国与墨西哥高技术产品在美国市场的竞争状况分析——基于出口相似度指数与转移份额分析方法［J］．中国软科学，2011（10）．

［4］Ricardo A.，Escalante D. 墨西哥—中国贸易关系：意见以及改进［D］．宁波大学硕士学位论文，2014.

［5］陈健，史修松．中国、墨西哥对美纺织品贸易比较——兼论中国对墨西哥的市场挤出［J］．世界经济研究，2006（9）．

［6］吴国平，岳云霞．中国与墨西哥双边贸易的发展趋势及其面临的问题［J］．拉丁美洲研究，2012（10）．

［7］秦艳敏．中国与墨西哥对美国出口相似度研究［D］．暨南大学硕士学位论文，2010.

［8］申仁超．中国与墨西哥加工贸易比较研究［D］．东北财经大学硕士学位论文，2013.

［9］马浪．中国与墨西哥：从竞争到合作［D］．吉林大学硕士学位论文，2009.

［10］韩慧敬．中国与墨西哥双边贸易研究［D］．河北大学硕士学位论文，2013.

中国—智利自由贸易协定实施10周年成果回顾与发展趋势展望

周　宁*

智利是拉丁美洲最具竞争力、最稳定，也是经济开放程度最高的国家，人均GDP在拉丁美洲排第一位，宏观经济水平接近发达国家。中国与智利自1970年建交以来，双边关系持续发展深化。智利是第一个同中国签署关于中国“入世”双边协议的国家，第一个宣布承认中国完全市场经济地位的国家，是拉丁美洲第一个与中国建立议会对话磋商机制的国家，是第一个对《中国对拉美和加勒比政策文件》做出回应的拉丁美洲国家；正因为如此多的“第一”，智利也被喻为“中国在拉丁美洲的火车头”，两国合作机制不断完善，各领域合作不断加强，而2005年《中智自由贸易协定》的签订更是为两国经贸关系开启了新的篇章。十年来，中智双边贸易在自由贸易区政策的带动下取得了巨大的增长，中智自由贸易区也为我国同拉丁美洲国家互利合作、共同发展打造了一个典范，在其示范作用下，秘鲁和哥斯达黎加也随后同中国签署了自贸协定。中拉贸易发展呈现出良好的态势。

一、中国—智利自由贸易区的提出和建立

智利是拉丁美洲国家中同中国开展经贸交往较早的国家之一。1970年建交后的头20年，两国贸易发展比较缓慢，总量较低。1995年中智两国贸易总额仅为6.4亿美元，然而在此之后，两国贸易迅猛发展，贸易额以年均41.5%的环比速度增长，至2004年已达到53.55亿美元，其中，中国从智利的进口额为36.66亿美元，向智利的出口额为16.88亿美元。1995年智利对中国贸易只占其对外贸

* 周宁：广东外语外贸大学商学院讲师。

易总额的2.7%，而2004年这一比重已迅速增至9.9%，仅落后于对美国贸易的占比。

作为拉丁美洲经济开放程度和透明度最高的国家，智利政府一贯提倡开放的市场政策，与拉丁美洲、北美洲、欧盟等多个国家和区域经济一体化组织签订了自由贸易协定。而从21世纪初，中国也在加快融入世界区域经济一体化的步伐，并于2001年与东盟十国组建了第一个自由贸易区。随着中智两国的贸易规模不断增长，经贸往来日益频繁，与智利建立自由贸易区的构想也被提上日程。2004年11月18日，胡锦涛同志与智利前总统拉戈斯共同宣布启动中智自贸区谈判。2005年11月18日，在韩国釜山APEC领导人非正式会议期间，中国和智利双方正式签署《中智自由贸易协定》（以下简称《协定》）。2006年9月，吴邦国同志访智期间，与智利时任总统巴切莱特共同宣布自2006年10月1日起开始实施《协定》，并正式启动服务贸易和投资谈判。《协定》纳入了与货物贸易有关的所有内容，包括市场准入、原产地规则、卫生与植物卫生措施、技术贸易壁垒、贸易救济、争端解决机制等，并且将经济、中小企业、文化、教育、科技、环保、劳动和社会保障、知识产权、投资促进、矿产和工业领域的合作都涵盖在内。2006年10月，在自贸协定货物贸易部分开始实施的同时，中国和智利双方启动了自贸区服务贸易谈判。2008年4月13日，经过六轮谈判后，中智签署了《中国智利自由贸易协定关于服务贸易的补充协定》（即《中智自贸区服务贸易协定》），并于2010年8月1日开始实施。根据协定，我方的计算机、管理咨询、采矿、环境、体育、空运等23个部门和分部门，以及智方的法律、建筑设计、工程、计算机、研发、房地产、广告、管理咨询、采矿、制造业、租赁、分销、教育、环境、旅游、体育、空运等37个部门和分部门将在各自WTO承诺基础上向对方进一步开放。2012年9月9日，两国签署了《中国—智利自由贸易区投资协议》。2015年，中国与智利签署《自由贸易协定升级谅解备忘录》。双方同意探讨《中智自由贸易协定》升级的可能性，并启动自贸协定升级联合研究。

二、中智自由贸易区的发展现状

1. 双边贸易量持续增长

中国—智利自由贸易区于2006年10月1日开始启动，自贸区对双边贸易带来立竿见影的效果。智利74%的进口关税在协定生效后立即降为零，中国大部分的优势出口产品在2006年10月以后享受智利的零关税待遇；中国63%税目的进口关税在 2007 年 1 月 1 日降为零。双方其他产品税目进口关税分别在协定生效后五年或十年内逐步降为零。根据《协定》，经过两个阶段的减让，中国先后取消 4753 种对智产品关税，智利也将中国 5891 种产品关税降为零，主要涉及化工品、纺织品和服装、农产品、机电产品、车辆及零件、水产品、金属制品和矿产品等。在《协定》实施的第一年，两国贸易额达 147 亿美元，增长率从实施前的年均 20% 提高到 65%，双方提前实现了贸易额突破百亿美元的目标。其中，中国自智利进口 103 亿美元，对智利出口 44 亿美元，同比分别增长 79% 和 42%。2009 年双边贸易额为 166.4 亿美元，中国取代美国，成为智利第一大贸易伙伴，是智利第一大出口市场和第二大进口市场。2005 ~ 2012 年中国对智利的出口年均增长达 28.8%。2012 年中智双边贸易额更达到了 332.66 亿美元，智利向中国出口额占其全部出口额的 23.2%，进口额占其全部进口额的 17.7%。虽然受到近几年中国和智利经济增速放缓以及大宗商品价格走低的影响，从 2012 年开始双边贸易额每年均略有下降，但中国仍然连续七年成为智利在全球最大的贸易伙伴，2015 年双边贸易额为 293.2 亿美元。智利也成为中国在拉丁美洲地区仅次于巴西的第二大贸易伙伴。

2. 两国贸易结构互补互利并趋于多样化

虽然中国、智利两国都属于发展中国家，但是两国的资源禀赋、产业结构、技术水平等均存在很大的差异。我国在改革开放的 30 多年间，不仅实现了经济规模的量的飞跃，产业结构也发生了质的变化，逐渐成为现代化工业国，在劳动力和资本密集型工业制成品方面具有很强的竞争力，在工业化高速发展的同时对能源和初级产品的需求量也逐步扩大，很多矿产和能源产品对进口的依赖程度越来越高。智利则拥有丰富的矿产、森林和渔业等自然资源。智利拥有世界上 28% 的铜存储量，也是世界最大的铜矿出口国，铜矿产业占智利经济的半壁江山，占国内生产总值（GDP）的 1/5 和出口额的 2/3。智利的林渔出口也在对外贸易中占很大比重。而中国是世界最重要的铜消费国，消费世界上近 50% 的铜，2015 年消费超过 1200 万吨铜；木材消耗量也堪称巨大，仅次于美国，排名世界第二，正面临着林业资源匮乏的问题。可见，中智两国产业结构互补性很强。自由贸易区形成以后，我国可以便捷地从资源更丰富、开采成本更低的智利进口矿产和林渔业资源，弥补了国内市场的不足并节约了成本。而我国的制造业产品也因为享受零关税待遇而增加了出口智利的竞争力，如 2010 年，中国就取代美国成为智利机电产品最大的进口国。

中智贸易结构虽然互补互利，但也一直存在集中度过高的问题，特别是智利向中国的出口。在智利对中国的出口贸易中，铜矿一直占主导地位，在 2010 年最高峰时期，铜矿占全部对中国出口额的 85%。而中智自由贸易区的落地，在一定程度上改善了双方贸易中铜矿占比过重的局面。从表1中可以看出，铜矿及产品占智利对华出口的比重下降到48.7%。中智贸易中出现了越来越多食品与农产品的身影。随着自由贸易区协定的进一步推动，享受免关税政策的商品由1611种增加到5725种，其中受益的主要智利农产品有葡萄酒、车厘子、冷冻鳟鱼、三文鱼、橄榄油、蓝莓等。“2004年，在智利水果的出口对象国中，中国只占了不到0.2%的份额，2014年这一数字已经跃至16.6%。整个智利食品行业对中国的出口份额也由10年前的1.4%增长到2014年的7.9%。其中，葡萄酒行业中中国的进口份额由2%增长到8%。2014年，在中国进口的食品中，来源于智利的比重也愈加大。其中，约合98%的蓝莓（总值3900万美元）、80%的新鲜车厘子（4.7亿美元）、79%的整条三文鱼、72%的新鲜西梅、60%的散装葡萄酒都来自智利。智利甚至成为中国第二大散酒进口国，仅次于法国”。①

从表1中我们可以看到，“智利与中国的双边贸易额为293.2亿美元，其中，智利对中国出口163.7亿美元，自中国进口129.5亿美元。智利贸易顺差34.3亿美元。铜及其制品、矿产品和纸张是智利对中国出口的主要产品。2015年出口额分别为79.9亿美元、55.7亿美元和10.6亿美元，占智利对中国出口总额的48.7%、33.9%和6.5%。智利自中国进口的主要商品为机电产品、纺织品及原料和贱金属及制品，2015年进口额分别为48.3亿美元、20.1亿美元和15.8亿美元，合计占智利自中国进口总额的65.0%”。2015年的数据与过去几年间中智之间的贸易结构基本保持一致。

表1　中国—智利贸易商品结构（2015年）　单位：百万美元,%

智利对中国出口主要商品构成				智利自中国进口主要商品构成			
HS编码	商品类别	出口额	占比	HS编码	商品类别	进口额	占比
章	总值	16374	100.0	章	总值	12948	100.0
74	铜及其制品	7976	48.7	85	电机、电气、音像设备及其零附件	3125	24.1
26	矿砂、矿渣及矿灰	5551	33.9	84	核反应堆、锅炉、机械器具及零件	1706	13.2
47	木浆等纤维状纤维素浆；废纸及纸板	1056	6.5	62	非针织或非钩编的服装及衣着附件	825	6.4
08	食用水果及坚果；甜瓜等水果的果皮	577	3.5	61	针织或钩编的服装及衣着附件	822	6.4
22	饮料、酒及醋	223	1.4	72	钢铁	630	4.9

① 资料来源：国别数据网，http：//countryreport. mofoom. gov. cn/record/view110209。

续表

智利对中国出口主要商品构成				智利自中国进口主要商品构成			
HS 编码	商品类别	出口额	占比	HS 编码	商品类别	进口额	占比
44	木及木制品；木炭	198	1.2	64	鞋靴、护腿和类似品及其零件	581	4.5
02	肉及食用杂碎	148	0.9	73	钢铁制品	558	4.3
28	无机化学品；贵金属等的化合物	143	0.9	87	车辆及其零附件，但铁道车辆除外	536	4.1
03	鱼及其他水生无脊椎动物	131	0.8	39	塑料及其制品	458	3.5
23	食品工业的残渣及废料；配制的饲料	105	0.6	94	家具；寝具等；灯具；活动房	402	3.1
12	油籽；子仁；工业或药用植物；饲料	54	0.3	95	玩具、游戏或运动用品及其零附件	331	2.6
31	肥料	44	0.3	31	肥料	248	1.9
01	活动物；动物产品	38	0.2	29	有机化学品	228	1.8
25	盐；硫磺；土及石料；石灰及水泥等	22	0.1	40	橡胶及其制品	215	1.7
41	生皮（毛皮除外）及皮革	19	0.1	76	铝及其制品	185	1.4
51	羊毛等动物毛；马毛纱线及其机织物	16	0.1	42	皮革制品；旅行箱包；动物肠线制品	163	1.3
73	钢铁制品	12	0.1	63	其他纺织制品；成套物品；旧纺织品	161	1.3
06	活植物；茎、根；插花、簇叶	6	0.0	69	陶瓷产品	156	1.2
39	塑料及其制品	5	0.0	90	光学、照相、医疗等设备及零附件	149	1.2
20	蔬菜、水果等或植物其他部分的制品	5	0.0	83	贱金属杂项制品	90	0.7
85	电机、电气、音像设备及其零附件	5	0.0	82	贱金属器具、利口器、餐具及零件	87	0.7
17	糖及糖食	5	0.0	96	杂项制品	87	0.7
16	肉、鱼及其他水生无脊椎动物的制品	4	0.0	70	玻璃及其制品	73	0.6

续表

智利对中国出口主要商品构成				智利自中国进口主要商品构成			
HS 编码	商品类别	出口额	占比	HS 编码	商品类别	进口额	占比
04	乳；蛋；蜂蜜；其他食用动物产品	4	0.0	44	木及木制品；木炭	71	0.6
76	铝及其制品	3	0.0	28	无机化学品；贵金属等的化合物	63	0.5
13	虫胶；树胶、树脂及其他植物液、汁	3	0.0	48	纸及纸板；纸浆、纸或纸板制品	61	0.5
15	动、植物油、脂、蜡；精制食用油脂	3	0.0	32	鞣料；着色料；涂料；油灰；墨水等	59	0.5
11	制粉工业产品；麦芽；淀粉等；面筋	2	0.0	15	动、植物油、脂、蜡；精制食用油脂	54	0.4
14	编结用植物材料；其他植物产品	1	0.0	16	肉、鱼及其他水生无脊椎动物的制品	52	0.4
84	核反应堆、锅炉、机械器具及零件	1	0.0	54	化学纤维长丝	51	0.4
	合计	16361	99.9		合计	12229	94.5

资料来源：国别数据网，http：//countryreport. mofcom. gov. cn/record/view110209

3. 双方直接投资相对滞后，合作前景广阔

智利是拉丁美洲仅次于巴西的第二大吸引外资国，外资在智利的投资存量已经超过 1000 亿美元。2012 年智利更是入围“世界十大吸引外国直接投资国家”，在商业环境的活跃度、金融体系的稳固性、政策持续性、和平指数、人力资源等各个方面都在拉丁美洲国家中名列前茅。而且智利同拉丁美洲的很多市场紧密联系，很多国家的投资者把智利作为通向拉丁美洲市场的大门。2010 年智利加入了经合组织后，更加着重制定有效的、连续性的政策来吸引外资。近年来，中国企业对智利投资的范围和规模都在不断增加。但与巨大的双边贸易额相比，中国对智利的直接投资发展则是滞后的。根据智利外资委员会的统计，2005～2012 年，中国对智利的投资不足 2200 万美元，只占智利同期 FDI 的 0.02%，而且智利在中国的投资要多于中国在智利的投资，这与两国经济体量也不相符合。两国于 2012 年 9 月签署《中国—智利自由贸易区投资协议》，希望鼓励和促进两国的相互直接投资。2013 年中国对智利直接投资有了较大增长，达到 40 亿美元，然而可以作为比较的是，同年中国对巴西直接投资约 314 亿美元。即便是经贸往来

中最重要的矿产业，中智绝大多数的合作也只是停留在贸易层面。目前，中国资本在智利矿业领域的投资主要集中在铜和铁矿石，仍处于勘探阶段，远未至开采及产出阶段。其他领域的投资主要集中在风力发电和太阳能发电。从总量来看，中国目前对智利的直接投资远远落后于对巴西、委内瑞拉、秘鲁等拉丁美洲国家的投资。尽管智利政府近几年加大了吸引中国投资的力度，同时也有不少中国企业到智利进行考察，但最终能真实投资的企业却寥寥无几，这除了与中智间显而易见的地理距离、文化差异有关之外，两国在行政管理方式上的差异、经济发展程度的不同也是导致投资的动机或能力不足的原因。智利新任驻华大使贺乔治在谈及中国对智利直接投资体量小的原因时提到，其他拉丁美洲国家，如委内瑞拉、巴西、阿根廷与中国都存在政府间投资协议，双方的投资通过政府牵线搭桥，但智利通常不这样做。智利每一个投资项目都是通过邀请招标进行的，中国的跨国企业都相对年轻，对参加国际竞标经验和信心不足，要克服这些差异，最终实现对智利的投资，显然是有难度的。特别是作为对外投资的后来者，面对已经高度国际化的智利市场和对智利环境非常熟悉的国际竞争者，不少中国企业对投资智利都望而却步。

三、中智自由贸易区发展展望

虽然中智自由贸易区促进了两国经贸合作的快速发展，但是也存在一些问题和挑战，比如近年两国都受到国际整体经济下行的影响，经济增速减缓。由于中国对原材料的需求减弱，尤其是在矿业等领域，智利经济受到进一步的冲击。根据穆迪 2015 年发布的报告，智利对华出口占 GDP 的比例达 7%，智利已成为受中国经济增速放缓影响最大的拉丁美洲国家。从 2013 年开始，中智贸易额每年均有所下降。此外，中智两国还存在进出口贸易相对不平衡、中国对智利长期存在逆差、贸易产品种类有局限性且贸易结构互补性减弱、两国相互投资不足等问题。因此，为了促进中智自贸区未来的发展，下文着重从两国货物贸易和投资两个方面进行分析并提出建议。

1. 改善贸易结构，增加两国贸易的多样性

从中国和智利双边贸易结构表来看，中国对智利出口和从智利进口的商品集中度都很高。未来自贸区发展应将改善贸易结构放在优先位置，鼓励两国贸易品类的多样化，这既符合智利的利益，也符合中国的利益。

就智利向中国的出口而言，矿产品和农产品是两大主要类别。矿产是智利最

重要的出口产品，然而近年来受世界范围内大宗商品价格下降的影响，出口比较优势在减弱。以中智之间贸易量最大的铜矿为例，2016 年 10 月 15 日，伦敦金属交易所（LME）期铜价格指数跌至 4677 美元/吨，不到 2011 年顶峰时期 10189 美元/吨的一半。铜价的下跌对智利的出口额影响巨大。此外，随着中国在秘鲁的几个铜矿项目开始投产，智利作为中国最大的铜矿供应国的地位也有可能被取代，2016 年 5 月，秘鲁对中国铜矿产品的输出首次超越了智利。智利是一个矿产资源极为丰富的国家，除了铜矿，锂、钼、铝、锌等在世界上的储量也是名列前茅，更是世界唯一生产硝石的国家。智利可以拓宽这些矿产对中国的出口，除了输出矿产品，也可以通过提升矿产品加工能力并出口加工制品，以实现产品的多元化。

与矿产品的贸易份额下降形成对比，智利向中国出口的农产品呈不断增长的态势。特别是 2015 年关税减让措施全部执行完毕，葡萄酒、特级初榨橄榄油、蓝莓等智利拳头产品也享受了零关税待遇。随着中国消费者购买力的增强和对生活品质要求的提高，智利对中国的农产品出口有很大的成长空间，从智利的角度来看，要保证对中国的农产品出口的持续增长，智利政府应在打造有辨识度的农产品集体商标和品牌、产品营销推广、拓宽销售渠道等方面下功夫。2013 年，智利政府通过促成智利各种农产品行业协会与中国电商平台的合作拓宽产品的销售渠道，取得了很好的效果，智利应继续深耕中国农产品市场。此外，智利是拉丁美洲第一大林产品出口国，世界第五大渔业国。在这些领域的出口的增长也会缓解出口对矿产品依赖程度过大的问题。

就中国向智利的出口而言，“目前中国在机电产品、纺织品及原料、贱金属及制品、鞋靴和伞等产品上具有优势，2015 年这些类别分别占智利同类产品进口总额的 34.3%、66.4%、43.9%、68.1%”。为了缩小对智利的贸易逆差，促进贸易平衡，将来中国应在稳定进口的同时，力争出口结构多元化，使出口商品从简单制成品向高附加值商品升级。一方面，发展和扩大我国资本密集型和技术密集型商品的出口；另一方面，将我国纺织、服装、轻工、机电、工艺等制成品出口，逐步转为增加电子信息类产品及其配件的出口。同时利用智利比较优惠的条件及政治和经济的稳定性使之成为中国企业进入南美洲市场的桥梁。此外我国企业应该利用智利的农林资源，加强与智利农林产业的双边合作。中国也要加大有比较优势的一些蔬菜、水果及肉制品对智利的出口。目前虽然关税水平已经为零，但是两国间还是存在非关税壁垒，如许可证、卫生检验检疫、原产地规则要求、技术壁垒等，要促进两国农产品贸易，这些壁垒也应该被逐渐消除。

2. 加强双方在投资领域的合作

中国和智利之间的贸易往来非常频繁，但相互间的直接投资却很少。中智之间的贸易要改变智利销售原材料、中国出售制成品的局面，增加贸易的多样性，其中一种解决办法是加大中国对智利的直接投资，特别是生产部门的投资，通过投资使智利的生产领域实现多样化，增加智利出口产品的附加值。

目前中国在智利的直接投资主要集中在矿产和新能源领域。智利在世界矿产经济中的地位很重要，铜矿总储量居世界首位。中国目前已经有企业进驻投资铜矿和铁矿，矿业仍是中国投资的重点，但是中国企业投资的方向可以更加多元化，如智利的锂矿储量同样居世界首位，目前智利政府还没有放开外资的勘探和开采，但是中国企业可以持续关注。在合作形式上也不仅限于直接投资，通过其他方式，如技术转让、与智利的矿业进行合作，双方可以实现互惠互利。

另外，新能源和基础设施也是有潜力的两个投资领域。智利是能源比较匮乏的国家，政府大力推广可再生能源，并期望在2025年实现20%发电量由非传统再生能源生产的计划。因此，在太阳能、风力、地热、生物能源和水力发电方面有着丰富的投资机会。目前，中国已在风力和太阳能两个领域进行了投资。

智利在基础设施建设方面存在很大的缺口，智利出台了一项2014～2020年基础设施规划方案，其中包含180亿美元的公共建设项目，包括电网、电信项目，铁路、公路、隧道、港口和机场等项目。在这些领域中国的企业也非常有优势。智利是全球最自由的经济体之一，市场准入方面限制较少，电力、电信、供水、航空、金融等服务行业对国内外私人资本全面开放。我国政府也鼓励国内企业积极参与这些行业的投资，加强与当地企业和社区的联系，在生产一线加强技术和经验的交流，促进技术转让和创造就业，并在融资、结算方面提供便利。为了吸引更多的中国企业，智利的外国投资委员会已多次来到中国洽谈，与中国相关企业探讨能源和基础设施合作以及IT高科技等领域的投资合作，并成立中国办公室和支持中文的官方网站，为有意投资智利的中国投资者提供便利。2016年6月，中国建设银行获得许可，成为设在智利的第一家使用人民币结算的银行，这意味着中国投资方在智利可以直接使用人民币交易，银行金融交易费和对外贸易成本将会降低。我国在智利投资的企业将直接获益。通过两国政府对相互投资的鼓励与扶持，可以预见未来双边的投资将会有所增长。

四、总结

《中智自由贸易协定》是中国与拉丁美洲国家签署的第一个自贸协定，也是目前中国签署的自贸协定中自由化水平较高的。在协定实施的十年中，中智双边

贸易上了新的台阶，经济合作持续深化，企业联系不断加强，政治关系日益密切，两国从真正意义上实现了互利共赢、共同发展。2015 年双方又签署《自贸协定升级谅解备忘录》，探讨中智自贸协定升级的可能性，未来可能将环境保护、投资保护、政府采购、电子商务等新议题纳入自贸区的协定当中。未来双方更应该发挥各自优势，丰富合作方式，减少贸易壁垒，降低贸易成本，实施有效的投资促进，推动中智自贸区的发展迈上一个新的平台，并通过智利市场渗透拉丁美洲市场。从长远目标来看，这也可以发挥跳板作用，帮助构建亚太乃至全球的自由贸易网络。

参考文献

［1］岳云霞.《中智自由贸易协定》评价［J］. 拉丁美洲研究，2006（1）.

［2］张晓兰. 智利经济形势及中智合作的建议［J］. 宏观经济管理，2015（7）.

［3］张勇. 智利经济增长趋势及中智经贸合作的选择［J］. 拉丁美洲研究，2012（10）.

［4］饶萍，潘宏. 中国智利自由贸易区经济效应分析［J］. 全国商情，2014（16）.

［5］万又锋. 中国智利 FTA 贸易效应研究——基于巴拉萨模型的实证研究［J］. 广西财经学院学报，2013（6）.

［6］李亚波. 中国与智利双边贸易竞争性和互补性研究［J］. 商业研究，2014（4）.

［7］吴向阳. 中国—智利自由贸易区的现状和前景分析［J］. 现代商贸工业，2012（8）.

［8］宋海英. 中国—智利自由贸易区的农产品贸易效应——基于巴拉萨模型的实证分析［J］. 浙江外国语学院学报，2015（4）.

我国矿企在秘鲁的“走出去”战略：基于首钢的案例

吴易明　柯乐乐*

一、研究背景与问题的提出

进入21世纪以来，中国对资源的需求超过任何一个历史时期。资源缺乏的严峻现实，要求我们必须考虑采取两种资源和两个市场的战略方针和对策，推进“走出去”战略，参与国外资源性产品的开发与生产，在国际范围内谋求国内总供给和总需求的平衡。

“走出去”战略是我国站在经济全球一体化和国际经济合作的背景下提出的一个国家级战略，目的在于鼓励我国企业参与国际市场竞争。对我国矿业企业来说，“走出去”战略是一种必然选择。我国资源开采型企业如中石油、宝钢、首钢等领军型企业已有20多年的海外开拓经验，其发展道路坎坷不断，有成功的典型也有失败的教训。

首钢秘鲁铁矿股份有限公司是中国在拉丁美洲的首个大型投资项目。在公司海外扩张之初，其各项经济指标均令人可喜，但由于总公司从扩张到收缩的经营过程中对当地产生了一系列反应和影响，使经营陷入困境。

---

* 吴易明：广东外语外贸大学国际商务英语学院教授，研究领域：国际商务与战略管理；柯乐乐：广东外语外贸大学经贸学院国际商务专业硕士，研究领域：对外直接投资。

二、我国矿业企业在秘鲁实施“走出去”战略的现状

1. 秘鲁矿业发展概况

秘鲁位于南美洲西部，地矿条件优越，素来以矿产资源丰富而著称，是世界上12大矿产国家之一。矿业是秘鲁国民经济的支柱产业，优势矿产有铜、锡、铅等。目前其矿产总量居世界第七位，居拉丁美洲地区第五。秘鲁矿业是这些年来经济发展之引擎，在推动整个秘鲁经济发展中起着重要作用。2014年秘鲁矿业年报数据显示，其锌、锡、铅、金的产量均在拉丁美洲排名第一；铜、银、钼、硒、镉、磷矿石等排名拉丁美洲第二（见表1）。

表1　2014年秘鲁矿产量世界排名

种类	拉丁美洲排名	世界排名
锌	1	3
锡	1	3
铅	1	4
金	1	7
铜	2	3
银	2	3
钼	2	4
硒	2	9
镉	2	8
磷矿石	2	12

资料来源：Perú 2014：Anuario Minero，Pág. 31

2014年，秘鲁矿业出口占国家出口总值的57.95%，达到204.1亿美元。近年来矿业出口总值迅速增长，主要驱动因素是国际矿产市场价格的增长和国际市场投资的活跃。2005～2013年，从秘鲁矿业出口净额占其总出口净额的数据来看（见表2），矿业出口额逐渐增长，占总出口净额的比例也在50%左右。2014年主要出口矿产为铜和金，分别占其矿产品出口总额的42.3%和33%。

表2　2005～2013年秘鲁出口净额和矿业出口净额对比　　单位：百万美元

年份	2005	2006	2007	2008	2009	2010	2011	2012	2013
净出口额	17368	23830	28094	31018	27071	35803	46376	47411	42474
矿业净出口额	9790	14735	17439	18101	16482	21903	27526	27467	23554

资料来源：秘鲁中央储蓄银行

最近两年，由于美国经济复苏缓慢，国际原材料价格下跌，秘鲁矿业出口额有所下降。但是根据秘鲁能矿局发布的矿业投资计划，未来几年其新开发的矿业和正在实行的项目将有望改善秘鲁矿业的出口现状，铜产量和出口量预计将翻一番。

表3　2014年秘鲁矿产品主要出口流向　　单位：百万美元

国家	主要矿产品	流出金额
中国	铜、金、铅、锌、铁、硒	5753
瑞士	金、锌、银	2623
美国	铜、金、铅、锌、银、铁、硒	1302
加拿大	铜、金、铅、锌、银	2191
日本	铜、铅、锌	1017
韩国	铜、金、铅、锌、铁、硒	968
巴西	铜、铅、锌、银	695
意大利	铜、金、铅、锌	382
德国	铜、铅、锌	579
智利	铜、铅、锌、银、硒	312

资料来源：秘鲁能矿局

从出口流向来看（见表3），秘鲁矿产品的主要出口国为中国、瑞士、加拿大、美国和日本，占其出口总额的80%以上。出口矿产品总类主要是铜、银、金、铅、锌等。秘鲁独特的矿产资源优势以及其矿业良好的投资环境，吸引了众多外商投资。

表4　2005～2013年外商投资秘鲁矿业总额（流量）　单位：百万美元

年份	2005	2006	2007	2008	2009	2010	2011	2012	2013
总额	1086	1610	1249	1708	2822	4069	7243	8503	9272

资料来源：2014年秘鲁矿业年报

从历年在秘鲁矿业投资额数据来看（见表4），中国是秘鲁外商投资额最大的国家，至2014年，投资总额高达226.6亿美元；以下依次为美国、加拿大、英国和墨西哥。表5为不同国家在秘鲁矿业投资总额排名和百分比。

表5　2014年不同国家在秘鲁矿业投资额（存量）

单位：百万美元,%

国家	投资额	百分比
中国	22659	35.44
美国	10071	15.75
加拿大	8867	13.87
秘鲁	6482	10.14
英国	5000	7.82
墨西哥	4160	6.51
澳大利亚	3790	5.93
巴西	2410	3.77
日本	490	0.77
总计	63928	100.00

资料来源：秘鲁能矿局

2. 我国矿企在秘鲁的投资概况

我国近十年来对外投资净额增速较快，采矿业对外投资净额也有增长，2013年达到248亿美元，占总对外直接投资净额的23%（如图1所示）。

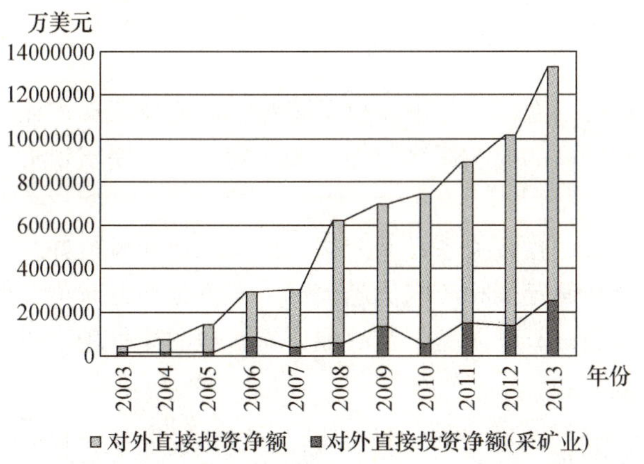

图1　我国采矿业对外直接投资额和总对外直接投资额对比

资料来源：中经网统计数据库

秘鲁奉行开放的经济政策，利用诸多优惠政策吸引外资。早在 1992 年，首钢就以 1.2 亿美元收购了秘鲁国有铁矿 98.2% 的股份，成为中国矿业“走出去”的领导者。2007 年中国紫金矿业收购秘鲁比乌拉省资源总量为 12.57 亿吨的铜矿，项目总投资为 14.4 亿美元。同年，中铝收购了加拿大秘鲁铜业 91% 的股份，该铜矿公司拥有秘鲁特罗默克铜矿[①]开发权，是秘鲁最近几年最大的矿业项目，矿资源约为 1200 万吨。中国五矿和江西矿业集团分别也在秘鲁收购大型铜矿。2014 年，五矿集团、国信国际投资和中信金属等联合收购了秘鲁北部世界最大的在建铜矿项目，铜资源达 1050 万吨。

在世界经济复苏、国际原材料价格逐渐回暖的背景下，中国矿企在秘鲁的项目也开始正常推进。表 6 列示了 2014 年中国矿企在秘鲁的工程项目。

表 6　2014 年中国矿企在秘鲁工程项目概览

企业名称	阶段
Amp. Proy. Toromoch（中国铝业集团）	项目已投产
Marcona（首钢集团）	
Tormocho（中国铝业集团）	已经通过秘鲁 EIA[②]，项目进入准备阶段
Las Bambas（五矿集团）	
Shouxin Explotac De Relaves（中国首信矿业集团）	
Pampa de Pongo（南金兆集团）	
Rio Blanco（紫金矿业）	项目进入审核阶段
Galeno（江西矿业）	
Cercana（庄胜集团）	

资料来源：秘鲁能矿局

从图 1 和表 6 可以看出，中国在拉丁美洲的矿业投资额占比大，工程项目承揽增多。东道国对外商的要求逐级增加，如秘鲁环境局要求投资项目通过其评估才能实施。

我国和秘鲁的矿业投资关系日益密切，然而机遇和风险并存。秘鲁政府鼓励矿业勘探和开采，并制定了相应的优惠政策。秘鲁也奉行对华友好政策，中资矿企在秘鲁矿业开发中占有越来越重要的地位，承揽的项目越来越多，工程难度也

① 该铜矿在 Toromocho 山上，位于秘鲁的胡宁大区，是一座海拔 4600 米的高山。根据已探明储量，Toromocho 是世界上未开采量最大的铜矿之一。中铝 2007 年收购该铜矿，2011 年开始开采。

② EIA 是秘鲁环境保护局的环境影响评估检测“Environmental Impact Assessment”，项目工程只有通过评估检测才能立项施工。

越来越大。我国和秘鲁距离遥远，文化习俗大大不同，管理模式各不相同，增加了我国矿企在秘鲁的经营困难。此外，在全球关注环保问题的背景下，秘鲁矿业部门提高了企业对环境保护的要求，承担企业社会责任、维护和当地社区之间的关系问题也是企业的重要关注点。

三、首钢在秘鲁投资的案例分析

中国首钢集团（简称首钢集团）始建于1919年，是以生产钢铁业为主的企业，同时也经营采矿、建筑、房地产等相关行业。位列2012年财富世界500强的第295位。首钢也是中国最早一批“走出去”的企业，承担了中国发展阶段的历史任务，目前首钢集团总公司有许多下属海外子公司。

1. 首钢秘鲁实施“走出去”战略的发展阶段

首钢秘鲁铁矿股份有限公司（Shouang Hierro Perú S. A. A），其行政中心位于秘鲁首都利马市，矿区位于利马东南方大约520千米处的马尔科纳市。1992年，首钢以1.2亿美元的高价对当时秘鲁大型国企秘鲁铁矿公司（Minera Estatal del Hierro del Perú）进行了收购，成为中国在拉丁美洲首个大型投资项目，也是中国在拉丁美洲最大的实体性企业。纵观首钢秘鲁20多年的发展，可谓是一路风雨兼程。其经历了成立之初的辉煌，到和当地社区、劳工关系的僵持，再到国际铁矿石市场复苏等坎坷历程。本文把首钢秘鲁的主要发展历程分成三个阶段：蜜月期、僵持期和复苏期。

蜜月期（1992～1995年）。1992年4月，秘鲁政府启动了对大型国企秘鲁铁矿公司的私有化程序，1992年10月30日开标当日，首钢以1.2亿美元的高价收购秘鲁铁矿公司①，同时承诺负担其4180万美元的债务，并将在未来三年继续追加投资1.5亿美元。1992年12月1日，首钢与秘鲁政府正式签署秘鲁铁矿股权买卖合同。首钢以一次性支付1.18亿美元的方式获得其98.4%的股权，包括全部资源的永久勘探、开采和经营权。在首钢接手秘鲁铁矿的一年时间内，其财务报表的各项经济指标都令人惊喜，竟然使多年连续亏损的秘鲁铁矿转亏为盈。1993年首钢秘鲁铁矿产量较上年增长近100%，高达512.18万吨，利润额约500万美元。1993年，首钢秘鲁和当地原有的两个工会组织签订了《集体协议》，协议内容主要包括首钢秘鲁接受工会提出增加员工工资和福利等要求。此后的两年

① 首钢收购秘鲁铁矿的价格远远高于当时由智利太平洋钢铁公司、日本三菱公司等组成的太平洋矿业财团的唯一竞争对手的收购价2410万美元。

内，当地员工、工会社区和首钢秘鲁关系和谐，对首钢秘鲁感到满意。然而好景不长，首钢秘鲁在当地的国际化经营弊端日益浮出水面，陷入了僵持期。

僵持期（1996～2005年）。自1993年首钢秘鲁和工会签订了提高工资和福利的协议后，1996年工会再一次提出新一年经济要求，与首钢秘鲁进行谈判却遭到了拒绝。工会遂组织工人举行了总罢工，首钢秘鲁的态度却更加强硬，甚至解雇了当时的工会总书记，并对其他涉事人进行了严厉处罚。另外，由于首钢中国总部在1995年开始就实行了大改革，不再包销首钢秘鲁的产品，也不再提供信用证给首钢秘鲁从秘鲁银行贷款，从筹集资金到产品销路首钢秘鲁都开始自寻出路。1996年，首钢秘鲁开始了与两个工会的斗争历程。其主要斗争的内容包括两个方面：劳资纷争和投资失信问题。从签订股权购买协议时，首钢秘鲁承诺追加投资1.8亿美元，虽然它有追加投资，投资额却远远低于承诺投资。

1997年亚洲金融危机爆发，全球矿产市场需求大幅度削弱，订单量锐减，加上劳资纠纷、社区关系问题和企业社会责任等问题不断突出的困扰，首钢秘鲁的国际生产经营陷入恶性循环。在20世纪末的几年里，首钢秘鲁尝试转卖资产，另寻出路，然而却无人问津。首钢和工会的僵持直到中国对初级产品的需求旺盛、国际初级产品价格急剧上升才迎来了春天。

复苏期（2006～2013年），首钢秘鲁经历了近十年的国际经营僵持期，在中国对初级产品的需求持续上涨、国际铁矿石价格节节攀升（如图2所示）的背景下慢慢复苏起来，逐渐走出经营困境。

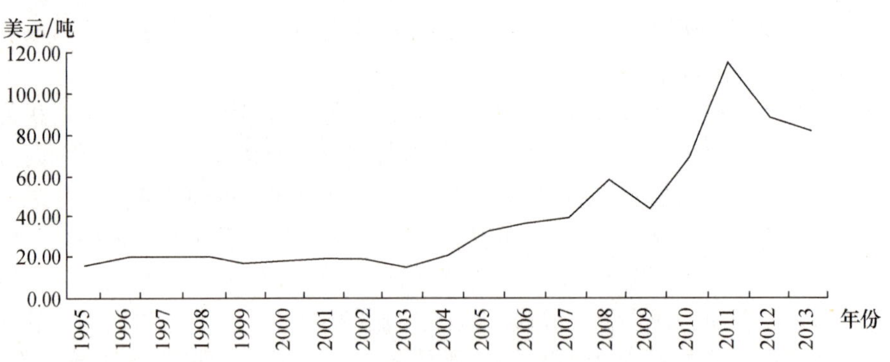

图2　1995～2013年铁矿石国际市场价格走势

资料来源：国际货币基金组织

从IMF提供的铁矿石国际市场价格来看，自2004年以来呈大幅度上升趋势，到2011年达到高峰然后回落。根据首钢秘鲁的历年年报，2005～2013年，其销售量和销售额均逐年上升。2006年，首钢秘鲁产量、销售量、利润等均创1992

年来最好水平，并向总公司第一次返利。2008 年投入大量资金进行更新设备、技术改造、环境保护等各项投资。2012 年与世界各大银行组成的财团签订贷款合同。在生产经营、融资能力、销售利润等方面首钢秘鲁都有改善，同工会、社区的关系也得到了缓和。自 2011 年起，首钢秘鲁接受了老员工不同档位增资要求。和工会谈判的时间虽较长，但也签订了双方共同协议。

2014 年，铁矿石国际市场价格急剧下跌、中国经济增速放缓、世界钢铁消费下降等因素仍然在挑战着首钢秘鲁的生存。好消息是，拉丁美洲和秘鲁启动了新一轮投资计划，期间会建设大量基础设施，铁矿石市场价格变化也是周期性正常变化，首钢秘鲁的新区建设也已经完工。面对严峻的现实，可谓机遇与风险并存。

2. 首钢秘鲁实施“走出去”战略的动因

一个企业实施“走出去”战略，在企业经营的不同阶段，投资的原因都不同，矿业企业以“对外直接投资”的方式“走出去”的动因更是呈现出多元化与复杂化。一般研究分析驱动因素，要从企业自身因素和企业外部环境，包括本国环境和投资国环境来探讨。综合矿业企业的资本密集型和技术密集型类型以及中国特殊历史时代背景，本文认为，首钢在秘鲁进行国际化经营的动因可以从四个维度来分析：环境维度、政府维度、企业维度以及决策者维度。

环境维度：获取铁矿石、开拓区域市场、提高国际竞争力是首钢面对外部环境变化而“走出去”的原动力之一。20 世纪，国外矿企一共进行了三次大规模的重组，分别确定了美国、日本和欧洲的矿业企业强国地位。首钢意识到，只有通过国际化战略，才能提高行业的知名度和行业发展主导权，从而应对日益激烈的市场变化。

政府维度：我国是世界最大的钢铁制造国和钢材消费市场，但却一直面临着产品结构、产业组织结构和产业布局不合理问题的困扰。20 世纪 90 年代，我国加快改革开放的步伐。国有企业改革是整个经济体制改革的中心环节，改革方向是建立现代化企业制度。合并国外公司，实施海外资源战略，是其中重要的一个改革方向。我国政府通过实施海外资源战略，制定相应的产业政策，使社会资源向优势企业集中，形成具有相对竞争力的国际企业，集中优势开发新产品，提高生产效率，促进产业升级。1979 年，首钢成为全国八大改革试点企业之一。

企业维度：矿业企业属于资源密集型和资本密集型企业，而钢铁的生产技术特点决定了规模经济是钢铁产业效率和竞争力的关键要素，追求生产的规模经济是矿业企业的基本动力之一。生产规模扩大后，矿业企业可以通过大型生产设备，提高产量，降低单位成本。进行国际化战略还可以降低原材料采购、产品运输、销售和管理方面的费用，提高企业资信程度，降低筹资成本。

由于矿业企业的市场经济中存在有限理性和机会主义、不确定性等市场不完全因素，为使企业保持行业领先地位，企业往往要支付高昂的外部交易费用，如原材料、关键设备、技术的采购。首钢通过实现交易“内部化”，不仅可以大幅度降低交易成本，还可保证其所有权优势。

决策者维度：国内外学者通过实证研究经理报酬和企业规模的关系发现，经理报酬和企业规模之间呈现显著的正相关关系。追求报酬增加是首钢管理者推进首钢在秘鲁实行国际化战略的动因之一，其通过扩大公司的规模直接增加报酬，同时也利用其所增加的控制资源间接增加报酬。

3. 首钢在秘鲁实施“走出去”战略面临的挑战

自首钢收购了秘鲁铁矿之后，十几年风雨坎坷，虽然前几年经营数据令人可喜，但问题也逐渐在经营中显现出来，如企业和工会的关系恶化，承诺投资没有切实履行，企业履行社会责任、国际铁矿石价格下降等一系列问题都是首钢在国际化经营中遇到的挑战。

（1）管理经验不足。

海外经验不足是我国矿业企业实行国际化战略的首要挑战。1993 年首钢以 1.2 亿美元的收购价远远高出其唯一竞争对手（由智利太平洋钢铁公司、日本三菱公司等几家公司组成的太平洋矿业财团）的收购价 2410 万美元，首钢还承诺在三年内追加投资 1.5 亿美元。首钢出价过高，决策过程不够冷静，表述只提好处不讲条件的做法，为后期国际化经营埋藏了巨大隐患。首钢在秘鲁国际化经营的第一年，便派出了包括董事长、经理和技术经理在内的 65 人团队，意在将首钢在国内的管理经验和首钢秘鲁相对接，全面接管首钢秘鲁。这种很明显缺少国际化管理经验做法，为后续与当地劳资关系的恶化埋下伏笔。

（2）资金困境。

资金性挑战主要包括首钢秘鲁在首钢的融资途径、资金使用上遇到的困难。首钢秘鲁的前期经营资金来源于母公司，而在 20 世纪 90 年代中期，首钢总公司陷入了极其困难的境地，为落实国家相关改革政策，首钢不断压缩投资规模和基础建设投资，对钢产量做了必要性收缩。1995 年，首钢总部取消了对首钢秘鲁铁矿的包销政策，也无法为其开出信用证使其继续向秘鲁银行贷款。在秘鲁如何找到新的融资途径，切实落实其投资计划以及支付工人的薪水和工会不断要求提高工人福利待遇，成为首钢秘鲁的很大障碍。

如上文所述，首钢在和秘鲁签订股权买卖合同的时候，承诺追加投资 1.5 亿美元。然而在此后的三年内，首钢秘鲁的追加投资额却远远不及承诺投资，在申请复议无效的情况下，首钢秘鲁最终接受了 1200 万美元的罚款。

（3）文化冲突障碍。

文化冲突是首钢秘鲁在国际化经营中面临的最严峻的挑战。两国距离遥远，中国的传统思维和秘鲁的开放性思维存在巨大的差异，导致双方冲突不断。这些文化冲突主要来自两个方面：第一是工会，第二是和社区的关系。

如上文提到的，秘鲁的法律对劳工有很强的保护性，首钢在刚接管秘鲁铁矿的时候，工会要求涨薪，提高员工的福利和家庭整体福利，首钢接受了工会的条件。工会在第二年末的时候，提出同样的要求，却被首钢秘鲁拒绝，工会因此举行了工人大罢工，导致首钢秘鲁生产终止，亏损巨大。同时，首钢向秘鲁派出大量中国管理人员，裁减大量秘鲁籍员工，也引致当地工会和员工的极大不满。中国的垂直型管理模式和秘鲁的开放性员工政策完全无法契合，导致罢工不断。例如，2009 年的集体谈判历时 10 个月，中间谈判 68 次，工人举行了三次合法罢工、四次非合法罢工。工会认为企业利润高，要求高增资、高补贴和更多福利；首钢秘鲁则认为工会要求过高，超出企业的能力，员工只顾自己的利益不考虑企业的存活。

作为投资者，首钢秘鲁对带动地区发展，尤其在当地就业方面起到积极作用。但是当地社区对首钢秘鲁也有很大不满，主要涉及城镇用地、基础服务和环境等方面。其中土地问题特别突出，一系列矛盾和纠纷日益凸显，引发当地很多过激行为，如在矿区内发生多起暴力占地事件。当地政府和社区强调，如果首钢不让出土地，不交出水电设施，就是阻碍地区发展。

（4）企业社会责任。

企业社会责任是首钢近年来面临的另一个重要挑战。近几年来，全球范围内对跨国公司从事矿业开发的国际标准在不断提高，主要问题集中在企业对环境的保护上。秘鲁作为传统农矿业国家和拉丁美洲地区中等发展经济体，对秘鲁国内的矿业企业履行社会责任有明确的要求。地区发展通常是政府责任，但是由于秘鲁当地的文化特点，政府一般对许多地区性的事务不作为，因此企业就必须发挥重要的作用。一方面，首钢秘鲁在履行企业社会责任方面确实付出了许多努力，如为当地基础建设项目进行投资，开展儿童营养、文化教育、医疗健康、抗震救灾等项目。然而除了企业的自我宣传外，当地媒体对此却很少关注和报道。另一方面，由于其他企业，如中铝在当地履行企业社会责任方面表现十分突出，首钢秘鲁还有很多需要规划和改进的方面。

（5）国际市场突变。

国际市场变化对首钢秘鲁来说既是机遇也是挑战。纵观首钢的国际化经营历程，拯救其于生死一线的都是国际铁矿石价格的变化。首钢秘鲁刚接管秘鲁铁矿时，国际铁矿石价格上升，第二年首钢秘鲁的销量创历史新高，还清了历史欠款，并在后两年向母公司返利。接下来国际铁矿石价格一直在20美元/吨的价格上下波动，首钢秘鲁的国际化经营也不断遇到挑战，直到2005年铁矿石价格上涨，首钢秘鲁的经营才逐渐转好。而从2014年起，中国经济发展速度放缓，钢铁消费下降，铁矿石价格下降，大型铁矿生产商生产过剩，首钢秘鲁又一次面临挑战。

四、政策建议

从政府层面来看，由于矿业企业属于资源密集型和资本密集型企业，政府对优势企业应制定相关专项资金、专项贷款、税收支持、低利率贷款方面的扶持政策，以备跨国矿业企业在遇到融资困难的时候得到及时融资。在法律方面，资源型企业是国民经济发展的重要支柱，政府应制定相关法律政策，简化矿业企业境外投资审批程序，以支持优势企业在境外国际化经营。同时，在对矿业企业境外投资问题上要严格把关，对申请项目进行全方位调查，包括投资方式、投资风险评估等。另外，成立相关矿业企业联合会等组织，对矿业企业的国际化经营进行统一管理，避免企业盲目投资。在人才方面，鼓励高校注重跨文化综合技能型人才培养，培养不仅通晓矿业知识，且具有跨文化沟通和管理能力的人才。

对企业来说，在国际化战略方式选择上，应循序渐进，做好前期调研。企业按照自身能力，按照参股、控股、并购、新建投资的方式逐步加大投资。在企业国际化经验还相对欠缺的国际化起步阶段，企业应选择风险性最低的参股，再逐步加大控股力度。

在国际化战略的区域选择上，要选择和自身企业规模相适应的区域。拉丁美洲国家矿产资源丰富，不同国家矿产类别不尽相同，对企业的投资政策也不同，企业应根据自身经营规模，选择合适的区域。一般来说，大规模的企业和项目在投资环境良好的相对发达国家进行，在一些市场环境较好、环保成本较低的国家，则可以投资中小型项目。

在企业自身管理能力上，首先要提高企业的管理能力，建立规范的现代企业制度。在企业领导人的选拔和委派上，应遵循市场规律，根据人员的组织能力、实际工作能力和工作业绩来挑选人才。其次应认真积累国际经营经验。从上文分析可以看出，首钢秘鲁国际化经营受到挑战的很大一部分原因，是由于国际化经营经验不足，对拉丁美洲市场不熟悉。再次应增强企业跨文化整合能力。尤其是委派到东道国的管理人员，需要提高文化差异的识别能力，比如两国人员在价值观、工作方法方式、管理风格方面的不同。在委派管理人员之前，应该让他们在委派国进行语言培训、深入社会考察等。最后要注重国际化思维的培养。企业只有真正具备了国际化思维，才能在东道国进行本土化文化整合，使企业的行为符合当地的标准。这就需要对相关人员进行国际化思维训练，传授国际化经营知识，从国际化的角度思考问题。另外，在企业实力方面，矿业企业应加大自身技术创新，研发出更具环保价值的机器设备。

参考文献

[1] Gustavo Alejandro Girado. 中资企业在拉美的投资战略及进展［J］. 江苏师范大学学报，2016（1）.

[2] 全国会计领军（后备）人才培养工程 2013 年赴英国培训团组．关于中资企业国际化战略管理的研究［J］. 财务与会计，2014（1）.

[3] 尹君泰．海外企业文化建设的探索与实践——拉美公司文化建设启示［J］. 北京石油管理干部学院学报，2014（1）.

[4] 张荣．中国对拉美地区直接投资影响因素的实证分析及对策建议［D］. 东北财经大学硕士学位论文，2013.

[5] 弗兰克·罗特尔梅尔．战略管理［M］. 北京：中国人民大学出版社，2015.

[6] Thompson Peteraf Gamble Strickland. Crafting and Executing Strategy［M］. McGraw Hill，2014.

智利葡萄酒在中国销售情况的调查

马飞雄*

引　言

尽管智利是与中国距离最远的国家之一，但两国在国家关系史上创下了多个“第一”。如1970年智利成为南美洲第一个与中国建交的国家；1999年智利是拉丁美洲第一个支持中国加入世贸组织的国家；2004年在拉丁美洲，智利首先承认中国的市场经济制度；2005年智利成为首个与中国签署自由贸易协定（FTA）的拉丁美洲国家。

2016年恰逢中国与智利建交46周年，同时又是中国—智利双边FTA签署11周年。根据该FTA落实的时间表，自2015年1月1日，中国与智利双边进出口中97%以上的产品都实现了“零关税”。

在双边FTA的框架下，10年间中智双边贸易额变化显著。中国海关数据显示，2014年中智贸易额已达341.52亿美元，是2005年的4.8倍。中国已成为智利第一大贸易伙伴、第一大出口市场和第二大进口来源地，智利则成为中国在拉丁美洲地区的第三大贸易伙伴。

同时，双边FTA也促使智利对中国出口的多元化。如今，在关税逐步降低的情况下，中智贸易中出现了越来越多食品与农产品的身影。智利商务部提供的资料显示，零关税意味着享受到免关税政策的商品由1611种增加到5725种，其中智利受益的主要产品有葡萄酒、车厘子、冷冻鳟鱼、三文鱼、橄榄油、蓝莓等。

* 马飞雄：广东外语外贸大学商学院副教授。

近几年，智利葡萄酒在中国市场的销售量与占有率发生了显著变化，本文主要分析智利葡萄酒在中国市场的销售情况。

一、中国市场葡萄酒近几年的销售情况

1. 中国市场葡萄酒的总体销售情况

2006～2007 年中国逐渐兴起了一轮葡萄酒消费风潮，其中 2010～2011 年发展迅速，到 2012 年达到顶峰，由于 2012 年限制“三公”消费政策的推出，市场销量开始有所减缓，并直接使市场快速步入调整期。中国的葡萄酒市场也迅速地从集团消费和对公消费等主力市场，转换成面向大众为主的个人消费和商务消费市场。图 1 为 2010～2014 年中国市场葡萄酒的销售情况。

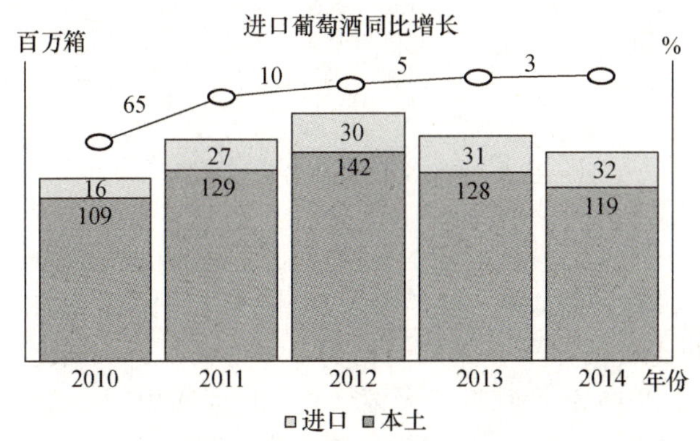

图 1　2010～2014 年本土与进口葡萄酒的销售量

注：每箱 12 瓶

图 1 显示，2012 年，中国市场葡萄酒销售量为历史最高值 1.72 亿箱，其中进口葡萄酒销量达到 3000 万箱，本土葡萄酒达到 1.42 亿箱，但那之后市场销售总量开始下滑。

根据数据分析，虽然 2014 年中国葡萄酒消费量达 13.59 亿升，但占中国酒类消费比重的仅为 2.6%，而当年中国烈性酒、啤酒消费量占比分别达到 17.2% 和 80.2%。

在历经 2013～2014 年的市场大幅下跌和探底后，2015 年中国的葡萄酒市场又开始初露曙光。同时，代表全球高端葡萄酒市场风向标的 Liv－ex（London International Vintners Exchange）50 和 Liv - ex100 指数均已触底回升。实际上，2015 年中国市场的葡萄酒消耗量为 1.391 亿箱，较 2014 年仅仅减少了 724 万箱。

图 1 数据也显示，2012 年之后中国市场葡萄酒销售总量出现一些下滑，但进口葡萄酒总量却一直呈现增长趋势。

图 2 显示了 2006 ~ 2015 年中国市场进口葡萄酒金额及其变化情况。据图 2 数据可知，2006 ~ 2015 年中国进口葡萄酒年均增速为 34.6%。

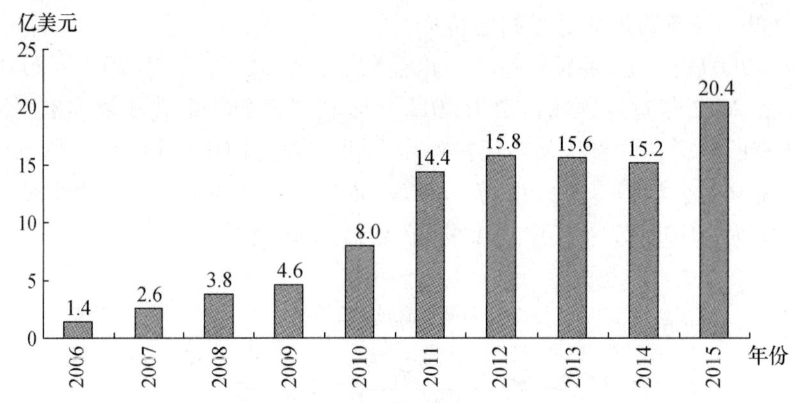

图 2　各年中国进口葡萄酒金额

数据来源：中国食品土畜产商会酒类进出口商分会

2015 年，中国进口葡萄酒总量约为 5.54 亿升，同比增长 44.2%；总额约为 20.4 亿美元，同比增长 34%；平均价格为 3.67 美元/升，同比下降 7.3%。在总量和总额方面，2015 年度都有了大幅增长，这说明中国葡萄酒市场正呈良好发展态势，而平均价格自 2013 年起就逐年下降，这也显示出大众型葡萄酒受欢迎程度越来越高。

从国家间的比较来看，调查数据显示，2008 ~ 2013 年中国的葡萄酒消费量增加了 175.4%，而同一时期，在意大利、法国的消费量分布下降了 5.8% 和 18%。从人均消费量看，意大利和法国的人均葡萄酒消费量在过去几年中正在减少，而在中国却出现了快速增加。2002 ~ 2012 年中国大陆人均红酒消费量由 0.25 升大幅攀升至 1.31 升，而同时期中国香港、日本、新加坡人均消费量则分别达到 5.3 升、2.7 升、2.3 升，法国、意大利、澳大利亚、英国、美国更是分别为 45 升、38 升、22 升、20 升和 9 升。由此可见，中国的葡萄酒消费量有非常大的增长空间。

2. 中国本土葡萄酒的销售情况

中国产业政策支持本土葡萄酒生产，并倡导本国消费者由消费中式白酒转向

消费酒精含量较低的葡萄酒。现在我国葡萄种植面积正稳步上升，截至 2015 年，葡萄种植面积达 80 万公顷，从 2000 年占全球种植面积的 4% 增加到了 2015 年的 10.6%，在 15 年间跃居世界第二，超过法国，仅次于西班牙。其中有 5% ~10% 被用来生产葡萄酒。

中国的酿酒葡萄园主要集中在河北、山东两大传统种植区，而宁夏和四川则是两大新种植区。

由图 1 和图 3 可知，中国本土葡萄酒销量于 2012 年达到历史最高值，占市场整体消耗量的 82.6%，但由于越来越难与价廉物美的进口葡萄酒竞争，其市场占有率现正下滑。2012 年前为正增长，2013 年开始为负增长。

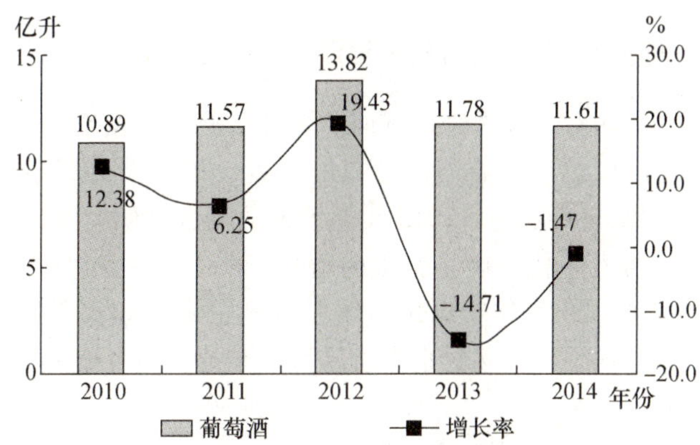

图 3　2010 ~2014 年中国葡萄酒产量趋势

数据来源：中商产业研究院

本土葡萄酒在 2015 年仍然在中国葡萄酒市场占主导地位，占有近 70% 的市场份额（数量计），本土葡萄酒厂商主要有张裕、长城以及华夏，这三家是本土市场主力，主要生产本土销量最大的低价段产品，而高端（高价）市场的产品主要是来自法国、澳大利亚的进口葡萄酒，约为总量的 10%。来自智利的葡萄酒主要在中低端市场销售。

从销售区域的分布来看，本土葡萄酒消费在北京、上海、广州等中国一二线城市受进口葡萄酒的冲击相对明显，不过在广大三四线城市的葡萄酒市场，本土葡萄酒虽然面临的挑战正在逐渐增多，但凭借其强大的品牌积淀和市场运作能力，还将继续在一定时期内保持市场销售的主导地位。

3. 中国市场葡萄酒消费增长的几个原因

中国葡萄酒消费增长的主要原因是中国新中产阶级的崛起及其不断增加的收入，而这些消费人群主要居住在都市区，即被称为一线城市的如上海、北京、广州、深圳以及如杭州、南京、武汉、重庆、成都和天津这样的二线城市。这些带动中国经济增长的都市区又是中国对外开放的先行区，而居住在这些城市的中产阶层随着收入的增长，其个人及团体的消费结构也在不断发生变化，消费水平也正在向世界其他经济发达地区或国家的消费水平靠近，葡萄酒自然也成为这些中产阶层日常消费的重要商品之一。

中国人往往将红色与繁荣和喜庆联系在一起，或与高雅、有品位相联系，因此社会流行将红葡萄酒作为一种奢侈的礼物。而且葡萄酒含有类似于茶的单宁（减少心血管疾病），适量消费有利身体健康。这也是中国政府倡导支持民众消费葡萄酒一个重要的因素。另外，还有许多中国年轻人认为，葡萄酒口感好是他们愿意消费葡萄酒的一个重要原因。

二、中国市场进口葡萄酒（智利葡萄酒）的销售情况

从全球葡萄酒市场看，分析进口方面的统计数据可以发现，由于美元兑欧元的利好趋势，美国市场仍然是瓶装酒进口的王者，2015 年瓶装葡萄酒进口额超过 41 亿美元。英国则表现稳定，2015 年瓶装葡萄酒进口额为 29 亿美元。与此同时，中国的进口市场也蓬勃发展，五年内增长了 23%，超过德国成为全球第三大瓶装葡萄酒进口国。2015 年全球出口增长幅度最大的国家是智利，得益于其在亚洲，特别是中国和日本市场的自由贸易协定和打破税务壁垒的便利条件，智利葡萄酒发展快速。

1. 进口葡萄酒中智利葡萄酒的销售情况

如表 1 及图 4 所示，近几年中国进口葡萄酒总量呈逐年递增趋势，其中来自智利的数量葡萄酒增长更快。

表 1　2014～2015 年中国市场葡萄酒进口总量前十位国家

2014 年			2015 年		
序号	国家	进口量（升）	序号	国家	进口量（升）
1	法国	129511261	1	法国	170590422
2	智利	90825364	2	智利	153922466
3	西班牙	49473327	3	西班牙	77613477
4	澳大利亚	40896135	4	澳大利亚	68576768
5	意大利	25340341	5	意大利	28896072
6	美国	16565630	6	美国	12810398
7	南非	7011371	7	南非	11736796
8	德国	4464087	8	葡萄牙	6759300
9	阿根廷	4319380	9	阿根廷	5143398
10	葡萄牙	4212146	10	德国	4437186

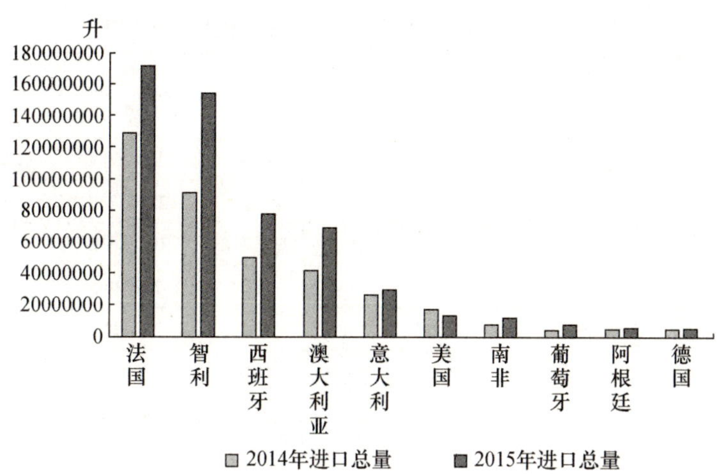

图 4　2014～2015 年中国市场葡萄酒进口总量前十位国家

由表 1 和图 4 可发现，来自法国的进口葡萄酒总量领先于其他国家，2015 年以进口量 170590422 升排名第一，比 2014 年增长了 31.7%。可能受中国零关税影响，智利葡萄酒奋勇直追，和来自法国的进口量只相差 16667956 升，进口量达 153922466 升，排名第二，与 2014 年相比大幅增长了 69.5%，其中智利的散装葡萄酒增长幅度较大。进口量第三至第十名依次是西班牙、澳大利亚、意大利、美国、南非、葡萄牙、阿根廷、德国。不过排名第一的法国和排名第二的智利进口量远超过其他国家。

可见，来自法国的葡萄酒暂时占中国销售市场的主导地位，来自其他出口国如智利等国的葡萄酒商家若计划占据更多的市场份额，则需要更多地教育引导中国消费者了解其葡萄酒的品牌和产品的典型特征及独特性。

据中国海关统计，2014 年中国进口葡萄酒总量达 383844943 升，与 2013 年相比上涨 1.86%；进口总额达 1516492538 美元，同比下降 2.51%。进口均价为 3.96 美元/升，同比下降 4.1%。其中来自智利的葡萄酒总量约占中国进口总量的 23.7%。

2015 年中国进口葡萄酒总量达 5.54 亿升，同比增长 44.2%；进口额为 20.32 亿美元，同比增长 34%。其中来自智利的葡萄酒总量约占中国进口总量的 27.8%。

中国进口散装葡萄酒的情况如表 2 与图 5 所示。

由表 2 与图 5 可知，2014 年智利对中国出口散装葡萄酒 56549569 升，排名第一，成为中国主要散装葡萄酒来源国。其次为西班牙、澳大利亚等国。不过，与 2013 年相比，来自排名前三位国家的进口量，2014 年皆有微量减少。

表 2　2014～2015 年中国进口散装葡萄酒前十位国家

2014 年				2015 年			
序号	国家	进口量（升）	进口额（美元）	序号	国家	进口量（升）	进口额（美元）
1	智利	56549569	41806079	1	智利	105125000	62897322
2	西班牙	12112944	7877255	2	西班牙	20545767	10765384
3	澳大利亚	3895339	5117269	3	澳大利亚	10888876	9601265
4	美国	3588628	6845879	4	美国	2775180	5466876
5	法国	2089895	3482513	5	南非	2393777	1518836
6	南非	1774982	1634342	6	法国	2299529	5799364
7	马其顿	816000	567028	7	葡萄牙	988781	788570
8	葡萄牙	276419	373999	8	意大利	512332	899648
9	意大利	272135	821202	9	马其顿	192000	104871
10	乌拉圭	192000	138240	10	德国	97602	266502

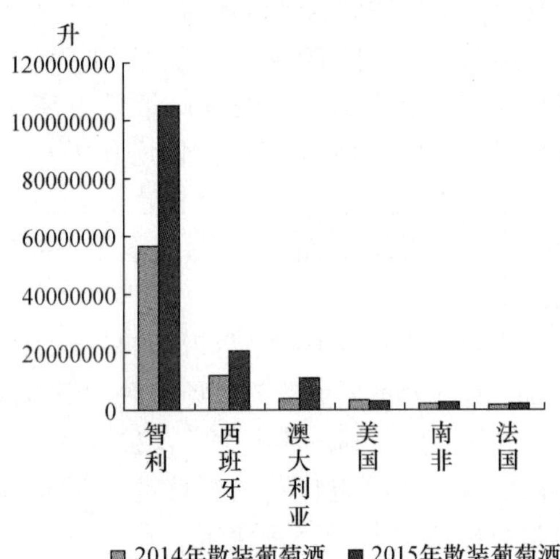

图 5　2014～2015 年中国进口散装葡萄酒前六位国家

2015 年，中国进口散装葡萄酒总量约为 1.46 亿升，同比增长 78.5%；总额约为 9862 万美元，同比增长 42%；平均价格为 0.68 美元/升，同比下降 20%。2015 年智利依然是中国最大的散装葡萄酒来源国，出口总量约为 1.05 亿升，同比增长 86%，约占中国散装葡萄酒进口总量的 72%；金额约为 6290 万美元，同比增长 50%，约占中国散装葡萄酒进口总额的 64%。在进口总量和金额两方面，智利的数据同比增长幅度都很大，且总量是排在第二位的西班牙的 5 倍多，总额

是西班牙的6倍多。

从当年散装葡萄酒均价来看，在排名前十的散装葡萄酒来源国中，加拿大的价格最高，为2.73美元/升。销量最高的智利葡萄酒价格较低，平均为0.60美元/升，由此可见，智利低端葡萄酒在中国的销售情况很好。

中国进口瓶装（≤2升）葡萄酒的情况如表3与图6所示。

表3　2014～2015年中国进口瓶装（≤2升）葡萄酒前十位国家

2014年				2015年			
序号	国家	进口量（升）	进口额（美元）	序号	国家	进口量（升）	进口额（美元）
1	法国	124948165	613182552	1	法国	166279191	863292661
2	澳大利亚	36192649	247065412	2	澳大利亚	56642300	439376537
3	西班牙	35057294	96137999	3	西班牙	54436787	112188945
4	智利	34188184	124500111	4	智利	48749105	170015879
5	意大利	18349893	81192152	5	意大利	22592255	82112459
6	美国	12828974	65153404	6	美国	9989231	51553380
7	南非	5193800	21588313	7	南非	9221072	38608268
8	阿根廷	4193800	17634576	8	葡萄牙	5752839	15975306
9	葡萄牙	3920226	14172362	9	阿根廷	4981471	19975346
10	德国	3712293	19226796	10	德国	3801531	17078063

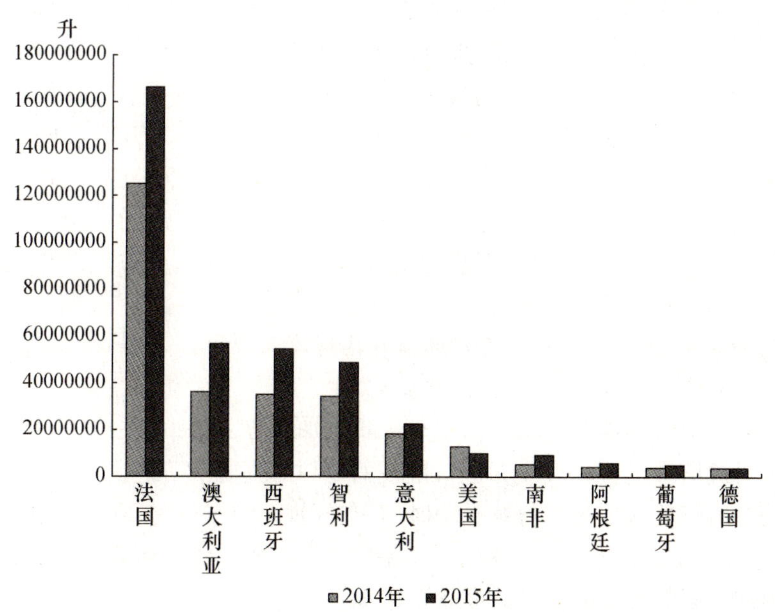

图6　2014～2015年中国进口瓶装（≤2升）葡萄酒前十位国家

2015 年，中国进口瓶装葡萄酒总量约为 3.96 亿升，同比增长 37.5%；总额约为 18.78 亿美元，同比增长 37.55%；平均价格为 4.74 美元/升，同比下降 1%。

由表 3 与图 6 可知，2015 年法国是中国进口瓶装葡萄酒的最大来源国，总量约为 1.67 亿升，同比增长 32.8%，约占中国进口瓶装葡萄酒总量的 42%；总额约为 8.63 亿美元，同比增长 41%，约占中国进口瓶装葡萄酒总额的 46%。

2014 年智利对中国出口瓶装葡萄酒 34188184 升，排名第四，是中国主要瓶装葡萄酒来源国。同比增长 33.9%，约占中国进口瓶装葡萄酒总量的 11.3%；总额约为 1.25 亿美元，同比增长 25%，约占中国进口瓶装葡萄酒总额的 8.6%。

2015 年智利仍是中国排名第四的瓶装葡萄酒来源国，出口总量约为 48749105 升，同比增长 42.6%，约占中国瓶装葡萄酒进口总量的 12.4%；金额约为 1.7 亿美元，同比增长 36.6%，约占中国瓶装葡萄酒进口总额的 9.1%；平均价格为 3.49 美元/升，同比下降 4.2%。

据中国海关最新数据统计，2016 年 1～6 月，中国进口葡萄酒呈现量额齐增，市场趋势走好。1～6 月进口葡萄酒总量达 29979.2 万升，同比 2015 年增长了 21.9%；进口总额达 118714.4 万美元，同比增长了 27.8%；进口均价为 3.96 美元，同比增长了 4.8%。

其中，散装葡萄酒进口量为 7066.4 万升，同比增长了 16.9%；进口额为 5134.4 万美元，同比 2015 年增长了 20.7%；均价为 0.73 美元，同比增长了 3.2%。而来自智利的散装葡萄酒进口量为 5194.1 万升，占同期中国散装葡萄酒进口量的 73.5%；进口额 3030 万美元，占同期中国散装葡萄酒进口额的 59%。

瓶装（≤2 升）葡萄酒 2016 年上半年进口量达 22275.3 万升，比 2015 年上半年增长了 24.1%；进口金额为 110923.9 万美元，比 2015 年同期增长了 29.5 %；进口均价为 5 美元，同比上涨了 4.3%。而来自智利的瓶装葡萄酒进口量为 2859.4 万升，占同期中国瓶装葡萄酒进口量的 12.8%；进口额 9541.6 万美元，占同期中国瓶装葡萄酒进口额的 8.6%。

2. 进口葡萄酒（智利葡萄酒）的消费区域与人群

（1）进口散装葡萄酒的主要消费地区。

近年来，中国各地葡萄酒的消费呈逐年增加趋势，其中进口葡萄酒在一二线城市的销售量增长迅速。表 4 为进口散装葡萄酒的主要消费地区。

根据中国海关数据统计分析，2014 年排名前五的省份与 2015 年相同，只是 2014 年排名第九、第十的湖北和辽宁，在 2015 年被浙江和新疆取代，这也反映出中国内陆地区的葡萄酒消费量在逐渐增加。

表4　2015年中国进口散装葡萄酒前十位消费地区

序号	地区	进口量（升）	进口额（美元）	均价（美元/升）
1	山东	85419966	54112869	0.63
2	河北	30478206	17096607	0.56
3	广东	4283120	7469897	1.74
4	上海	8360604	6880758	0.82
5	福建	3176708	3141231	0.98
6	江苏	6067344	3099017	0.51
7	天津	4257701	2983667	0.70
8	北京	2430201	1788619	0.73
9	浙江	456826	497036	1.08
10	新疆	576000	467672	0.81

由表4可知，2015年山东依然是进口散装葡萄酒的消费大省，进口总量约为8542万升，同比增长1.26%，约占中国进口散装葡萄酒总量的59%；总额约为5411万美元，同比增长92%，约占中国进口散装葡萄酒总额的55%。也就是说，山东省2015年消耗了全国一半多的进口散装葡萄酒，进口散装葡萄酒消费大省的地位非常稳固。

2015年广东进口散装葡萄酒约428万升，排名第三，与第一、第二名进口量相差较大，但广东进口散装葡萄酒的均价最高，约为1.74美元/升。

（2）进口瓶装葡萄酒的主要消费地区。

2015年我国进口瓶装葡萄酒的主要消费地区如表5所示。

表5　2015年中国进口瓶装葡萄酒前十位消费地区

序号	地区	进口量（升）	进口额（美元）	均价（美元/升）
1	广东	102637387	810446521	7.89
2	上海	119713592	484854872	4.05
3	北京	26862644	114889464	4.27
4	浙江	30224981	93449758	3.09
5	福建	35951134	88202247	2.45
6	山东	23407544	74815250	3.19
7	江苏	19754152	61581577	3.11

续表

序号	地区	进口量（升）	进口额（美元）	均价（美元/升）
8	天津	17218347	59410952	3.45
9	辽宁	4411889	26047429	5.90
10	四川	2511213	10172518	4.05

根据中国海关统计数据和表 5 可知，2014 年上海是进口瓶装葡萄酒最大的消费地区，2015 年广东在进口金额上超过上海，一跃而成进口瓶装葡萄酒最大消费地区。广东瓶装葡萄酒进口总量约为 1.03 亿升，同比 2014 年增长 45%，约占中国进口瓶装葡萄酒总量的 26%；总额约为 8.10 亿美元，同比增长 105%，约占中国进口瓶装葡萄酒总额的 43%。而且广东进口瓶装葡萄酒的均价最高，为 7.89 美元/升。

另外，北京、浙江、福建等省份 2015 年进口瓶装葡萄酒消费量排名和 2014 年无异，说明中国进口瓶装葡萄酒的消费主要还是集中在北京、上海、广州等一二线大城市。

（3）进口葡萄酒（智利葡萄酒）的主要消费人群。

根据中国国观智库的市场调查数据分析，中国各年龄段消费者对葡萄酒国别的偏好统计结果如图 7 所示。

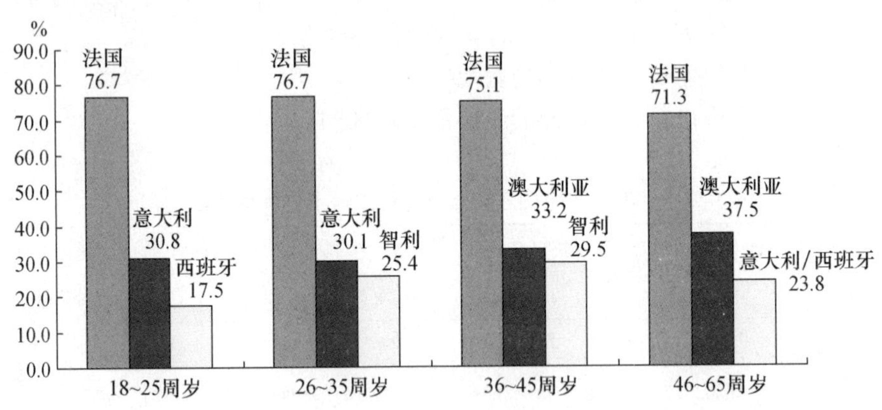

图 7　各年龄段最喜欢葡萄酒的国别（前三位）

图 7 显示，法国葡萄酒在中国各年龄段消费人群中都是最受欢迎的；意大利葡萄酒也有较广的受众；年龄段在 26～35 周岁、36～45 周岁的消费者喜爱智利葡萄酒的比例分别为 25.4%、29.5%。

三、结语

根据上文的统计数据以及本课题组的市场调研发现，得益于《中国智利自由贸易协定》的签订，智利葡萄酒在中国获得了快速增长，而且从 2015 年 1 月开始，智利葡萄酒到中国的关税已经降到零。但高端智利葡萄酒在中国市场的份额不大，消费者对智利葡萄酒的印象是好喝、价格便宜，一旦要消费价格比较高的顶级酒，较大比例的消费者就会选择其他国家的葡萄酒。所以智利酒庄和中国进口商无法依靠这些高端智利葡萄酒盈利，就只能选择不同品牌做市场，每个进口商做一个品牌，定位中低价，拼销量。

本课题组认为，智利葡萄酒在中国整个消费市场和国际市场的接受度和形象还是比较吻合的——发展中国家的产区，定位于高性价比的产品。虽然也有很高端的产品树立了智利葡萄酒的形象，但是中低端、大众化的品类比较多，大公司的品牌性价比还是比较高的。终端售价在 100 元以下的智利葡萄酒非常有竞争力，并直接对中国市场占主要地位的本土葡萄酒如张裕、长城以及华夏等形成威胁。

不过，本课题组也发现，对于进口到中国的智利葡萄酒而言，除了少数知名品牌之外，其他葡萄酒的质量很难识别，即便同一个产区、同一个村庄、同一葡萄酒品种酿制的酒，质量也可能相差甚远。参差不齐和品牌混乱，给中国消费者在选择时带来很大困扰，成为阻碍智利葡萄酒销量在中国长期稳定或增长的重要因素之一。

因此，为了促进中智长期稳定健康的经贸合作，本课题组研究认为，进入 2000 年以来，智利产业政策出现了较大变化，培育服务业政策和国家创新体系的出现，标志着智利政府积极寻找新的产业机会，横向产业政策逐渐转向纵向产业政策，技术和创新获得了政策支持，形成了富有国家特色的智利创新体系。同时中国市场也正在深化改革，积极培养国家创新体系，大力鼓励“大众创业，万众创新”，因此，中智两国在经济合作过程中要做到：

第一，以企业为主体，主动实行产业对接。基于对当前智利产业发展现状以及我国出口产品的市场占有率等因素考虑，双方应改善投资环境，制定优惠政策，搭建服务平台，为各自企业到对方投资创造条件。

第二，在国际贸易实践中，实施供应链管理成为跨国公司或国际企业充分利用各国（地区）比较优势，培育竞争优势，提高国际竞争力的重要手段。中智企业在实施供应链管理过程中，要注重协调供应链上各企业的利益。

第三，对于智利葡萄酒企业来说，应该做到促进产区合作，产业融合发展，这些对其企业竞争力的提高将发挥至关重要作用。

葡萄酒企业的眼光和思路不能局限于栽培、酿造、营销这些传统领域，要积极寻求产业链条的延伸，主动整合各种要素，走产业融合发展的道路，打造区域特色功能产业群。如促进产区内外葡萄酒业与旅游业、文化产业的合作。

总之，智利是中国在拉丁美洲的主要贸易伙伴和重要战略合作伙伴，中智关系正处于新的发展阶段，我国政府要高度重视同智利的关系，在构建中智新型战略伙伴关系中，既立足双边、依靠双边，更需要超越双边、突破双边，站在全球化的大背景下把握战略重心，拓展空间。

参考文献

[1] 孙洪波．中国对拉美援助：目标选择与政策转型［J］．外交评论，2010（5）．

[2] 张勇．智利经济增长趋势及中智经贸合作的选择［J］．拉丁美洲研究，2012（5）．

[3] 中国外交部网站．中国同智利的外交关系［EB/OL］．http：//wcm. fmprc. gov. cn/pub/chn/gxh/cgb/zcgmzysx/nmz/1206_ 11/1206x1/t8019，2014－08.

[4] 中华人民共和国科学技术部．国家科技计划年度报告2013［EB/OL］．http：//www. most. gov. cn/ndbg/2013ndbg/.

第四篇：中国—拉丁美洲合作关系中的政治与文化

2015年“整体合作”战略导向下的中拉外交关系

刘丹*

2014年7月，中国国家主席习近平赴拉丁美洲出席金砖国家领导人第六次会晤以及中国—拉丁美洲和加勒比国家领导人会晤，并对巴西、阿根廷、委内瑞拉和古巴进行了国事访问。此行对于深化中国与拉丁美洲国家双边关系有着至关重要的意义，同时也推动了中国—拉共体（拉丁美洲和加勒比国家共同体）论坛的进程，开启了中国与拉丁美洲国家进行整体合作的新局面。2015年初，中国—拉丁美洲和加勒比国家共同体论坛（简称中拉论坛）首届部长级会议在北京举行。这代表了中拉整体合作的真正开始，即中拉关系进入双边合作与整体合作并行发展的新阶段，也标志着中国与发展中国家整体合作机制实现全覆盖，更显示了拉丁美洲和加勒比地区在中国外交格局中的重要地位[①]。在过去，中国虽然也很重视与拉丁美洲的关系，但一直以来效率较低、效果不佳。因为该地区有30多个国家，且国与国之间在经济、资源、社会、政治、外交等领域差异较大，中国与这些国家分别维持交往耗时耗力的，整体效果不好把握。同时，这一地区作为美国的“后花园”也一直都是比较敏感的，对于中国要加强与拉丁美洲国家的联系，美国也较为警惕，所以在外交上成果不明显。例如，中国过去曾经尝试通过多边区域性组织与拉丁美洲国家发展关系，但却总是处于被动境地。例如，美洲国家组织（OAS）总部设在华盛顿，美国是该组织的正式成员，而中国却只有一个观察员身份，中国通过这一平台与拉丁美洲发展关系，就像是在别人

---

* 刘丹：澳门大学在读博士，广东外语外贸大学加拿大研究中心特约研究人员。

① 祝青桥．中拉整体合作扬帆启程［EB/OL］. http：//www. chinacelacforum. org/chn/zgtlgtgx/t1336244. htm，2016－01－29.

家里招待自己的客人一样尴尬①。如今，在中国外交大显身手，进行全方位布局之际，也找到了一个与拉丁美洲交往的更有效的方式，即“整体合作”。而中国—拉共体论坛的建立就代表了中拉关系由过去低效率的发展双边关系提升到了高效整体合作的阶段。这对拉丁美洲地区和中国来说，都是具有深远意义的新着力点，未来中拉关系的发展将以此作为风向标。

一、以中拉论坛为平台开展整体合作

毫无疑问，中拉论坛是迄今为止中国与拉丁美洲地区发展关系与合作的最重要的平台。无论是经济、文化、政治还是外交，中拉之间从此便有了一个可以沟通交流以及开展实质性合作的渠道。从这一论坛的主要运行机制（见图1）可以看出，该论坛作为一个有效的沟通与合作平台有两大亮点：其一，充分利用了一轨、二轨外交的不同优势，多层面沟通，其中既有官方的部长级、司局级和外长级会议，也有智库、民间和企业的论坛；其二，沟通领域的涵盖面广泛，除了大方向的高层会议，还设有不同领域的专业论坛，便于多方面的沟通与合作。

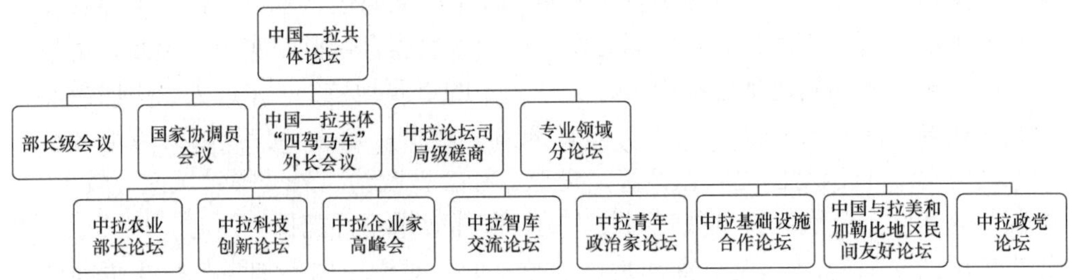

图1　中国—拉共体论坛主要机制②

资料来源：中国—拉共体论坛官网

从2015年中国与拉丁美洲地区通过中拉论坛这一平台开展合作的情况来看，整体合作的效率较高且效果明显。其中，主要的合作成果包括：

第一，召开了中国—拉共体论坛首届部长级会议，发布了《北京宣言》。

① Evan Ellis. China's Strategy in Latin America Demonstrates Boldness of President Xi, the Manzella report [EB/OL]. http://www.manzellareport.com/index.php/world/814 - china - s - strategy - in - latin - america - demonstrates - boldness - of - president - xi, 2014 - 02 - 19.

② 中国—拉共体论坛官网，http://www.chinacelacforum.org/chn/.

宣言明确了中国与拉丁美洲和加勒比国家要以中拉论坛为对话与合作的新平台、新起点、新机遇，进一步深化中拉全面合作伙伴关系①。政治上，双方决定积极推动中拉保持高层交往和接触，包括各级别对话机制，就治国理政经验加强交流互鉴，就国际问题加强磋商。其他方面，双方也决定以中拉论坛下的各个专业分论坛为平台，扩大人文交流，扩大立法机构、中央及地方政府、青年、社会各界交往，增进相互了解，在教育、人力资源培训、智库、媒体、文化、体育、科技、农业、旅游、能源、自然资源和基础设施等领域拓展交往与合作。

第二，在首届中拉论坛部长级会议上，通过了《中国与拉美和加勒比国家合作规划（2015～2019）》以及《中国—拉共体论坛机制设置和运行规则》这两个重要文件，为中拉今后一个时期的整体合作与对话确立了框架、领域和具体举措。其中，《中国与拉美和加勒比国家合作规划（2015～2019）》涵盖了未来五年中拉整体合作中最重要的13个领域，包括政治和安全、国际事务、贸易投资与金融、基础设施与交通运输、能源资源、农业、工业科技与航天航空、教育和人力资源培训、文化和体育、新闻媒体和出版、旅游、环保灾害风险管理和减灾、民间友好②。

第三，在中拉论坛的大框架下，各个次一级的分论坛在双方的协调合作下有序开展，充分发挥小平台灵活专业的特点，在不同的具体领域形成各种有效的对话机制，对中拉整体合作起到了有益的补充。如图1所示，在中拉论坛的大平台下还存在各个专业论坛，负责充当中拉整体合作在具体领域的沟通平台。2015～2016年，大部分专业论坛都已经开始正式运作，有的已经开展了两届甚至更多，在不同领域取得了不错的合作效果。除了中拉首都市场论坛和中拉地方政府合作论坛仍在筹备中外，其他分论坛的具体运作情况见表1。

第四，除了在各个分论坛进行各领域的专业沟通与合作之外，中国与拉丁美洲地区的教育外交、公共外交、文化外交等关系也是全面开花，中拉友好关系深入人心。人才与教育对于任何国家和地区的发展来说都是动力之源。2013年，根据西班牙《国家报》报道，专业人才外流令拉丁美洲国家感到头疼，某些加勒比国家90%的专业人才外流，对这些国家的发展十分不利③。在这一领域，致力于与拉丁美洲国家开展整体合作的中国表现出极大的意愿，也寄希望于通过与拉丁美洲国家在教育方面的合作来深化中拉友好关系。在首届中拉共同体论坛

① 中国—拉共体论坛首届部长级会议北京宣言［EB/OL］. http://www.chinacelacforum.org/chn/zywj/t1230231.htm，2015－01－21.

② 中国与拉美和加勒比国家合作规划（2015～2019）［EB/OL］. http://www.chinacelacforum.org/chn/zywj/t1230230.htm，2015－01－21.

③ 中国社会科学院拉美研究所. 专业人才外流问题令拉美国家感到头疼［EB/OL］. http://ilas.cass.cn/cn/xwzx/content.asp? infoid＝21834，2013－11－05.

表 1　中拉论坛框架下的分论坛合作情况（2015～2016 年）①

<table>
<tr><th colspan="2">论坛名称</th><th>主办方</th><th>时间</th><th>地点</th><th>主要内容/意义</th></tr>
<tr><td rowspan="2">中拉基础设施合作论坛</td><td>第一届</td><td rowspan="2">中国商务部</td><td>2015 年 6 月 4～5 日</td><td>中国澳门</td><td>举办了一场主题论坛、两场项目推介会和 30 余场商务会谈活动。为双方开展基础设施合作，实现产业对接和优势互补搭建了重要平台</td></tr>
<tr><td>第二届</td><td>2016 年 6 月 2～3 日</td><td>中国澳门</td><td>来自 11 个拉美和加勒比国家的 11 位副部长级官员，与中国商务部、外交部、国家开发银行、泛美开发银行、中拉产能合作投资基金及中国国际承包商高管一道，围绕“创新合作模式、拓宽合作领域、拓展融资渠道，共同构建中拉基础设施和产能合作转型升级的崭新格局”发表各自见解</td></tr>
<tr><td rowspan="2">中拉青年政治家论坛</td><td>第二届</td><td rowspan="2">共青团中央</td><td>2015 年 7 月 31 日</td><td>中国北京</td><td>论坛的主题为“促进青年参与，服务青年创业”。来自巴西、厄瓜多尔、墨西哥、秘鲁和委内瑞拉等国的 30 多名政党青年干部、政府青年官员、青年组织负责人和驻华使节代表参加了论坛，共同就“青年参与”、“青年创业”和“中拉青年合作”等议题进行了对话和交流</td></tr>
<tr><td>第三届</td><td>2016 年 6 月 14 日</td><td>中国北京</td><td>论坛主题为“中拉合作新趋势”。来自阿根廷、巴西、智利、哥伦比亚、委内瑞拉等拉丁美洲国家以及中国的近 200 名青年代表参加了论坛。双方围绕“可持续发展的共同挑战和机遇”、“中拉整体合作新趋势”、“青年就业创业新动力”等议题进行了深入对话和交流</td></tr>
</table>

① 2015 年中国—拉共体论坛框架下有关分论坛情况［EB/OL］. 中国—拉共体论坛，http://www.chinacelacforum.org/chn/ltdt/t1341204.htm，2016－02－17；中华人民共和国商务部. 第二届中拉基础设施合作论坛在澳门举办［EB/OL］. http://www.mofcom.gov.cn/article/huiyuan/xuehuidongtai/201606/20160601331854.shtml，2016－06－02；第三届中拉青年政治家论坛在京举行［EB/OL］. 凤凰网，http://news.ifeng.com/a/20160614/49017047_0.shtml，2016－06－14；第二届中拉青年政治家论坛在京举行［EB/OL］. 人民网，http://world.people.com.cn/n/2015/0801/c1002－27394860.html，2015－08－01；中国人民对外友好协会. 第五届中国与拉美和加勒比地区民间友好论坛在杭州召开［EB/OL］. http://www.cpaffc.org.cn/content/details21－68914.html，2015－09－16.

续表

论坛名称		主办方	时间	地点	主要内容/意义
中拉科技创新论坛		中国科技部、厄瓜多尔高等教育科技创新部	2015 年 9 月 16 ~ 17 日	厄瓜多尔首都基多	中方首次与拉共体轮值主席国在中拉论坛框架下共同举办的分论坛。中方宣布正式启动“中拉科技伙伴计划”和“中拉青年科学家交流计划”。双方举行科技部长圆桌会，围绕“创新生态系统”分享发展经验，分析机遇与挑战
中国和加勒比地区民间友好论坛	第五届	中国人民对外友好协会	2015 年 9 月 16 日	中国杭州	中拉民间友好论坛机制自 2007 年设立以来，为促进中拉民间友好交流提供了重要平台。2014 年 7 月，中拉民间友好论坛被纳入中国—拉共体论坛框架。中拉双方嘉宾围绕“中拉整体合作下民间友好工作的新角色、新作用”展开了充分交流
中国—拉美企业家高峰会	第九届	中国国际贸易促进委员会	2015 年 10 月 13 ~ 14 日	墨西哥瓜达哈拉市	主题为“新趋势—大机遇：共同前行”。中拉双方代表就共建中拉全面合作伙伴关系、推动贸易转型升级、开创投资合作新局面以及加强企业与城市合作创新等议题展开讨论，为深化中拉经贸合作出谋划策
中拉政党论坛		中共中央对外联络部、厄瓜多尔主权祖国联盟运动	2015 年 12 月 8 ~ 9 日	中国北京	会议主题为“创新、发展、合作与未来——中拉政党面临的挑战与应对举措”，双方代表围绕“21 世纪的政党”、“经济发展”、“减贫”、“发展道路”和“中拉合作”五个分议题进行交流。会议通过了《中拉政党论坛首次会议声明》

资料来源：根据政府、机构官网、新闻媒体资料自行整理

部长级会议上，中国就提出要着手落实五年内向拉共体成员国提供 6000 个奖学金名额和 6000 个来华培训名额，为拉丁美洲地区的人才培养提供帮助。公共外交领域，2015 年，首届“未来之桥”中拉青年领导人千人培训计划在北京启动，第二届也于 2016 年在中国珠海启动。这一计划从 2015 ~ 2024 年每年邀请 100 名左右的拉丁美洲青年精英来华与部分中国青年领导人共同参加研修、培训的项

目，这是中拉政体合作的重要内容，也为拉丁美洲各领域的青年精英创造了更多了解中国的机会。除此之外，“中拉科技伙伴计划”和“中拉青年科学家交流计划”也纷纷正式启动。文化方面，中拉人文交流直接体现在了高层领导的访问行程中。2015 年 5 月，中国总理李克强访问拉丁美洲四国之际，中国著名作家、诺贝尔文学奖获得者莫言等人就一同前去参加了交流研讨会。而中国国家主席习近平 2014 年 7 月提出的关于举办“中拉文化交流年”的倡议也于 2016 年实现。2016 年“中拉文化交流年”活动涉及拉丁美洲和加勒比地区近 30 个国家，是新中国成立以来我国同拉丁美洲和加勒比国家共同举办的规模最大的年度文化盛事，通过举办演出、展览、论坛、电影展映、图书节、经典互译等多类别文化交流活动，扩大中国文化在拉丁美洲地区的影响力和亲和力，同时也向中国民众介绍拉丁美洲优秀文化艺术，通过文明互鉴增进中拉友谊①。

二、中拉经贸投资关系的现状与前景

可以说，长期作为美国“后花园”的敏感身份是导致拉丁美洲国家与包括中国在内的其他国家和地区在政治领域的合作一直有限的主要原因之一。所以，近年来中拉关系的主要发展其实也依然是在经贸和投资领域。近年来，经贸领域的情况发展势头良好，拉丁美洲已经逐渐成为中国重要的贸易投资目的地，虽然随着中国和拉丁美洲地区国家经济状况的最新变化，这种发展良好的势头有所波动，但拉丁美洲对于中国的重要性和中国与拉丁美洲地区合作的良好意愿不会变，未来的合作依然应该被看好。

1. 现状

从图 2 ~ 图 4 可以看到，虽然在贸易领域，由于地缘和经济实力的原因，亚洲、欧洲和北美一直都是中国最主要的贸易伙伴，但中国与拉丁美洲的贸易关系近十年来都保持较快和较稳定的发展，并在 2010 年前后超过了剩余的其他几个地区并保持优势。实际上，中国和拉丁美洲地区在贸易领域一直都有很强的互补性。中国经济迅速发展，对资源有着巨大的需求，工业发展经验丰富，而拉丁美洲地区资源丰富，但工业基础相对薄弱。2008 年金融危机之后，中拉贸易合作更是成为南南合作的重要内容。因此，拉丁美洲地区在中国贸易领域的重要性与日俱增。而在投资领域，中拉合作的成果更是凸显无遗。

① 2016“中拉文化交流年：绚丽绽放［EB/OL］. 中国—拉共体论坛，http：//www. chinacelacforum. org/chn/zgtlmjlbgjgx/t1351140. htm，2016 - 03 - 28.

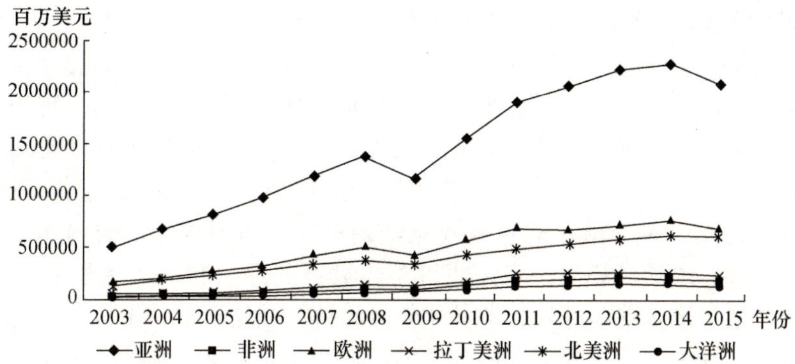

图 2　中国与不同地区的贸易对比（2003～2015 年）

资料来源：根据 CEIC Data Manager 原始数据制作

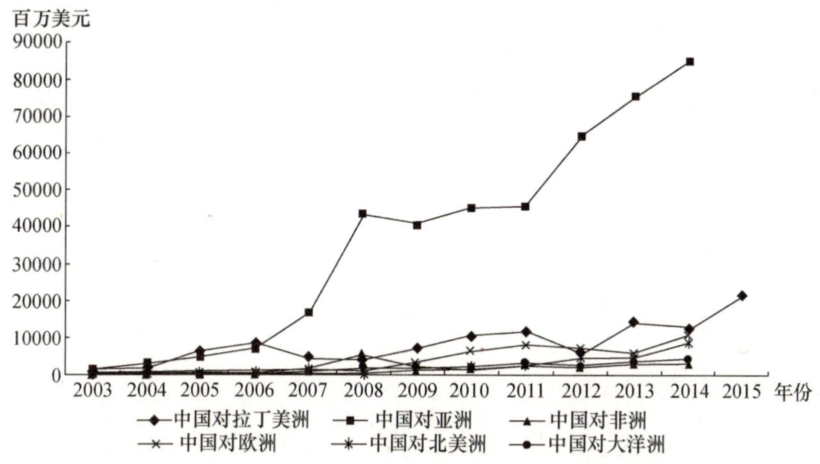

图 3　中国对不同地区的投资对比（2003～2015 年）

资料来源：根据 CEIC Data Manager 原始数据制作

不过，从图 2 中我们也可以看到，2015 年的中拉贸易额较 2014 年有所下降。出现这一情况的原因有两方面：第一，拉丁美洲地区的经济、政治形势出现一些不利的情况。该地区国家的经济在持续走下坡路。联合国拉加经委会（CEPAL）于 2015 年 12 月 17 日在智利圣地亚哥发表《2015 年拉丁美洲经济概况》报告，称 2015 年是拉丁美洲和加勒比地区经济自 2009 年以来表现最差的一年，总体经济负增长 0.4%，2016 年，拉丁美洲国家经济还将持续低迷①。根据美洲开发银

① 郑怡雯．中国外交新局：拉美政治右转经济衰退，中拉关系会变坏吗？［EB/OL］．澎湃新闻，http://www.thepaper.cn/DanaInfo=.awxyCxmkwiyo2Lp1+newsDetail_ forward_ 1414077，2015-12-29.

行（BID）公布的《2015 年拉美及加勒比地区贸易趋势预测》（*Trade Trend Estimates Latin America and the Caribbean*），由于全球石油和能源产品价格下滑、大宗商品价格下降以及地区经济增长放缓，该地区 2015 年货物贸易均出现下降，其中连续三年呈下滑趋势的货物出口已经出现了国际金融危机以来的最大降幅①。而政治方面，2015 年拉丁美洲整体政治格局正在经历深刻变化，左翼政党受到前所未有的挑战，多个国家的左翼政党受到重挫，如阿根廷、委内瑞拉、巴西等，导致社会、政治局势不稳定，使得整体衰退的经济状况更为脆弱②。第二，除自身的政治经济状况不好外，贸易伙伴的经济放缓是影响拉丁美洲地区贸易的另一个原因。其中，中国面临经济改革的压力和政策调整的影响，新常态下的经济增长明显放缓是必然的，不过这确实也是在全球经济低迷的背景下一个影响中拉贸易的重要因素。中国 2015 年上半年从拉丁美洲的进口骤减，下滑了 14%，下半年降幅趋缓，中国自拉丁美洲进口的铁矿石、铜数量下滑明显，原油进口稳定，大豆进口同比增加。

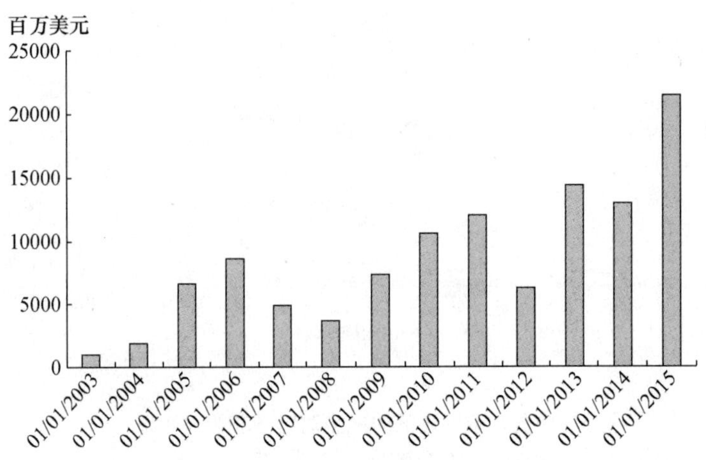

图 4　中国对拉丁美洲的投资（2003～2015 年）

资料来源：根据 CEIC Data Manager 原始数据制作

2. 前景

虽然目前来看，中国和拉丁美洲都处在政治经济转型和调整的阶段，加之全

① 中华人民共和国商务部 . 2015 年拉美及加勒比地区出口形势［EB/OL］. http：//www. mofcom. gov. cn/article/i/dxfw/nbgz/201512/20151201212101. shtml，2015－12－17.

② 杨建民 . 2015～2016 年拉美政治形势：政坛酿巨变［M］//吴白乙，中国社会科学院拉丁美洲所 . 拉丁美洲和加勒比发展报告 2015～2016. 北京：社会科学文献出版社，2016.

球经济状况和局势不理想，贸易数量有所下降，但是凭着良好的经济互补性和十几年快速稳定的发展作为基础，中拉经贸关系未来依然可以在合作中寻求利益。而且双方的态度也非常积极，从中国方面看，2016 年 5 月 19 日，中国外交部部长王毅“三个没变”的发言表明了中国对未来中拉关系的定位：首先，对拉丁美洲发展前景的信心没变。其次，中拉互为机遇的格局没有变。最后，中国加强同拉丁美洲国家合作的政策没有变[①]。对于这一点，拉丁美洲国家也是抱有一定信心的。经合组织、拉丁美洲和加勒比经济委员会、拉丁美洲开发银行联合发布了《2016 拉美经济展望——与中国的新型伙伴关系》（*Latin American Economic Outlook* 2016—*Towards A New Partnership With China*）。这一报告指出，全球经济重心向新兴市场国家转移已经开始进入新的阶段，拉丁美洲国家应该面对挑战，在中国经济新常态下保持和加强双方的合作，仍然可以获益[②]。未来中拉双方的经贸合作将从合作模式与合作领域的角度做出改善和调整，不断探索更多新领域，发现新动力，例如针对气候变化的清洁能源发展和科技创新、大型基础设施建设的继续推动等。

第一，采取“双边促多边，多边助双边”的双动力合作模式，将合作效用最大化。在不断深化的中拉关系中，整体合作已然是主要方向，在这一战略导向下，重视和不断拓展与拉丁美洲不同国家的双边合作有利于巩固整体合作的基础，而反过来，不断巩固的整体合作也将进一步优化双边合作的环境和效果，创造更多的合作机遇。在双边合作中，中国高层领导人的频频出访是一种重视的态度，更是一种有效的方式。以李克强总理 2015 年 5 月 18 ~ 26 日访问拉丁美洲四国——巴西、哥伦比亚、秘鲁和智利为例，短短几天时间，取得多项丰硕成果，涉及基础设施建设、装备制造、产能、农业、金融、教育、文化、科技、旅游、体育、贸易投资等十几个领域，包括与巴西签署《中巴未来五年（2015 ~ 2021）共同行动计划》、《中巴政府联合声明》和《中巴关于气候变化的联合声明》以及双边产能、基础设施建设、金融、航空、农业、新能源、通信、科技等领域 35 项合作文件，并启动两洋铁路可行性基础研究；与哥伦比亚政府发表《联合声明》，启动双边自贸协定可行性研究；与秘鲁签署两国产能、基础设施、航天领域的合作文件，发表《联合声明》；与智利发表《联合声明》，签署了《中国人民银行与智利中央银行人民币/智利比索双边本币互换协议》和《中国人民银行与智利中央银行关于人民币清算安排的谅解备忘录》，签署关于中智自由贸易

---

① 王毅谈中拉关系：三个“没有变”［EB/OL］. 中国—拉共体论坛，http：//www. chinacelacforum. org/chn/zyxw/t1365056. htm，2016 - 05 - 20.

② OECD. Latin American Economic Outlook 2016—Towards A New Partnership With China［R］. http：//www. oecd. org/publications/latin - american - economic - outlook - 20725140. htm，2015.

协定升级的谅解备忘录，并启动自贸协定升级联合研究等[①]。与这些国家的双边合作无不体现了对于整体合作的促进作用。例如，李克强在中巴工商峰会上提出中拉产能合作“3×3”模式，即共建物流、电力、信息三大通道，实现企业、社会、政府三者良性互动，拓展基金、信贷、保险三条融资渠道。这不仅是中巴两国合作的新模式探索，也为中拉整体合作提出了更多的好思路[②]。另外，中方同意给予智方500亿元人民币合格境外机构投资者（RQFII）额度，指定刚刚设立的中国建设银行智利分行为人民币清算行[③]，这是在智利首都圣地亚哥设立的拉丁美洲首个人民币清算行，不仅有助于中智双方发挥金融合作的引擎作用，推动两国经贸合作再上新台阶，也为中拉整体金融贸易合作提供了更加便利的平台。

第二，中拉合作领域将不再局限于过去的能源、大宗商品等，而是不断拓展新的领域，例如清洁能源发展和科技创新、大型基础设施建设等。根据数据显示，2014～2015年，中国公司宣布了37项在拉丁美洲的交易和投资，较前一年增长37%。中国对拉丁美洲大宗商品需求放缓，但中国却计划加大对该地区的投资[④]。以智利为例，两国签署了加强产能与投资合作的谅解备忘录，将积极开展产能合作，扩大两国在矿业、农业、基础设施、能源、制造业等领域的投资合作，促进产业对接和融合，这样既有助于中国实现优势产能的输出，也将优化智利经济结构，使其贸易结构多元化，逐步摆脱外部脆弱性问题[⑤]。在投资领域，两国决定加强中智优势产业的投资与合作，加快建设中智示范农场，积极开展种质交流、农业科技和食品加工等合作，鼓励中国企业赴智投资风能、光伏电厂、中小型水电站等建设，开展矿业上下游全产业链一体化建设，实现产能合作新突破。在基础设施领域，智利总统巴切莱特多次向李克强总理提及正在规划中的智利、阿根廷两国境内的“两洋隧道”，表示非常欢迎中国企业参加智利的基础设

① 李克强出访拉美四国［EB/OL］. 凤凰网，http：//news. ifeng. com/mainland/special/lkqcflmsgj/；中华人民共和国政府和智利共和国政府联合声明［EB/OL］. 新华网，http：//news. xinhuanet. com/world/2015－05/26/c_ 127840502. htm，2015－05－26；中华人民共和国商务部．中国与智利签署自贸协定升级谅解备忘录［EB/OL］. http：//www. mofcom. gov. cn/article/ae/ai/201505/20150500984373. shtml，2015－05－26.

② 李克强提出中拉产能合作“3乘3”新模式［EB/OL］. 中新网，http：//www. chinanews. com/gn/2015/05－20/7289378. shtml，2015－05－20.

③ 中华人民共和国政府和智利共和国政府联合声明［EB/OL］. 新华网，http：//news. xinhuanet. com/world/2015－05/26/c_ 127840502. htm，2015－05－26.

④ 外媒解密：为何中国大举投资拉美，对什么感兴趣［EB/OL］. 凤凰网，http：//finance. ifeng. com/a/20150520/13719073_ 0. shtml，2015－05－20.

⑤ 芦思姮．智利：制度改革与经济提振两手抓［M］//吴白乙，中国社会科学院拉丁美洲所．拉丁美洲和加勒比发展报告2015～2016. 北京：社会科学文献出版社，2016.

施建设，并将为中国企业在智利投资兴业提供便利。李克强总理也表示，中国政府支持中国企业发挥自身优势，同智方开展“两洋隧道”等项目合作，并尽早共同进行可行性研究[①]。随后在2015年9月，智利公共工程部长温杜拉也表示，智利国内共有七大项目正处于规划和建设以及国际投标的阶段中（见表2），欢迎中国企业参与投资和建设。实际上，即使是在全球经济低迷、拉丁美洲经济疲软、中国经济放缓的2015年，中国对拉丁美洲投资仍然高达290亿美元，达到2010以来最大规模，相比2014年的190亿美元增长迅猛。这一数额超过了世界银行、美洲开发银行和拉丁美洲开发银行对拉贷款总和，投资主要集中在委内瑞拉、巴西和厄瓜多尔[②]。

表2　智利国内七大基础设施项目（2015～2017年）[③]

项目编号	项目名称	规模	时间
1	Nahuelbuta Road公路项目（私营项目）	连接Bio Bio和Araucania地区，全长约55千米，预计总投资为2.37亿美元	于2015年第三季度进行公开招标
2	G－66 La Fruta Road公路项目（公共项目）	连接Valparaiso，O'Higgins和Metropolitan地区，全长约138千米，预计总投资为4.2亿美元	于2015年第四季度进行公开招标
3	Valparaiso地区的Road F－20 Nogales－Puchuncavi公路项目（公共项目）	全长约43千米，预计总投资为1.99亿美元	于2015年第二季度进行公开招标，后续将进行该项目第二阶段的招标
4	Metropolitan地区的Americo Vespucio东郊高速公路，Principe de Gales－Los Presidentes Stretch高速及隧道项目（公共项目）	全长约5千米，预计总投资为7.26亿美元	于2015年第四季度进行公开招标
5	Los Lagos地区的Puerto Montt大都会高速公路（私营项目）	全长约33千米，预计总投资为2.73亿美元	将于2016年第四季度进行招标

① 中华人民共和国驻智利共和国大使馆．李克强同智利总统巴切莱特举行会谈时强调，释放自贸红利扩大金融合作　打造中智务实合作升级版［EB/OL］．http：//cl.chineseembassy.org/chn/xbxw/t1268709.htm，2015－05－30.

② 智利—中国投资贸易促进会．2015年中国对拉美投资翻番，达290亿美元［EB/OL］．http：//www.cciccsa.com/chileopen.asp？id＝871，2016－04－13.

③ 中国国际贸易促进委员会．智利七大工程静候中国投资［EB/OL］．http：//www.ccpit.org/Contents/Channel_3421/2015/0901/485736/content_485736.htm，2015－09－01.

续表

项目编号	项目名称	规模	时间
6	Los Rios 地区通往 Valdivia 的公路项目（私营项目）	全长约 88 千米，预计总投资为 2.09 亿美元	将于 2017 年第二季度进行招标
7	Metropolitan 地区的 Costanera 中央高速公路（私营项目）	全长约 22 千米	将于 2017 年第一季度进行招标

资料来源：中国国际贸易促进委员会

第三，中拉合作无论是整体还是双边，其重要基础之一都是彼此间的了解与信任。在这一领域，中国与拉丁美洲在未来的合作中也将重视发展彼此之间的人文交流，为迅速发展的中拉关系扫除交流和沟通障碍，为更深入的合作创造更多可能性。2015 年 1 月，在智利已经举行了以“华艺新颜色”为主题的“2015 智利中国文化年”，旨在纪念中智建交 45 周年，体现了中国政府对进一步加强中智战略伙伴关系的重视[①]，随后，中国“智利文化周”也于 2015 年 8 月在上海揭幕[②]；2016 年 11 月 1 日，暨南大学华文学院与厄瓜多尔华侨华人总会、瓜亚基尔市美国中学举行合作会议，洽谈外派汉语教师的合作事宜[③]。截至 2016 年 6 月，中国在拉丁美洲 17 个国家设立了 36 所孔子学院和 11 个孔子学堂[④]，已经颇具规模。这些安排都将有利于增进中国与拉丁美洲国家的了解与信任，跨越文化的鸿沟，促进双方更加长远和深入的合作。

三、结语

拉丁美洲地区资源丰富，与中国有着悠久的历史渊源与良好的合作关系。虽然该地区国家众多，政治、经济、社会、文化环境各异，同时也难免受到一些地缘与政治因素的限制，但是中国一直将其作为对外关系的重要发展对象，尤其是近年来中国开展的“全面外交”战略中，拉丁美洲地区的重要性不言而喻。通

① 2015 年智利中国文化年绽放“华艺新颜”［EB/OL］. 新华网，http：//news. xinhuanet. com/2015 -01/05/c_ 1113883534. htm，2015 -01 -05.

② 中国“智利文化周”在上海揭幕［EB/OL］. 中国新闻网，http：//www. chinanews. com/df/2015/08 -23/7483951. shtml，2015 -08 -23.

③ 暨大华文学院与厄瓜多尔代表洽谈汉语教师合作项目［EB/OL］. 美洲经贸合作网，http：//www. china -latin. com/html/china -latin2013/report/16110042 -1. htm，2016 -11 -03.

④ 冯烁. 拉美地区孔子学院发展现状与存在问题初探［J］. 长江丛刊，2016（18）.

过以上的介绍与论述可见，中国与拉丁美洲不同国家有着良好的经贸、投资以及文化交流与合作历史和经验，这些可以作为中国与其他拉丁美洲国家和整个拉丁美洲地区在尊重和遵循不同国家特点的前提下继续深化合作关系的样板，亦可作为促进中—拉整体合作的有益补充，反之亦然。中—拉整体合作也将作为中国与不同拉丁美洲国家开展双边合作的重要基础与后盾。未来中国与拉丁美洲地区可以在坚持平等相待的合作原则的基础上，加强对话、凝聚共识，双边多边共举，求同存异，不断夯实中拉建立全面合作伙伴关系的政治基础，培育更多更新的合作增长点，实现互利双赢的合作目标。

国会大选后的委内瑞拉形势与中国的对策

黄　忠*

对于陷入发展困境的委内瑞拉而言，2015年12月6日举行的国会大选无疑是该国进入21世纪后在发展过程中的一次分水岭。此前，执政党联盟绝对控制着国家政局。而在这之后，反对党开始与执政党分庭抗礼，并且能够主动提出某些议题，影响国家局势。

一、委内瑞拉国内整体形势

在国会大选中，反对党获得了167个席位中的112席，执政党统一社会主义党只得到55个席位，反对党近16年来首次赢得了对国会的控制权。而反对党对国会3/5以上席位的控制，也意味着他们拥有了从释放政治犯、批准财政预算，到召集修宪会议、起草新宪法并通过全民公投提出宪法修改案，甚至罢免总统或者部长职位等诸多重要权力。

尽管如此，执政党还是控制着国家的司法部门法院，可以通过宣布国会新制定的法律违宪来限制反对党的行动，所以短期内反对党尚难以从根本上改变委内瑞拉国家政策的导向。自控制国会以来，反对党在封锁政府政策和设置议程方面遭遇了多次失败，但最终被最高法院否决。此外，短期内军方发动政变的可能性也不大，原因除了现政府一直在投其所好之外，他们对反对党本身也没有好感。

但这并不表明反对党处于无所作为的状态。2016年以来，反对党一直尝试征集民众签名，企图以罢免公投的方式让马杜罗下台。6月10日，委内瑞拉国

* 黄忠：广东外语外贸大学加拿大研究中心研究人员、博士。

家选举委员会确认反对党5月初提交的195.7万个签名中有135.2万个符合规定。而按照委内瑞拉《宪法》，反对派只需征集到20万个有效签名就可以启动公投程序。对此，执政党指责其为反对党除了“经济战”外在国家发动的又一场“政治阴谋”，他们会不惜到最高法院阻止公投。

根据委内瑞拉《宪法》，在国家选举委员会审核完反对派提交的签名之后，签名者还需要到指定地点做指纹验证，才能完成启动公投的第一个环节。而在这之后，反对派仍需征集齐400万个有效签名才能够确定国家公投具体时间。可以这样说，尽管离正式的罢免公投尚有一段程序和时间，但它已经对马杜罗的总统职位造成了威胁。面对这种势不两立的对峙局势，拉丁美洲地区诸多国家的组织和政府态度各异。阿根廷、智利、哥伦比亚和乌拉圭最近发布了一份联合声明，要求马杜罗接受罢免公投，也有一些国家则试图调解两者之间的矛盾。7月21日，南美国家联盟秘书长桑柏说委内瑞拉政府和反对党已经同意让梵蒂冈协助调解他们的政治纷争。

国家经济形势持续恶化。首先表现为油价和石油产量的持续低迷。委内瑞拉2014年的油价平均为88美元/桶，2015年为55.3美元/桶，但2016年上半年仅为31.15美元/桶。2009年，委内瑞拉原油日产量为300万桶，但2016年6月已经跌至215万桶，处于2013年12月以来的历史最低点，且短期内难以恢复。委内瑞拉国营石油公司（PVDSA）在7月3日的一份报告中说，2015年该国的石油收入暴跌40.7%。其中该公司的收入从2014年的1219亿美元降至2015年的722亿美元，净利则只有73亿美元。这对于严重依赖石油出口换取外汇、支付债务并购买生活日用品的委内瑞拉而言，无异于釜底抽薪。可以预计，其社会消费和私人投资会继续低迷，国民经济发展不良的基本面难以改变。

EIU预测委内瑞拉个人消费将会在2015年萎缩7.8%的基础上，再度下降21.6%。国际货币基金组织预测其经济将会缩水10%，经历十年来最大的衰退，通货膨胀甚至可能会达到700%。世界银行对委内瑞拉的经济发展同样持悲观态度，预测其经济会下降10.1%。委内瑞拉外汇储备从两年前的200亿美元缩减为目前的119亿美元，债务违约的风险进一步加大。7月18日，西班牙《国家报》说，委内瑞拉近半年来抛售了131亿吨黄金以偿还外债，占2015年全年储备量的36%。

委内瑞拉有将近80%的物资面临短缺，许多工厂无法正常开工，诸多跨国公司纷纷撤离该国。2016年上半年，委内瑞拉国内车辆的生产数量为1550辆，平均每天少于10辆，相对于2015年同期的10922辆下降了86%。7月9日，美国大型纸品公司金百利克拉克宣布全面暂停在委内瑞拉的业务运作。作为反制措施，7月11日，委内瑞拉政府宣布该停业违法，自己直接将企业接管。

由于食品和药品严重短缺，委内瑞拉政府不得不于7月的连续两个周日开放已经封闭的与哥伦比亚的边界，以便民众可以跨界去该国购买生活必需品。与之相伴随的是，委内瑞拉全国范围内抗议、集体公开抢劫等事件同比明显增多，仅2016年1月到2月中旬，全国就爆发757起抗议事件，并发生32起公开抢劫（包括未遂）事件。

经济的困难加上动荡的政治局势，导致公众对政府的失望与日俱增。2016年7月的一份民意调查显示，77%的委内瑞拉公民希望马杜罗离任。而之前，中国国务院侨办6月的消息说，许多华人商铺遭遇哄抢和打砸，已有大约2万名华人选择离开委内瑞拉。

为了应对这种不利局势，马杜罗于7月13日宣布再次延长1月开始的旨在加强国家对经济控制的“经济紧急状态”法案60天，并让军方接管港口以保障物资供应，稳定人心。可以这样说，委内瑞拉国家军事化的倾向越来越严重。

二、对中国的影响与对策

委内瑞拉已探明的石油储量居世界之最，拥有大量石油的委内瑞拉未来必定会成为大国博弈的焦点之一。无论其局势发展怎样，中国都无法采取置身事外和放弃的政策。

就目前而言，中国对委内瑞拉的政策取决于它的发展情况，而后者又取决于国际油价的恢复程度和国内治理的有序程度。在查韦斯执政期间，国际油价一直攀升，且居高位，所以执政党有着足够的经济实力，并利用查韦斯的个人声望来实施自己在国内的高福利政策。但现在，相对于2014年，石油价格的下跌导致委内瑞拉基本收入下降了60%以上。在这种情况下，马杜罗不可能拥有足够的资金实施“21世纪社会主义”计划，再加上马杜罗本人并没有查韦斯那样的人格魅力和执政能力，委内瑞拉以往被掩盖的种种国内治理问题自然就会随之变得突出，呈现出更多乱象。因此，委内瑞拉经济政治局势更加衰败应该在意料之中。就未来而言，大选后的委内瑞拉对中国的影响主要体现在信贷、直接投资以及对自身整体外交的影响方面，其具体内容主要对策如下：

1. 对信贷投资的影响与对策

在信贷投资方面，2007年以来，中国已对委内瑞拉的信贷超过650亿美元，成为该国最大的债主，其中约有350亿美元尚未回收。目前，委内瑞拉96%的外汇储备来自石油出口，该国对华合作的主要方式是也是以石油换贷款，这意味着

石油的价格与委内瑞拉石油的真实产量决定了中国实现信贷投资收益的速度。据EIU预测，直到2018～2020年，石油价格才有可能缓慢反弹，且不太可能回归到2014年之前上百美元的高价位。与此同时，反对派对国会的控制也会对现政府的高福利政策形成一定制约。这两种情况结合起来导致的结果就是，马杜罗政权的财政紧张情况在短期内难以改善。不仅如此，委内瑞拉国内各种问题与矛盾重重，缺乏投资的委内瑞拉石油产量暂时也不可能有大幅提升，这一切都决定了中国快速收回信贷投资的可能性不大。

委内瑞拉当前的债务问题是流动性危机而非偿付性危机，就长远而言，不存在没有能力偿还的可能。在这之前，委内瑞拉一直承认对中国的债务，也从未违约过。从目前的情况来看，只要不出现大的意外，执政党政权都将完成此届任期，直至2019年新总统就任。在此期间，其外交路线不会有大的反复，重视对华关系、加强对华经贸合作，必定还会是其外交政策的优先选择。即便出现反对党上台的情况，他们鼓励私有化和自由市场经济，欢迎外来投资，也未必不符合中国利益。因此，中国没有必要对委内瑞拉的债务违约问题过于敏感，匆忙采取威逼索债政策。只要有足够耐心，和委内瑞拉社会各界加强沟通，帮助政府解决困难，并适时提出有利于该国发展的政策建议，从长远来看，应该能够赢得丰厚回报。

不仅如此，当前委内瑞拉对华外交的主要目标还是寻求金融支持，缓解严峻的货币流通压力并防止出现国际债务违约情况，因此，未来几年不排除委内瑞拉政府还会向中国提出大规模借贷的情况。在此情况下，中国应该给予委内瑞拉合理帮助。在支持力度上，应该以维持委内瑞拉政权正常运转，防止国家经济崩溃，保证其国内局势基本稳定为最高界限，不能对其过高的社会福利政策开空白支票。

除了石油外，委内瑞拉境内天然气、铁矿石、煤、黄金和铀等资源也很丰富。目前，委内瑞拉虽然石油出口陷入低迷，但是非石油产品（包括钢、铝、花岗岩、可可豆、芝麻、椰子和对虾等）的出口却大幅增加，仅2015年的前八个月委内瑞拉政府就从中获益40亿美元。中国可以考虑根据委内瑞拉实际情况实行以非石油产品换贷款的计划，一方面帮助委内瑞拉缓解经济困难，同时弥补国内不足，另一方面也能提升信贷资金的收益，降低投资风险。

鉴于委内瑞拉的贷款对象不止中国一家，中国可以考虑与其他债权国以联合借贷、利益分享与责任共担的方式对委内瑞拉实施新的贷款资助计划。

此外，中国可以考虑要求委方将从中国新借的贷款优先用于更新石油基础设施、扩大石油生产。中国甚至可以考虑将委内瑞拉的一部分债务转化为对该国一些行业的投资股份，谋求长远收益。这既有助于委内瑞拉降低自身国际债务违约的风险，也有助于中国回收投资，获取更多潜在利润。

2. 对中国直接投资的影响与对策

在 2015 全球营商环境排行表中，委内瑞拉名列第 182 位，在拉丁美洲地区倒数第一。严重的腐败、糟糕的社会治安、居高不下的通货膨胀、极度的外汇短缺以及原材料和日常生活用品供应不足等诸多因素决定了中资企业暂时不合适大规模在委内瑞拉投资建厂，并进行大规模基础设施建设。目前，可行的措施是考虑在委内瑞拉设立的特定经济区内，用特殊的经济社会政策让中资企业在其中获得发展，一方面服务委内瑞拉国内需要，另一方面辐射拉丁美洲其他国家，甚至美国和加拿大。

尽管当前委内瑞拉的确在计划实施大规模交通基础设施建设，但其资金来源是否有保障很值得怀疑，而在此之前也出现过中国承建的委内瑞拉高铁工程“烂尾”的情况。不仅如此，中国对委内瑞拉基层的经济政策、法律制度以及风土人情的基本情况缺乏足够的了解，因此建议谨慎进入这一行业。相关投资建设工作也应该保证能够在委内瑞拉中央政府直接控制的范围和区域内进行，避免引起不必要的纠纷。

在“一带一路”战略在委内瑞拉如何实施的问题上，由于当前该战略主要聚焦于建设亚欧大陆，在拉丁美洲地区如何操作尚没有被提上议事日程（仅有类似的“两洋铁路”处于基础论证阶段），加上委内瑞拉当前投资环境并不好，所以不建议中国匆忙对委内瑞拉提出相应的计划。

委内瑞拉资源禀赋较好，但基本经济情况落后，如果要实现现代化就必须加大投资力度，投资潜力较大。随着反对派势力的逐渐壮大，委内瑞拉未来的投资环境也有可能得到优化，因此可以对“一带一路”在委内瑞拉实施的远景持谨慎乐观的态度。

按照“一带一路”在“政策沟通、设施联通、贸易畅通、资金融通与民心相通”五大方面的要求来看，中国目前对委内瑞拉直接投资工作的重点应该在于：多在委内瑞拉做实际调研工作，尽可能地了解潜在投资价值点；多帮助委内瑞拉提升基础设施服务水平，比如技术转让和管理培训；多加强与委内瑞拉基层社会的联系，在他们中间打造中资企业的积极形象；多关心当地华人华侨，使之成为塑造中国正面形象的中坚力量。

另外值得注意的是，俄罗斯近年来一直加大对委内瑞拉石油的投资力度，其中天然气石油公司与委内瑞拉国营石油公司的联合企业在 2015 年获利超过了 8.3 亿美元。对此，中国也可参考相关经验，在委内瑞拉的不利局势中发现新的投资机遇。

3. 对中国整体外交的影响与对策

最近一年来，随着美古关系的缓和、阿根廷亲美派总统马克里的上台、巴西

罗塞夫总统遭弹劾程序启动以及委内瑞拉右翼在议会大选中获胜，可以说拉丁美洲左翼运动再次陷入低潮，而美国则相应巩固了自己的区域霸权地位。这对中国的虽然影响不大，但我们应从中吸取经验教训，尤其要防止出现盲目对拉丁美洲输出社会主义革命的冲动。在对待委内瑞拉的问题上，中国也应当如此，不介入委内瑞拉的内部政治纷争，只寻求在国家层面规范两者之间的全面战略伙伴关系。

尽管马杜罗政府明确自己走“社会主义路线”，和中国处于同一意识形态阵营，但中国不能从这一角度考虑对委内瑞拉的政策。首先，执政党能否安然度过全民公投这一关尚存在某些不确定性。如果公投于 2017 年 1 月 10 日之前进行，马杜罗就有可能被罢免，而之后 30 天内举行的新选举将极有可能产生一名反对党总统。此外，如果公投于 1 月 10 日之后举办，且马杜罗被罢免，同为执政党阵营的副总统伊斯图里斯将代行总统职务，2018 年再举行新的总统选举，而那时反对派上台的可能性也很大。其次，如果执政党治下的委内瑞拉出现经济崩溃的情况，不能排除域外势力会在暗中支持反对派，并联合委内瑞拉军方，以政变方式结束其统治的可能性。最后，委内瑞拉反对派的上台对中国而言可能还是一件好事。因此，中国应继续按照国际法和公认的国际准则，以国家对国家的态度处理与委内瑞拉的关系，不可以也没有必要在委内瑞拉政治对峙中采取站队政策，刻意表现出从意识形态上支持委内瑞拉现政权的倾向。温和的中立方针，应该能够保证中国在委内瑞拉的党派纷争中保持超脱地位，充分实现国家利益。

在国际形象方面，出于意识形态方面的原因，目前西方媒体对中国在经济上支持委内瑞拉有着诸多不满。反对党在此次国会选举中获胜，及其对政府咄咄逼人的攻势，乃至整个拉丁美洲政坛“右转”倾向的出现，可能会导致中国在这个问题上面临更为不利的舆论环境，中国对此应当有充分的心理准备。在对外舆论公关中，中国应多强调自己发展中委关系与意识形态无关。此外，对于舆论对中国投资风险的担忧，也应做出恰当解释。

浅探中国国家形象在智利的建构路径

陈　星*

引　言

新华社总编辑何平先生在为胡晓明的《国家形象》一书所作的序言中写道："形象，对于一个国家而言，如同对一个人一样，是很要紧的。良好的国家形象，是一种无形的力量，是吸引力、感召力和影响力。"进入21世纪以来，世界格局发生了巨大变化，政治多极化，经济全球化，各个国家或地区之间经济、政治、文化的交流日益加深，任何国家都不可能独立而封闭地存在。一个国家要在错综复杂的世界关系网中立足，国家形象的影响力显得越来越重要。良好的国家形象有助于提升一个国家在国际舞台上的地位和信誉度，为国家的繁荣发展搭建健康的国际平台和环境。因此，在和平与发展成为时代主题的今天，国家形象的建构和软实力外交开始成为新时期的国际关系热点，越来越多的国家将国家形象塑造摆到了外交战略的高度。

实行改革开放和确立社会主义市场经济后，中国经济得到了快速发展，综合国力日渐强大，中国在世界市场和世界舞台绽放光芒，这对中国而言既是机遇亦是挑战。一方面，中国的声音越来越受到世界的重视，在世界性组织和机构拥有了绝对的发言权；另一方面，诋毁和压制中国的声音不绝于耳，"中国威胁论"和"中国新殖民主义论"严重破坏和扭曲了中国的国家形象。因此，中国迫切需要让世界看到一个真实的中国，塑造积极、健康的国家形象，构建一个与世界和谐对话的话语体系。

---

* 陈星：广东外语外贸大学西语学院葡萄牙语系主任、讲师，在读博士。

一、中拉与中智关系

中国与拉丁美洲的关系决定了中国对拉丁美洲的战略部署，直接影响了在拉丁美洲建构中国形象的路径。

1. 中拉关系

拉丁美洲是与中国相距最遥远的地区，在政治体制、社会制度、自然地理条件、文化背景等方面均存在较大差异，而且受到美国的干扰，两个地区的关系发展起步较晚，直到20世纪70年代中国才逐步与拉丁美洲一些国家建立起了外交关系。实际上，中国和拉丁美洲地区存在优势互补的天然合作基础。2014年7月，中国国家主席习近平在拉丁美洲访问期间将中国与拉丁美洲的关系描述成“命运共同体”。近年来，中国政府通过积极发展与拉丁美洲国家的双边互访交流、扩展与拉丁美洲区域组织之间的合作对话平台等措施，与拉丁美洲各国以及主要的一体化组织之间保持着密切的外交关系。自21世纪初以来，中国和拉丁美洲的双边贸易关系呈指数级增长。2000年中拉贸易额为126亿美元，2014年激增至2600多亿美元。2015年1月中国宣布，未来十年内对拉丁美洲地区的直接投资将达到2500亿美元，中拉之间每年双边贸易额有望达到5000亿美元。

外交学院国际关系研究所博士、环球网特约评论员邵鹏鸣曾发表评论员文章表示：“中拉双方具有良好的政治基础和经济合作意愿，中国对拉丁美洲国家的经济外交战略，既符合中拉双方当前本国经济发展的现实要求，也符合全球经济发展的基本规律，不仅造福于中拉两方的人民，而且有益于世界经济的发展。”

2. 中智关系

“中国和智利间的联系可以追溯到150年前。当时，中国移民进入智利北部，开始了频繁的贸易往来。45年来，中智关系进入高潮，建立起重要的贸易网络。谨慎和互惠成为两国关系得以延续的基础。”1970年12月15日，中国与智利为进一步推动两国关系的发展，在巴黎签署联合声明正式建交，距今已有46年的历史。智利参议院议长在为《从安第斯山到万里长城（智中建交45周年）》一书的致辞中说道：

“这段时间也是中国对国际、拉丁美洲，尤其是对我国（智利）政治和经济影响力不断增长的时期。几年来，这个亚洲巨人已成为智利第一大贸易伙伴，这也是近几年持续构建的各种密切交流网络中最突出的一点。

对我们（智利）而言，同中国建立外交关系彰显了智利国际政策一贯的责任感和民间友谊。中国政府透过对双边关系中的‘四个第一’表达了对这一态度的认可。智利通过实际行动，在1970年承认中华人民共和国，成为南美洲首个承认中国的国家；在1999年成为支持中国加入世界贸易组织的首个南美国家；在2004年成为承认中国市场经济地位的首个拉丁美洲国家；在2005年成为与中国签订自由贸易协定的首个西方国家。”

二、在智利建构中国形象的路径

中国国家形象主要是通过官方和民间两种途径建构的，是借助政治、经济和文化活动塑造起来的。其中，政府意志起决定作用，非官方路径是有效且有活力的补充。

1. 政治路径

政治层面主要体现在国家高层的国事访问、国家机构的交流合作和国际援助等方面。

中国和智利建交46年来，两国关系发展顺利，双方高层接触频繁。自20世纪90年代以来，中国多位领导人先后赴智利访问：前国家主席杨尚昆（1990年5月）、前政协主席李瑞环（1995年6月）、前国务院副总理朱镕基（1996年1月）、前国务院总理李鹏（1996年11月）、前国务院副总理李岚清（1997年5月）、前国家主席江泽民（2001年4月）、前国务院副总理回良玉（2004年4月）、前国家主席胡锦涛（2004年11月）、前委员长吴邦国（2006年9月）、前中共中央政治局常委吴官正（2007年4月）、前国务委员刘延东（2010年12月）、前国家副主席习近平（2011年6月）、前副委员长王兆国（2012年3月）、前国务院总理温家宝（2012年6月）、现任国家主席习近平特使以及交通运输部部长杨传堂（2014年3月）和现总理李克强（2015年5月）。进入21世纪以来，中国国家领导人更频繁地到智利进行国事访问，充分体现了我国对智利的重视和对发展中智战略伙伴关系的决心，为双方合作迎来更多新机遇；访问期间，中国领导人良好的形象推动了政治活动的进程，提升中国在智利和智利民众心目中的形象，获得了社会公众的认可。

1988年中智两国建立外交部间政治磋商制度，迄今已举行13次磋商；2006年两国建立中智议会政治对话委员会，迄今已举行近九次会议。目前两国有15对友好省市关系。中国通过这些交流活动发出了友好的信号，传播和塑造了积极正面的国家形象。

对智利的援助也是我国对智利外交政策的重要组成部分。比如，中智建交后不久，1972 年我国政府向智利阿连德政府提供 2000 万英镑的长期无息贷款和食品等物质援助。从 20 世纪 80 年代起，我国对智利的援助逐步向技术援助转型，如签署了《中智科学技术合作协定》、《中智植物检疫合作备忘录》、《中智地质学科技合作谅解备忘录》等。另外，2010 年 2 月智利中南部发生严重地震；2015 年 3 月智利北部遭受历史性罕见的强降雨袭击，洪水灾害严重，通信、供水供电中断；2015 年 9 月智利中北部第四大区发生 8.4 级强烈地震，波及全国大部分地区。当这些灾害发生时，中国政府都在第一时间向智利政府提供紧急人道主义现汇援助，以表达中国政府和人民对智利政府和人民的慰问与支持。通过这些援助行为，智利政府和人民看到了中国的担当，加深了对中国的友谊，认为中国是可以依靠和信赖的朋友。

2. 经济路径

中智经贸合作发展顺利。智利是第一个就中国加入世界贸易组织与中国签署双边协议、承认中国完全市场经济地位、同中国签署双边自由贸易协定的拉丁美洲国家。两国建有政府间经贸混委会，迄今已举行 20 次会议。近年来，双边经贸关系保持快速增长势头。据中国海关统计，2015 年双边贸易额 318.85 亿美元，其中中方出口 132.91 亿美元，进口 185.94 亿美元，同比分别增长 -6.4%、2.1% 和 -11.6%。2016 年 1~5 月双边贸易额为 127.71 亿美元，其中中方出口 47.33 亿美元，进口 80.38 亿美元，同比分别增长 -5.6%、-7.5% 和 -4.4%。目前，中国是智利全球第一大贸易伙伴、第一大出口目的地国和第一大进口来源国，智利是中国在拉丁美洲第三大贸易伙伴和进口铜的最大供应国。两国健康稳定的经贸合作表示中国在经济上充满了活力，尤其是与智利在经济上能够精诚合作、互惠互利、共同发展，是智利不可或缺的合作伙伴。

中国产品的形象是中国国家形象的重要组成部分，而且能更迅速、更直接地进入当地民众的视野。良好的产品品牌形象直接加深了民众对国家的好感。中国十分注重在智利打造中国品牌的形象，如汽车、通信科技行业等。据智利 GEO RESEARCH 咨询公司统计，自 2007 年起中国制造汽车开始在智利市场蓬勃发展。2007~2014 年中国品牌汽车数量达到了 5.4 万辆。其中，排名前三位的为奇瑞、长城和比亚迪，所占市场份额达 52.8%。智利最大的报纸《信使报》2014 年 8 月 20 日发表长篇车评，对中国汽车品牌在智利市场的情况进行了一一点评。中国汽车制造商采取了正确的营销策略，“同价竞争，以配置取胜”，使中国汽车顺利进入智利市场；而后，也推出了不少中国的小型、简装和低价车，“也正因如此，才使很多智利人平生拥有了第一辆属于自己的汽车”。今天，大多数中国汽车品牌在智利拥有良好的口碑。智利知名汽车代理商 Cidef 公司总经理冈莎罗说，中国高端品牌汽车均重视零部件质量，虽然在中国组装，但零部件来自全球，如博世燃油喷射系统、江森自控内控系统、标致雪铁龙和三菱的发动机等，舒适、安全和性能完美组合，质量和价格匹配①。

华为2007年进入智利市场，主打产品为宽带调制解调器，目前市场份额已占到智利市场的95%。2015年华为智能手机销量在智利位居第三，销售份额占到智利手机销售总量的10%左右。华为努力塑造品牌形象，选择贴近拉丁美洲消费者生活的宣传模式，通过足球营销和赞助活动传递品牌的价值。在智利，足球明星桑切斯为其代言人，他手捧华为手机、脚踩足球的桑巴舞步，吸引了众多年轻消费人群的竞相模仿，华为品牌的知名度迅速上升。

随着中国与智利自由贸易协定的签署，越来越多的智利公民到中国进行商务考察或开展贸易活动，很多人在初次到中国后印象深刻。而且，自2015年7月1日起两国互免签证手续费用，很大程度上推动了旅游业的发展，中国成为智利人最青睐的旅游目的地之一。中国的异域风情和人文环境深深地吸引了智利游客，他们近距离地接触和了解了中国后，完全改变了通过媒体报道或道听途说建立起来的中国印象。

3. 文化路径

文化外交是国家形象建构的重要途径之一。文化外交是指“由国家、地区政府或非政府组织等通过文化的传播、人员的互访、艺术的表达形式，来促进国家之间、地区之间以及人民之间的相互了解与信任，并以此达到本国的国际战略目标，从而提升本国形象的一种独特的外交方式”。积极、有效地开展文化外交活动有利于提升国家形象。

智利是最早同新中国开展民间交往的拉丁美洲国家，早在1952年，著名政治家阿连德、诗人聂鲁达和画家文图勒利便发起创建拉丁美洲最早的民间对华友好组织“智利中国文化协会”。现在，每年都有中国优秀的艺术团体去智利巡演，受到智利观众热烈欢迎。如2016年7月中国曲艺协会代表团访问智利，与当地艺术家开展文化交流与艺术展示活动，弘扬了中华文化，增进了中智两国的民间友谊与文化交流。

随着中国经济实力和国际地位的提升，加之近年来中智战略合作关系的深入发展，了解中国文化日益被智利人视为时尚潮流，“汉语热”在智利持续升温。目前中国国家汉办同智利圣托马斯大学和天主教大学在智利建有两所孔子学院。2014年5月，孔子学院拉丁美洲中心在智利首都圣地亚哥正式揭牌，成为继孔子

---

① 引自中国驻智利经商参处调研报告［EB/OL］. http://www.mofcom.gov.cn/article/i/jyjl/l/201408/20140800711765.shtml.

学院美国中心后设立的第二个海外地区中心。这充分说明了中国极度重视在拉丁美洲，尤其是在智利的文化传播，正在大力弘扬中华文化，提升中国在智利的国家形象。

2012 年 11 月，中国国家留学基金管理委员会在智利举办了“中国教育展”，并与智利国家科学技术委员会签署了《中国国家留学基金管理委员会与智利国家科学技术委员会国际合作谅解备忘录》，并成立了中智大学校长论坛，推动了两国高等教育的发展，丰富了双边友好合作关系。中智两国政府互换奖学金也吸引了更多的智利年轻人了解中国，学习中国文化。

2007 年 10 月 1 日，中国中央电视台开办了西班牙语电视频道，新华网、人民网等官方媒体也陆续推出了西班牙语版，通过丰富的报道形式，客观、公正、及时、准确地报道中国和国际范围的新闻事件，展现当代中国的政治、经济、文化和社会的发展成就，成为西班牙语世界了解中国的窗口，也成为中国塑造自身形象的平台。

另外，智利的华人华侨及华人团体对塑造和提升中国国家形象做出了不可忽视的贡献。他们一方面在各个经济领域勤勤恳恳地工作，从事餐饮、商业、矿业和旅游业，对智利的发展起着重要的作用，获得了智利同胞的认可和尊重；另一方面，他们是连接中国和智利的桥梁和纽带，积极推动两国，尤其是民间的经贸与文化往来。

三、在智利建构中国国家形象的挑战与建议

首先，因地缘关系和曾属西班牙殖民地，智利在语言、文化和宗教上更加亲近西方，对中国形象的塑造和传播形成了阻碍。因此，第一，需要培养既精通语言，又熟悉当地文化、法律法规等的人才，为中国和中国企业“走出去”提供指引；中国和智利在渔业、畜牧业、矿业方面有良好的合作基础和发展前景，因此需要大批精通语言的专业技术人员推动合作继续深入进行。第二，鼓励国人“走出去”，作为中国文明的使者，宣传中华民族的传统文化。第三，继续发挥孔子学院和当地华人华侨社团的宣传和纽带作用。第四，欢迎和支持智利学者到中国访问和学习，让他们感受中华文化的魅力。

其次，境外媒体的报道还是世界了解中国的主要途径。然而，受国家战略和政治集团利益的影响，这些报道难免不够客观或经过了二次塑造。因此，我们要及时而准确地捕捉有失偏颇的信息，通过外交途径或中国媒体把准确的信息传达

出去。同时，中国应争取在智利设置新闻报道制作和处理机构，依赖我国自身的对外传播媒体加强国家形象的塑造，使智利民众成为直接受众。

再次，由于现实国情、文化传统的特殊性，中国国家形象的传播基本上是基于政府指令下的对外宣传。官方宣传往往严肃有余、活泼不足，容易引起民众的反感。因此，一方面，官方媒体要以更亲切轻松的话语体系和报道形式宣传中国积极健康的国家形象，尽量淡化政治色彩；另一方面，要充分利用非官方的渠道和新兴媒介传递中国声音和中国形象。积极举办高层次的文化艺术节、博览会、体育盛事、国际研讨会等文化和学术活动，更好地利用微博等社交平台，利用视频、图片等生动的表现形式传播中国形象。

最后，中国与智利民间文化交往以艺术团体的交流为主，形式较为单一。文化传播不应该仅局限在简单的文化符号和文化产品，我们应该更加注重建立中国的文化品牌，大力推广中国传统价值观念、生活方式和人文情怀，使文化外交成为在智利建构中国国家形象的强大推动力。

四、结语

中国与智利是战略合作伙伴关系，在智利建构良好的中国国家形象是中国国家战略的要求。国家形象的海外建构是一个长期的、曲折的、复杂的工程，涉及国家的方方面面。中国通过自上而下的模式，通过政治、经济和文化活动，让智利更加了解中国，加深两国的友谊，提升中国在智利的国家形象。在建构过程中要充分尊重两国文化差异，避免造成文化冲突，有针对性地制定中国国家形象在智利的建构路径，努力塑造与中国国际地位和中智关系相称的国家形象。

参考文献

[1] 胡晓明．国家形象［M］．北京：人民出版社，2011.

[2] 智利国会图书馆亚太计划组．从安第斯山到万里长城（智中建交45周年）［M］．智利国会图书馆，2015.

[3] 中华人民共和国外交部网站，http：//www.fmprc.gov.cn/web/gjhdq_676201/gj_676203/nmz_680924/1206_681216/sbgx_681220/t8019.shtml.

[4] 中华人民共和国商务部网站，http：//www.mofcom.gov.cn/article/i/jyjl/l/201408/20140800706597.shtm.

[5] 王新．文化外交视角下中国国家形象的构建［J］．长江论坛，2014（3）.

19 世纪巴西媒体构建的中国移民形象：“中国人”镜像中的“巴西人”

杨　菁*

相比当下中国、巴西两国政治经济交往的密切程度，两国间的文化研究交流是相对滞后的。巴西学者已经开始关注中国在巴西的形象问题，我国研究者对于巴西的中国形象的研究却几乎是个空白。虽然文化研究并非关乎国家政治经济命脉的主命题，但关于对方国的文化认知无疑对两国间各层级、各领域的跨文化交际都有着深刻影响。本文旨在探究中国人在巴西的早期形象及其成因，这是笔者对于巴西的中国形象研究的阶段性成果，亦是研究的原点和基点。

跨文化交际学认为，文化身份既有继承性亦有创新性。要解构现代跨文化交际中巴西人眼中的中国形象，首先应当溯源而上，了解在巴西独特的文化沃土中，中国的文化身份是如何开始生根发芽的。这一源头参与并影响了传统的、被强加的、假想的中国形象的生产，并由社会进行持续的构建，形成代代相传的文化资源。后现代的、批判的观点假设西方的中国观是西方文化的表述，自身构成或创造着意义，无所谓客观的知识，也无所谓真实或虚构。基于这一理论观点，本文尝试对 19 世纪巴西社会文化环境下早期中国文化身份的结构、生产与分配过程进行研读，并进一步探索构建这一身份的文化资源所折射出的巴西民族的文化根源，并不试图辨析 19 世纪中国在巴西的形象的真伪。

本文分为三个部分，首先对 1500 年至 19 世纪末巴西的发展历史以及巴西的早期中国移民史进行纵向梳理，确立巴西的中国形象的起点，其次解读 19 世纪巴西独有的政治社会环境下媒体构建的中国人形象，最后以巴西文化根源为据，剖析这一形象折射出的巴西人所希冀构建的自身文化身份。

反本质主义理论视阈下的文化是一种社会力量，它与社会一样，是复杂的、不能被简单定义的。文化可以与某一价值观相连，也可以与任何时期的任何类型

---

* 杨菁：广东外语外贸大学西语学院葡萄牙语系讲师，澳门大学在读博士。

或者规模的群体相连，不受国籍或国别的限制。因此本文所探讨的“中国”、“巴西”、“葡萄牙”等名词均指相应的地理范畴占据主导位置的文化族群，并不涉及政治学领域的国家概念。

一、殖民地经济与资本主义经济：奴隶制废除与苦力（Coolie）

1500 年葡萄牙航海家 Pedro álvares Cabral 抵达巴西。30 年后 Martim Afonso de Sousa 受葡萄牙国王任命率船队远征巴西，这被史学家认为是葡萄牙向巴西正式移民的开始。在葡萄牙王室眼里，美洲这块广阔而富饶的土地是他们海外探索传统的又一胜利成果，是为国内创造巨额财富的来源；对于迁居葡属美洲领地的葡萄牙移民及其后裔而言，这块被后世命名为巴西的国土则是他们追求“不付出代价的繁荣、荣誉头衔、唾手可得的地位和财富”的跳板。与欧洲其他殖民者不同，葡萄牙“皇室通过分封制将葡属美洲分封给了皇室成员、显贵、富商和其他权势人物，从而产生了巴西历史上所谓的份地制（Sesmarias）”，庄园主们凭借分封制获得的大块土地，在葡属美洲领地迅速复制起殖民地经济生产模式，形成大范围规模化的单一的经济作物种植以进行财富积累。

然而进入 19 世纪，在欧洲所引领的世界范围内的变革大潮之下，葡属美洲传统的社会制度及殖民地经济受到前所未有的冲击。因拿破仑入侵葡萄牙，1808 年葡萄牙女王玛丽亚一世携王室贵族和政府迁往巴西。1821 年葡萄牙皇室返回欧洲后，葡萄牙亲王佩德罗一世亲自打破了葡萄牙与巴西之间宗主国与殖民地的相互关系，建立起巴西第一个君主立宪制国家。1861 ~ 1867 年反击法国人的战争以及 1864 ~ 1870 年的巴拉圭战争进一步催化了社会及意识形态的变革。1889 年，巴西军人 Manuel Deodoro da Fonseca 参与巴西共和政变，推翻帝制，废黜佩德罗二世，成立巴西第一共和国，任共和国首任总统，巴西近代化改革之路由此开始。

有记录的中国移民第一次进入巴西发生在风云变幻的 19 世纪之初。1807 年巴西有了最早关于中国劳工，他们称之为苦力“Coolie”，取代非洲黑奴工作的可能性的讨论。这种未雨绸缪的准备使得 1812 年若昂五世签署了输入 2000 名中国劳工的许可，事实上第一批抵达巴西的中国劳工大约只有 300 名。他们被送到了位于里约热内卢的圣克鲁斯（Santa Cruz）的皇家农庄以及里约植物园从事茶叶种植工作。这是第一批旅巴的自由工作者，然而由于对气候、生活环境及工作条

件等各种因素的不适应，他们中的一些人返回了中国，其余的选择了留在巴西，有的进入里约烟花厂工作，有的成了街头小贩。这一时期的中国移民并未在巴西历史上留下太多的文字记录。他们的数量、他们所处的社会阶层以及他们所从事的工作都不属于巴西精英阶层的关注范畴。

1850 年是一个重要的年份，这一年禁止贩卖非洲奴隶的《欧塞比奥·德·凯罗斯法》（*Lei Eusébio de Queirós*）在巴西颁布，中国移民作为最可能的黑人奴隶劳动力的替代者而被卷入这场巴西政治风暴中。“当时的巴西政商上层社会预测到涌入的移民在社会变革中将产生重要影响，他们的国家将要么因欧洲移民的到来而进入更高的文明化进程，要么被来自亚洲的移民‘去非洲化’。在这一过程中，由于中国人的加入，19 世纪的政治家们就这些来自亚洲的劳动者是否能够融入巴西社会，以及将以怎样的形式进入巴西社会进行了持续几十年的论证”。

有理由相信，在中国移民进入巴西之前，巴西这块新大陆并未对这个遥远的东方国家的形象进行基于本土传统的创造性转化。有关中国的印象是片段的、传承于宗主国及其他欧洲国家具有宰制意义的描述。一方面，19 世纪之前巴西作为附庸宗主国的殖民领地，从未以独立国家的身份与中国政府建立国家间的联系，遥远的地理距离亦阻隔了民间交流；另一方面，葡皇室迁都里约热内卢之前，巴西印刷业被人为压制，葡属美洲所有的书籍只能从欧洲运入，亦无任何大众媒体介质的存在，这使得 19 世纪之前当地社会对于中国形象的原生性构建既无可加工的原材料，亦无可广泛传播的稳定的媒介。

既然 19 世纪之前的社会机构和大众媒体都不可能生产出任何与中国相关的直接文化资源，那么巴西社会对于中国的最早印象的形成，则应以第一批中国移民抵达美洲大陆为触发点——当两个差异巨大的文化族群开始第一次碰撞，巴西社会对于这个“他者”身份的本土化建构便开始了。

二、有关移民的讨论及 19 世纪巴西报纸上的中国移民形象

1808 年葡萄牙王室迁都之后对巴西的文化管制开始解禁，同年 9 月开始刊发巴西本土的第一份报纸《里约热内卢报》，然而报纸的发行仍然被置于王室的严密监管之下。直至 1821 年，葡萄牙王室放松了对报纸的管制，私人报纸开始出现，巴西报纸才逐渐有了现代大众媒体的职能，成为新思潮的传播捍卫者和代表社会主要力量的新旧资产阶级的喉舌，也为巴西的中国形象研究提供了宝贵的原

始资料。

巴西学者 Bonfim 对 19 世纪后半叶以《里约日报》为代表的巴西报刊中有关中国移民的讨论进行了研究。作为 19 世纪影响力最大的报纸之一，《里约日报》是巴西学者、政客探讨中国移民问题的主要战场。由于《里约日报》在 1878 年停刊，Bonfim 还将另一份同样关注中国移民的杂志《画刊》列入了研究范畴。由于《画刊》杂志以刊登讽刺漫画为主，作为补充，笔者亦对巴西另一份主流报纸《圣保罗州报》1875～1900 年涉及中国人的文本进行了搜集和分析。由于 Bonfim 的研究时段（1850～1880 年）和笔者的研究时段（1875～1900 年）在发行时间上呈现顺承关系，因此，可以将两份报纸的相关报道从话语文本和报道内容上进行时间轴上的纵向对比。

整体来看，两个时段的大部分内容以报道在巴西或在其他美洲国家的中国劳工为主。由于"十九世纪后半叶的中国移民及苦力贩卖是一个世界范畴的活动……寻求恢复在加勒比地区糖业生产的西班牙人，计划使用苦力作为劳力以支撑他们在亚洲、美洲殖民地的农业活动以及对美国西部开发的英国人……另一个积极的国家秘鲁……"都开始大量使用中国移民作为农业劳动力的补充，这使得巴西的精英阶层在讨论引入中国劳工的可能性时，十分乐意从邻国的经验中寻求佐证。

Bonfim 指出，"自 1850 年起，这一事实（中国劳工的引入）成为了巴西人关注的焦点，咖啡园主们在看到英国人为了根除奴隶贩卖的种种行动后开始相信奴隶制废除的不可避免。这一事实以及对巴西人和东方人人种混杂的恐惧，再加上对两个民族的文化截然不同的担忧，共同构成了这一时期报纸上的论战……尤其是 1870 年后"，这一情况愈演愈烈。这位巴西学者搜集的样本大致可分为三类：将中国劳工与黑人奴隶的类比、中国劳工引入问题的探讨（包括在美洲其他国家及在巴西的情况）、中国文化的介绍。在这些文本或图片中可以看到大量对于中国人极度丑化和贬损的话语，如"那些黄种人奴隶……将令人恐惧地在我们这里发展他们腐败的风俗，使整个民族堕落"，"黑人和黄种人。或许有人能够明白，我们的农业只能够靠这两种这样丑陋的血统支撑起来！多么糟糕的品位"。中国人被称为 Os Chins（中国人）、Coolies（苦力）、Escravos Brancos（白奴）、Colono（佃农）、Trabalhadores Para a Lavoura（农业工作者）、Os Amarelos（那些黄种人）。如果说佃农和农业工作者尚属中性色彩的称谓，其他几种中国劳工的指代则或多或少带有贬义。此外，尽管中国劳工是作为自由工作者抵达巴西的，但报道中却时常可见将之奴隶化，甚至物化的文字。如中国劳工会因逃跑而被"捕获"（Cançar），中国劳工的引入被称为"进口"（Importação），"Importação"一词在葡语里专指对于货物的进口。

然而，Bonfim 在研究中观察到 19 世纪 70 年代起巴西媒体开始正视中国移民工作价值："在 1873 年，随着自由子宫之法律（Lei Ventre Livre）正式生效以及奴隶制事实上已临近末路，在报纸的'读者来信'版块刊登了一封署名为'一个农夫'的文章，对于中国人的劳动进行了财务上的核算，表达了对他们的肯定态度。这一时期，（对于中国人的）有利言论占有更大的分量。"70 年代后期，随着时间的推移，对于中国移民的态度持续软化，"开始出现了一些对这个族群的尊敬"。

社会对于中国移民的承认也反映在了《圣保罗州报》的整体报道倾向之中。在对搜集的 152 篇样本的分析编码工作中，笔者发现涉及中国移民的整体语境在 80 年代开始有了明显的改善趋势。1875～1879 年的文章样本中仍可见将中国劳工称为 Escravos（奴隶）、Coolies（苦力），或称中国劳工的引入为 Importação（进口）。1880 年开始，样本的媒体话语已将中国移民作为一个移民群体对待，而非"货物"或"奴隶"：中国移民大多被称为 Imigração Chineza（中国移民）、Os Chins（中国人）、Trabalhador Chinez（中国劳动者）、Colono（佃农），并开始采用中性词条"Introdução Dos Chins"（中国人的引入）指代引导中国移民进入巴西的行为。

进一步通过内容分析法对样本编码可以发现，除了少数介绍中国文化习俗的文章，《圣保罗州报》同样是有关中国移民引入计划的必要性及合理性论战的舞台。论战双方对于中国移民进入巴西将带来的对当地社会、经济、文化、语言等各方面的影响进行推论及评估。赞成者认为，中国移民善于适应环境、有进取心、工资低廉、服从命令，且擅长农业活动，正是废除奴隶制后，当地农业缺乏劳动力的最好解决办法。"我将给中国移民朋友一个公道，应当指出，对于大量使用他们的农场主而言，毫无疑问他们是勤勉且聪明的。在中国人身上还有一个重要的品质，那就是他们身上的顺从……总之，他们会带着牺牲他们的尊严和作为自由人的独立性的精神做命令他们做的所有事情。作为命令服从者，他们真是太棒了"。反对者则坚持中国移民对于农业的贡献并不足以弥补他们拖慢巴西"文明化"进程，使已获得一定现代进程的国家退步，甚至"蒙古化"的损害。"中国人报酬极为低廉，以及由此给农民或者支付他们薪水的人带来的利润并不足以成为将他们引入的理由。反对他们进来是由于社会其他阶级会因此变得贫穷，他们的到来对我们的贸易发展毫无助益，他们的完全的孤立，他们的家庭的组成方式将不会帮助我们人口的增长——而人口数量正是公共财富的基础，以及，他们频繁地提取现金，没有良好的习惯以及并无伦理道德可言，如此种种都会损害我们的社会利益"。"如果中国人大量到来且同样对我们的语言产生一些影响的话，你们想象一下，我们的曾孙辈会如何的满口粗鄙之言"。在介绍有关中国文化习俗时，报纸则偏向于凸显中国人的“古怪的习惯”，如“丰富中国人餐桌的不仅是猫，狗也是极受吹捧且昂贵的食物……一位作家观察到，这一习惯（吃猫）使得老鼠在与它们的主要敌人的战争中受到了庇护，但是中国人注意到了这一点，于是他们也吃老鼠，新鲜的或者腌渍的”，“在中国母乳被用来作为治疗烫伤的药物”，“燕窝在中国是一种昂贵而奇怪的佳肴”。

总而言之，在 19 世纪下半叶巴西报纸通过特定话语和特定语料建构出中国人和中国移民的形象。这个被创造出的“中国人”最开始是低下的、丑陋的、令人恐惧的，“他”有着盗窃、私逃、不服管教种种劣根性。与黑人一样，“他”甚至不能被视作社会中的一个自由个体，一个有尊严的人。然而随着时间的推移和国际和国内社会政治环境的改变，媒体开始对中国移民抱有一种“无可奈何”的接受态度。媒体话语承认“他”是顺从的、勤勉的，“他”善于农耕，满足于低廉的报酬和最低等的生活工作环境，是劳动力缺乏的最好解决方案。但“他”仍是古怪和粗鄙的，有着让人难以接受的生活饮食习俗，与西方文明社会格格不入。“他”的到来，除了能够帮助农业劳动，对于社会进步和文明化发展毫无助益。

三、“我们”与“他们”，“中国人”镜像中的“巴西人”

在反本质主义视阈下，人们对于文化身份的构建通常是双向的：当群体内成员对一个他们并不熟悉的文化群体进行身份建构时，其实也是对于他们自己的身份进行再建构和再强调。当遇到他国文化或全球化文化的威胁时，人们习惯于将外国的“他者”定义为一个与他们相对立的形象，选择用于构建这一形象的特定的文化资源可能是与威胁下的文化因素最为对立的那些，而非他们观察到的真正的“他者”的举止。

巴西媒体建构的早期中国移民形象也同样如此。这一形象的建构发生于巴西主流社会受到震荡和威胁的 19 世纪。一方面，作为君主制架构的主要支柱之一的奴隶制走入穷途末路，“各种相关讨论愈演愈烈，有关必要的机制的改革常常会涵盖劳动力缺乏的问题，反之有关劳动力危机的讨论中也通常包括了对机制改革必要性的探讨”，帝国新成立不久即陷入政治经济双重危机；另一方面，历经 300 余年殖民统治的巴西社会民族意识逐步觉醒，他们刚刚争取到国家的独立，却尚未完成身为“巴西人”的身份构建，此前他们在掠夺式地创造财富的指导原则下，从来都“不是作为主人而是像享有权益者一样使用土地，‘只顾享用它，不惜毁坏它’”，且因为“葡萄牙人早在发现巴西时便部分地是个混血民族”，这使得他们之中“完全没有或者近乎完全没有任何种族自豪感”。

或许正因为这个原因，在19世纪后半叶，吸引欧洲移民抵达巴西的呼声愈演愈烈。一方面，19世纪的欧洲在现代化进程中确实走在了世界前列，巴西人迫切希望欧洲移民的到来能够带来他们所希冀的国家发展；另一方面，出于对欧洲人天然的文化倾向性以及普遍存在于社会成员中的种族意识，也使得其中的理想主义者无比期盼欧洲人的到来能够加速社会的“文明化”进程，或者说，能够成为他们构建和提升自身身份的一个明亮而理想的元素。“然而现实的条件无法制定足够吸引这类移民的政策。因为巴西人的竞争对手是美国和阿根廷，这个国家的气候条件被认为对欧洲人不利，且高昂的白人移民费用似乎使得任何吸引他们来到这里的想法成为泡影”。

这个时候中国劳工的到来则成为巴西人在希望破灭后不得不面对的无奈选择，这样一个不讨喜的替代方案使得巴西人从一开始就对中国移民的到来抱有极大反感。更毋论两个族群间还存在巨大的文化差异，中国人身后也并没有一个那个时代巴西人所向往的现代化国家作为支撑。于是媒体所报道的中国移民迎合着公众的需求，汲取着精英阶层所提供的话语养料，构建出有关中国人的主流话语，并在各类文章中强化着这一刻板印象。

从巴西的文化根源角度对19世纪的中国移民形象进行分析，能够发现构成中国人身份的各种元素似乎都与巴西人的价值观相悖，是一个几乎被完全否定的形象。首先，中国移民的引入从一开始就被定位于社会最底层，是黑人奴隶劳动力的替代品，甚至不能被视作正常的社会成员。比黑人奴隶身份更糟糕的是，他们是劳动关系中的后来者，因此他们与雇主之间还不存在奴隶与主人间的亲近感。塞尔吉奥在他的被奉为巴西社会学经典文献的《巴西之根》中这样定义，黑人奴隶与主人的关系“介乎于独立人的地位与被保护者的地位之间，他们甚至被视为休戚与共的人或亲属。他们的影响曲曲折折地渗入家庭之内，成为所有肤色或种族隔离思想或建立在这种隔离上的任何纪律的化解剂”。

其次，媒体塑造出的中国移民形象并不能展现出任何让巴西人产生好感的品质。他们丑陋、长相怪异、“不少人害怕中国人的迷信行为和他们的丑陋……不接受他们与当地人的接触，以及所认为的他们的‘古怪的习惯’、‘一点儿也不悦耳的语言甚至他们的粗鄙的穿衣方式’”。即便是媒体话语所承认的中国人勤勉的品质，事实上也并不被那个时期的葡萄牙人后裔所推崇。“勤劳、执着、节俭、守时、守信、群体意识……这些对于热那亚人来说本属于良好的品质，却从来都不符合卢济塔尼亚人的口味”。

最后，塞尔吉奥这样评述巴西人对于职业的价值取向，“我们明显地厌恶所有毫无生气和千篇一律的活动……当新教人民宣扬和赞颂体力劳动的时候，伊比利亚国家还普遍停留在古老时代的观点之上。在他们中占主导地位的陈旧观念是，闲散比做生意更重要，生产活动本身不如沉思和爱情更有价值”。由于葡萄牙人从未适应农耕文明——最早由于本国贫瘠的耕地没有孕育农耕文明的条件，在海外大发现后，源源不断的黑奴几乎从事了宗主国和殖民地的一切农耕劳作。因此，农业活动被视作卑贱的行业。当中国移民以农业劳动力的身份进入巴西，“他”善于农耕的优点自然而然地使其与“下等人”相连。

笔者以为，以上种种中国人形象的建构元素，折射出巴西人对于自己民族新身份的认知和想象。事实上，这个时候的巴西社会并不真正关心他们所讨论的中国人形象是否真实、是否能够代表遥远东方的那个陌生的民族。没有严谨的考证过程，中国人的形象就出现在了媒体话语中，且迅速被大众所接受。在几百篇样本中，没有人质疑报纸所描绘出的“那些中国人”是否真实。当整个族群经历着从“葡萄牙后裔”或者“欧洲后裔”到“巴西人”的身份转变，任何被定义为外来的文化群体都会成为巴西人自我身份建构的参照物。中国移民出现在这样一个变革时期，踩踏着寄托伊比利亚人无限回忆的奴隶制的灰烬而来，无疑成为巴西人形象的最好反证，还有什么能够比这个落后、粗陋、怪异、低下的“他者”更适合充当巴西人树立自身形象的参照物呢？

这样的中国人形象是巴西社会对于中国人展开认知的起点。尽管距今百年，两国都各自经历了复杂的政治社会变革，尽管现代信息和交通的便捷使得巴西人可以轻易对中国和中国人进行更全面、更真实的认知和体悟，19 世纪的巴西媒体打造“中国移民”形象的一些元素仍然如同模板一样影响着现代巴西社会对于中国人的普遍认知。正如塞尔吉奥所说：“我们文化现在的形式来自那里；其余的则或好或坏地屈从于这种形式。”

参考文献

［1］ Aguiar, Adriano Giacomet de. A geração de 1870 no México e no Brasil: Diferenças e coindidências dos projetos de atração da imigração chinesa ［M］//Instituto Rio Branco（Ed.）. Caderno de Ensaios. Brasília, 2015.

［2］ Araujo, Marcelo Silva. Chineses no Rio de Janeiro: notas sobre nação, território e identidade através da prática comercial e religiosa ［J］. Revista Cadernos do Ceom, 2010, 23（32）.

［3］ Bonfim, Juliana de Souza Carddoso. A questão da emigração chinesa via Macau nas páginas do Diário do Rio de Janeiro a partir da década de 1850 ［M］. Oriente oociente，2016.

［4］ELIAS，M. J. Introdução ao estudo da imigração chinesa［M］. Anais do Museu Paulista，São Paulo：EDUSP，1970.

［5］［巴西］塞尔吉奥·布瓦尔克·德·奥兰达. 巴西之根［M］. 喻惠娟，蔚玲，Trans 译. 巴西驻中国大使馆，1990.

［6］周宁. 西方的中国形象史：问题与领域［J］. 东南学术，2005（1）.

第五篇：拉丁美洲区域问题

拉丁美洲区域与国别发展沿革

陈　宁*

一、"大哥伦比亚"地区概念

本研究认为"大哥伦比亚"概念指包括今天的委内瑞拉、哥伦比亚、厄瓜多尔、巴拿马四个国家的南美洲北部地区。这四个国家以及周边地区在历史上曾一度共同组成"哥伦比亚共和国"，相互之间具有语言、政治、宗教和文化等方面的共同性以及紧密的联系。历史上的哥伦比亚共和国由南美"解放者"西蒙·玻利瓦尔（Simón Bolívar）建立，领土面积一度达到250多万平方千米，是19世纪初最负盛名的拉丁美洲国家。然而从它建立到解体却只有短短11年，以至于时至今日已鲜为人知。历史学中为了将这个国家与当今的哥伦比亚共和国进行区分，习惯上称之为"大哥伦比亚"（Gran Colombia）。本文首先从历史角度回顾大哥伦比亚的兴衰过程。

1. 建立与发展

1808年，拿破仑出兵占领西班牙。1810年，西班牙本土大部分地区被法国军队占领，西班牙无暇顾及其海外殖民地。在此背景下，拉丁美洲各国展开独立运动。玻利瓦尔认为应该把拉丁美洲国家联合起来，因为他坚信只有建立联盟，一致对敌，才不会给西班牙或其他欧洲殖民国家卷土重来的机会；新生的各个国家，只有在共同的力量下才能生存。建立大哥伦比亚的设想就是在这样的理念下被提出来的。1815年9月6日，玻利瓦尔在著名的《牙买加来信》中提出了联合新格拉纳达（Nueva Granada）和委内瑞拉（Venezuela）建立大哥伦比亚的设

* 陈宁：广东外语外贸大学西方语言文化学院副教授。

想。1819 年 8 月 7 日的博亚卡战役（Batalla de Boyacá）中，玻利瓦尔和桑坦德尔（Francisco José de Paula Santander y Omaña）带领的军队大胜西班牙军队。该战役的胜利标志着新格拉纳达获得解放。1819 年 12 月 17 日，在安戈斯图拉（Angostura）召开的全国大会宣布成立哥伦比亚共和国（República de Colombia，本文为将其与当今的哥伦比亚共和国进行区分，以下均称之为“大哥伦比亚”），将共和国分为三大行政区：委内瑞拉、新格拉纳达（现在的哥伦比亚）、基多（现在的厄瓜多尔）。

1821 年 5 月，大哥伦比亚在库库塔（Cúcuta）召开制宪会议；8 月 20 日，会议通过并颁布了国家的宪法——一部中央集权制宪法，确定玻利瓦尔为共和国总统，桑坦德尔为副总统，共和国首都是波哥大。1821 年 11 月 28 日，巴拿马独立，并最终选择加入大哥伦比亚，但要求拥有经济和政治自治权，这一点跟大哥伦比亚实行的中央集权制度有所冲突，也在之后陆续引发由巴拿马人发起的要求实行联邦制，甚至分离的运动。西班牙海地（现多米尼加共和国）、古巴和波多黎各等地区也都曾试图加入大哥伦比亚，但皆因种种原因未能实现。

玻利瓦尔的设想得以实现，一方面，由于欧裔美洲人中的上层阶级摆脱殖民统治、实现自身政治理想的诉求的驱动；另一方面，拉丁美洲各地区已经接受了西班牙近三个世纪的殖民统治，在语言、宗教、习俗等方面逐渐形成的共同性使得大联盟成为可能。并且，这一共同性被不断强化，用于实现军事、政治或经济目的。例如，大哥伦比亚成立后试图与秘鲁、智利、墨西哥和中美洲国家寻求合作，签订条约或建立联盟，一方面是为了能够共同应对可能的军事入侵和干预，另一方面则是希望通过条约或联盟加强和发展各国间经贸、政治、司法和军事等方面的交流与合作。

2. 解体

大哥伦比亚之所以能够建立，主要在于各个地区在当时有着共同的目标——从西班牙的殖民统治中解放出来。然而，虽然地区间拥有人文、政治等方面的共同性，但自然环境、政治经济利益等方面的差异也不容忽视，有研究指出：

> 独立战争已经结束，玻利瓦尔倡导的各民族联合反殖民统治的思想和危机意识逐渐消退，各民族地方利益的冲突俨然成为了一体化最大的障碍所在。在独立战争期间，精英们可以一呼百应，是因为民众认识到自己的利益与反殖民统治密切相关；而现在，大哥伦比亚重建与否与自己的利益关系不大，地方观念和地方利益对他们来说更为实际。而这种地方观念和地方利益，恰是包括新格拉纳达总督区在内的西班牙语美洲裂变为一系列新兴民族国家的基础。

当共同目标的实现指日可待时，其他最初被忽视的各种矛盾冲突也开始显露并威胁着共和国的存亡。共和国内最主要的矛盾是以总统玻利瓦尔为首的玻利瓦尔派和以副总统桑坦德尔为首的桑坦德尔派之间的较量：两派在关于实行中央集权制还是联邦制、终身世袭制还是共和制、军队的地位、国家的对外开放等方面有明显的分歧和冲突。玻利瓦尔始终认为，要让大哥伦比亚维持联合和统一，必须坚定地推行专制统治，这也在某种程度上激起了委内瑞拉和基多地区的分裂倾向。

1828 年 8 月，玻利瓦尔推行了已在秘鲁和玻利维亚实行了的宪法，强化了他一贯坚持的中央集权制度，对政府进行了改组，废除副总统，宣布自己为独裁者，并且规定总统终身制，有权指定其继承人。这实际上把桑坦德尔排斥在政府之外，转而将他任命为哥伦比亚驻美国大使。一系列举动激化了两派之间的矛盾。9 月 25 日，城防部队参谋长发动叛乱，企图暗杀玻利瓦尔。玻利瓦尔逃过一劫，桑坦德尔因涉嫌参与这起暗杀行动被玻利瓦尔下令流放，他的一些追随者也被判刑。玻利瓦尔派和桑坦德尔派之间的冲突以前者表面上的胜利收场。

然而，桑坦德尔派的瓦解并没能令混乱的政治局面好转，玻利瓦尔政权仍然面临众多危机：叛乱和连年的战争使得经济体系不堪一击；秘鲁公开与玻利瓦尔为敌。之后，大哥伦比亚出现了一股要求建立君主制的势力，委内瑞拉的分裂活动也不断挑衅着国家的统一性。玻利瓦尔当时又身染重病，情况变得复杂难解。1829 年 11 月，委内瑞拉因不满玻利瓦尔的独裁，宣布退出哥伦比亚共和国。1830 年 1 月 20 日，玻利瓦尔为了大哥伦比亚的团结统一，致函提出辞去总统职务，但也无济于事。5 月 31 日，基多地区也宣布退出哥伦比亚共和国，成立厄瓜多尔共和国。1830 年 12 月 17 日，大哥伦比亚的先驱玻利瓦尔辞世，这让所有重建大哥伦比亚的希望破灭。随后，大哥伦比亚解体。1831 年，哥伦比亚及巴拿马地区改名为新格拉纳达共和国。至此，存在了 11 年的大哥伦比亚分裂成了委内瑞拉、厄瓜多尔和新格拉纳达三国（1886 年改国名为哥伦比亚共和国，巴拿马于 1903 年在美国的策动下脱离哥伦比亚，成立巴拿马共和国）。三国政治体制均为总统制共和国，国旗均在沿用原大哥伦比亚国旗黄、蓝、红三色的基础上进行修改，官方语言均为西班牙语，但三国有各自的宪法并独立发行货币。

3. 影响

虽然大哥伦比亚仅存在了 11 年就以解体告终，但它却可以被看成拉丁美洲一体化思想的实践先例。目前，拉丁美洲一体化进程不断深化，虽然并没能像玻利瓦尔设想的那样联合各国建立一个统一的国家，但在探索一体化过程中设立的南方共同市场（MERCOSUR）、南美洲国家联盟（UNASUR）、拉丁美洲和加勒比国家共同体（CELAC）、拉丁美洲一体化协会（ALADI）等组织，有力地推动了地区一体化进程向前发展，促进了地区团结和发展，改善了拉丁美洲地区的经济环境，并且通过相互合作和联合使得拉丁美洲地区在全球化的竞争中更具话语权。委内瑞拉、厄瓜多尔和哥伦比亚三国之间的关系在一定程度上体现了历史遗留的影响。

在历史上，委内瑞拉、厄瓜多尔、哥伦比亚这三国曾共同组成大哥伦比亚地区；地理位置上，由西至东，三国互为邻国；文化上，三国也保有高度的相似性。三国间拥有如此多的相似点，那如今三国之间的关系又是如何呢？以下将从经济、政治两方面进行阐述。

（1）三国间的经济关系。

1）委内瑞拉与哥伦比亚之间的经济关系。

经济协定的签署。委内瑞拉与哥伦比亚两国互为邻国，自建国起就开始了频繁的经济往来。两国于 1833 年 8 月 1 日签订了第一份经济协定（Pombo Michelena 协议）。此协议内容涉及两国的友谊、联盟、经济、航海及国界界定等内容。但由于国土争端，不久后，这份协议就不再被哥伦比亚政府承认。随后的一百多年内，由于政治原因，两国一直未能签署正式的经济协定，但仍继续着经济往来。

20 世纪 60 年代，两国政府都急切地想拥有一个拉丁美洲国家共同市场，于是分别于 1961 年和 1966 年签订了拉丁美洲自由贸易协定（ALALC）。之后，委内瑞拉、哥伦比亚、厄瓜多尔、秘鲁、玻利维亚和智利签署了卡塔赫纳协定。旨在推动成员国之间均衡的、和谐的发展，加快区域一体化进程，提高成员国在全球经济环境下的地位以及加强成员国的合作并减少现有的发展不平衡现象。但是委内瑞拉于 2006 年退出这一组织。

两国的进出口额。20 世纪 70 年代至今，委内瑞拉和哥伦比亚一直保持着贸易往来，但是由于生产力、政策不一，两国的贸易额一直处于波动状态。

20 世纪 70 年代，委内瑞拉的石油、哥伦比亚的咖啡成为两国经济的重要资金来源，造就了两国的经济繁荣——哥伦比亚的总进口额一度只占其总出口额的 12%。繁荣经济时期，两国间的贸易额甚至达到了安第斯共同体中的首位。80 年代中后期，委内瑞拉爆发了经济危机，所负债务高达 2200 万美元。经济危机带来了一系列后续问题——货币贬值、政治不稳定等，由此也影响了双边的经济往来。1990 年双边的贸易额才恢复至 1982 年的水平。双方于 1989 年还签订了科技合作基础协定。1994 年委内瑞拉的金融危机再次影响到两国的经济关系。但 1994 年 6 月 13 日，两国同墨西哥组成了 G3 共同体，以加强经济合作。

2004 年后，哥伦比亚采取了亲美政策，而委内瑞拉一直反对亲美。政治立场的不一在一定程度上影响了两国的经济交往。然而，21 世纪以来，两国依然

保持着频繁的经济往来。从2006～2010年进出口情况来看，委内瑞拉出口到哥伦比亚的主要为基础工业产品：铁、钢、铝、有机化工和工业燃料。委内瑞拉向哥伦比亚进口的产品有：肉类、毛皮、皮革、纺织产品、汽车、拖拉机、锅炉、机械设备、塑料以及天然气。哥伦比亚还是委内瑞拉的第二大出口国，占总出口额的17%。由于委内瑞拉国家生产力不够，需要不断进口来满足其需求。而生产力的持续走低造成恶性循环，导致进口量越来越大。因此近年来委内瑞拉的出口额远远低于进口额（见表1）。

表1　2006～2010年委内瑞拉—哥伦比亚进出口额　　单位：美元

项目＼年份	2006	2007	2008	2009	2010
非石油出口额	2114823908	1130061056	929566706	461488601	267541012
总进口额	3146998608	5789023675	6903379255	4417548112	1424243589

数据来源：委内瑞拉对外银行 Banco Exterior

总体看来，两国在经济贸易方面始终保持着紧密联系。虽然如今也面临着两大阻碍：两国政治立场不统一；委内瑞拉经济萎靡，生产力落后，导致进出口不平衡。但两国政府一直致力于推动双边外交关系，以便更好地建立双边经济交往体制。

2）哥伦比亚与厄瓜多尔经济关系。

为了减少国际贸易中的关税壁垒，哥伦比亚和厄瓜多尔同为安第斯共同体、拉丁美洲一体化协会的成员国。值得一提的是，为了推动两国经济发展和一体化进程，它们于1989年成立了哥伦比亚—厄瓜多尔睦邻和一体化委员会。双边的商务处会向企业家提供一些便利的条件。

厄瓜多尔和哥伦比亚贸易往来的主要产品有：汽车、海产品、纺织产品和能源（见表2）。在厄瓜多尔出口产品中，占比例最高的是组装车，2009年时占到了总出口的23.26%。2009年厄瓜多尔进口哥伦比亚最多的产品是电力，占总进口额的7.25%。

表2　2009年主要进出口产品（厄瓜多尔—哥伦比亚）

出口		进口
组装车	1	电力
未加工咖啡	2	医疗用品
棕榈油	3	装载车

续表

出口		进口
沙丁鱼罐头	4	杀虫剂
金枪鱼罐头	5	针织品
鱼粉	6	聚丙烯
酒精	7	运输电缆
运动鞋	8	卫生用品
厨具	9	钢铁产品
聚丙烯袋	10	纸

根据厄瓜多尔对外商务部的数据，厄瓜多尔和哥伦比亚一直是对外经贸的重要合作伙伴，双边贸易额还在稳步增长（见表 3 至表 5）。从哥伦比亚与拉丁美洲及加勒比地区的进出口贸易总额来看，截至 2013 年，厄瓜多尔、委内瑞拉分别是哥伦比亚第二和第三大出口国；同时，这两国也在哥伦比亚十大进口国名单内。

表 3　2009～2014 年第一季度厄瓜多尔—哥伦比亚进出口额　单位：千美元

项目＼年份	2009	2010	2011	2012	2013	2014 年 1～4 月
出口额	678338	793062	1025510	1055945	921668	315156
进口额	1485168	1949997	2141580	2121751	2219294	667444

表 4　哥伦比亚出口至南美及加勒比海地区国家　单位：千美元

进口国＼年份	2010	2011	2012	2013
巴拿马	9363435	1956816	2916011	3219265
委内瑞拉	1422877	1750410	2555961	2255826
厄瓜多尔	1824535	1908592	1910498	1974770
阿鲁巴	97234	1724064	1027488	1716467
巴西	1040263	1370308	1290488	1716467
智利	906925	2205006	2189220	1571633
秘鲁	1131840	1396867	1582089	1273933
墨西哥	638215	704938	835104	863806

续表

年份 进口国	2010	2011	2012	2013
危地马拉	287952	573512	588797	670433
巴哈马	192829	451620	542051	588974
其他国家	2323492	4153373	3185210	2661862
总计	10802507	18195506	18623008	18387598

表 5　南美洲及加勒比海地区国家出口至哥伦比亚　　单位：千美元

年份 出口国	2010	2011	2012	2013
墨西哥	3856674	6059027	6362176	5495958
巴西	2369637	2740248	2795908	2590480
阿根廷	1509263	1871900	2312510	1733545
智利	736503	901631	954381	903839
厄瓜多尔	834936	1065846	1068475	881687
秘鲁	786249	1024539	1068475	881687
玻利维亚	268832	167038	280569	547740
特立尼达和多巴哥	374373	584021	504706	446924
委内瑞拉	304746	563096	526819	431055
阿鲁巴	35303	182479	98002	87307
其他国家	473500	1813114	1795009	1464495
总计	11550016	16972939	17610510	15453211

数据来源：厄瓜多尔对外商务部

（2）三国间的政治关系。

1）委内瑞拉和哥伦比亚双边政治关系。

委内瑞拉和哥伦比亚的政治关系一直在合作与冲突中波动。20 世纪，委内瑞拉和哥伦比亚因领土和领海问题，引发了数次争端，期间签订和修订了不少划界协定。甚至在 1987 年 8 月，双方舰队在邻近海域上一度僵持不下。最终，两国领导人在 1989 年 6 月成立了哥伦比亚—委内瑞拉睦邻委员会，并签署了系列协定。

21 世纪以来，双方摩擦不断。数次交锋不仅因为政治立场不一（哥伦比亚亲美、委内瑞拉反对亲美），哥伦比亚革命武装力量（FARC）也是其中重要原因之一。该组织参与毒品交易，针对国家重要的权力部门、重要的现代化农业中心和其他经济领域，采取绑架、谋杀、炸弹爆炸和抢劫等方式展开活动。由于他们的行为不仅威胁政府，还危及平民、自然环境和基础设施，因此被哥伦比亚政府、美国、欧盟等认为是恐怖组织。此组织不仅造成哥伦比亚内部政局不稳，对哥伦比亚与邻国的关系也造成了影响。2007 年 12 月 27 日，在双边政府关系紧张的形势下，委内瑞拉总统查韦斯公开表明，他已经制定好计划解救被哥伦比亚革命武装力量所控制的与他有关的三名人质，其中还包括他的儿子。最终，委内瑞拉派出了飞机，且得到了国际红十字会的援助，在哥伦比亚领空盘旋，对其施压。2008 年 3 月 1 日，哥伦比亚军队和哥伦比亚革命武装力量在哥伦比亚—厄瓜多尔的边境上交火。这次交锋中，19 名游击队员死亡，其中一名死于厄瓜多尔境内。厄瓜多尔总统和委内瑞拉总统皆对此行为表示声讨。查韦斯甚至声明，如果哥伦比亚还有类似事件发生在委内瑞拉境内，他将直接将此视为两国战争行为。为此，委内瑞拉一度封闭了其驻波哥大的领事馆。2009 年，哥伦比亚政府声称，委内瑞拉所用的由瑞典制造的几架反坦克火箭已为哥伦比亚革命武装力量所用。委内瑞拉政府解释这几件武器是被劫走的。但无论如何，这使两国的关系更为紧张。

2015 年，委内瑞拉总统马杜罗封锁了位于委—哥两国边界的西蒙玻利瓦尔国际大桥，并以汽油等其他物品走私为理由，驱赶了附近的许多哥伦比亚公民。2016 年，委内瑞拉面临着棘手的经济危机，国内通货膨胀率极高，导致国民缺乏基本生活物资。6 月，500 多名妇女逃往哥伦比亚寻求短缺的食物和药品。最终马杜罗总统开放了双边通行，在开放边境的第一个周末，通行了约 15 万委内瑞拉人，第二个周末通行了约 35 万委内瑞拉人。

2）厄瓜多尔和哥伦比亚双边政治关系。

自 20 世纪以来，厄瓜多尔和哥伦比亚一直保持着良好的关系，特别是经济上的往来甚多。在近十几年来，一些事件对双方的和平共处造成了一定的阻碍，其中最主要的原因是发生在双边国界上的哥伦比亚内部的武装斗争对厄瓜多尔造成了一定的影响。

移民潮——哥伦比亚境内的暴力武装活动造成了数千人被迫流离失所，引发哥伦比亚居民向外的移民潮。厄瓜多尔作为邻国，理所当然地成为其民众寻求保护的地方。2000 年 9 月，由于哥伦比亚军队和哥伦比亚革命武装力量的冲突，以及为期 79 天的罢工运动，将近 5 万哥伦比亚人申请厄瓜多尔收容所的庇护。大规模移民的涌入和双方政府的协调不力引发了一系列危机：卫生、教育、食品、安全都得不到满足，国界周边地区常发生暴力犯罪事件。

边界的军事主义化——哥伦比亚抗议厄瓜多尔小型飞机穿越两国边界，在没有种植园的地方空洒消毒。同时，厄瓜多尔抗议哥伦比亚军方空袭、骚扰厄瓜多尔军队。这已经对双方边界人民的安全造成威胁。

哥伦比亚非法武装组织出现在国界周边。为了获取食物、军事物资，不少非法武装力量、毒贩团伙、犯罪团伙集结在国界周围，对厄瓜多尔境内国界周边的居民的人身以及财产安全造成了威胁。2004 年哥伦比亚革命武装力量前领导人西蒙·特立尼达被抓捕后，其组织有向厄瓜多尔转移的趋势，这给双方关系又带来了新的挑战。

二、委内瑞拉共和国专题

1. 查韦斯主义在今天

自委内瑞拉前总统因病逝世后，其追随者尼古拉斯·马杜罗上台执政已是第四年。而近两年来，委内瑞拉不仅没有保持先前经济大好、民众和谐的形势，反而面临着严重的经济危机。2016 年 9 月 15 日，马杜罗总统签署总统令，再次延长全国“经济紧急状态”60 天，以应对国家面临的经济困境。这是委内瑞拉2016 年以来第四次延长“经济紧急状态”。

很显然，委内瑞拉的经济危机并不是单一因素造成的，而是各种因素共同作用的结果。首先，也是最重要的，全球油价的大幅度下跌严重冲击了委内瑞拉的石油业，而石油产业恰恰是委内瑞拉最主要的经济支柱。在 2013 ~ 2014 年，委内瑞拉的经济处于极好的状态，那时每桶原油的价格大约在 100 美元，而如今石油价格跌至不足 30 美元，此时经济不景气似乎也不足为奇。其次，委内瑞拉的货币玻利瓦尔大幅贬值。2015 年，1 美元相当于 175 玻利瓦尔，但是现在却高达800 多玻利瓦尔。而且，委内瑞拉针对不同交易对象和交易目的实行三种并行的官方汇率，并且严格限量供应美元，也就是说不是所有的人都有资格兑换官方汇率的美元，如此一来，这种外汇管控制度使得官方渠道的美元十分稀少，而这也促生了黑市。黑市的美元汇率比起官方汇率要高甚至十倍，这种汇率差额使得特权阶级有机可乘并从中获利，进一步拉大了贫富差距，引发中下层群众的不满。再次，日益加剧的权力斗争也使得委内瑞拉处于愈加困难的境地。如今，越来越多的委内瑞拉人认为马杜罗政府无能，纷纷参与游行，开始反对马杜罗的执政模式。同时，反对党在国会中占据越来越多的席位，对马杜罗总统造成一定程度的威胁。马杜罗以及前总统查韦斯的追随者想尽办法试图保住马杜罗的总统地位，但无论怎样，政治不稳定对于本国的经济发展始终不会产生好的影响，更何况权力斗争引发的问题正日益恶化。最后，食品危机已成为委内瑞拉正在面临的一大难题。政府财政短缺，没有足够的钱来进口日用消费品，比如牛奶、面粉、鸡蛋等，使得超市货架空空如也，民众怨声载道。而这恰恰反映出委内瑞拉不合理的经济产业结构，过度依赖石油工业，忽略农业、制造业以及零售业等的发展，在资金匮乏无力进口的今天，弊端日益显现。

以上四点可以说是委内瑞拉经济危机中最表面的一些现象，通过这些现象发现其中的本质才可以真正理解为什么本应依靠丰富的石油资源而富甲一方的委内瑞拉会面临如此严重的经济危机。全球油价下跌这样严峻的外部环境永远只是一味催化剂，谈不上是根本原因。委内瑞拉危机是该国十几年来体制问题的大爆发，也是奉行查韦斯主义发展模式的必然结果。

查韦斯主义发展模式，顾名思义，就是前总统查韦斯领导下的以“玻利瓦尔革命”和“21 世纪社会主义”为口号的发展模式。1999 年 2 月 2 日，乌戈·查韦斯宣誓就任委内瑞拉总统，直至 2013 年 3 月 5 日因病逝世。他执政 14 年间，一步步对委内瑞拉各种制度进行了一系列改变。不过，谈起这位政坛“黑马”，首先要稍稍了解一下他上台前的委内瑞拉的局势。委内瑞拉长期推行民粹主义发展模式。民粹主义又称平民主义或大众主义，指的是平民论者所拥护的政治和经济理念，在社会科学词汇中并没有精确的定义，有时也会被当作一种政治语言或者是政治哲学。乌戈·查韦斯的前任总统佩雷斯（1974 ~ 1979 年和1989 ~ 1993 年执政）和卡尔德拉（1969 ~ 1974 年和 1994 ~ 1999 年执政），分属民主行动党和基督教社会党。他们举着发展主义的大旗，为国内石油大亨积累了巨额财富，加速了贫富差距，进而造成社会动荡不安，严重的两极分化最终促使本国中下层群众把乌戈·查韦斯推上了政治舞台，开始了十多年的执政。

总的来说，查韦斯可以说是拉丁美洲世界的风云人物。在执政之前，他发动过一次未遂兵变，自首之后入狱服刑，两年监禁之后得到总统拉斐尔·卡尔德拉的赦免。1998 年，查韦斯首次竞选总统，在执政之后，除了经历过一次未遂政变，战胜过一次罢免性全民公投，还连续四次赢得总统大选，其间成功推动允许无限期连任的修宪公决。然而查韦斯的大规模改革模式究竟是好是坏，众说纷纭。在这里，我们试图从如今的经济危机来分析查韦斯模式的主要特征。

查韦斯上台之后，便开始推行“玻利瓦尔革命”。查韦斯自称是民族英雄西蒙·玻利瓦尔的忠诚继承者，倡导以和平民主的方式进行“玻利瓦尔革命”。他把 1999 年 12 月通过的新宪法称为“玻利瓦尔宪法”，并把委内瑞拉共和国改为委内瑞拉玻利瓦尔共和国。2005 年，他提出“21 世纪社会主义”，强调“21 世纪社会主义”是委内瑞拉独特的社会主义，是基督教社会主义、印第安主义、玻利瓦尔主义、马克思主义、托洛茨基主义和卡斯特罗主义的混合体。为了实现

“玻利瓦尔革命”和“21世纪社会主义”，查韦斯展开了广泛的社会制度转变。

首先，政治方面，委内瑞拉逐渐成为一个“集权”国家，查韦斯设立制宪会议，制定了新的宪法，并削弱了立法权和司法权，将国家权力掌握在自己一人手中。通过这种权力，查韦斯在任期间颁布了多项备受争议的法律。而为了实现自己的宏伟大业，他甚至利用国家权力和基层平民大众对自己的支持，成功推行了允许无限期连任的总统制度。

其次，经济方面，查韦斯用国家干预主义整合经济，将政府权力延伸到主要的经济部门。一方面，全面推行国有化。比如，1999年新宪法明确规定委内瑞拉石油公司为国营企业，随后又采取一系列石油国有化措施，最后将本国全部油田收归国有。此外，还对其他领域逐步实现国有化，这种举措不仅降低了本国生产者的积极性，更是令外国投资者望而却步。另一方面，控制价格。政府严格控制商品价格，不允许生产者随意改变价格，这种对市场价格的干预明显破坏了资源合理配置。总的来说，查韦斯经济模式背离了市场经济法则和价值规律，没有改变委内瑞拉单一的石油经济体制，反而继续推行了进口替代发展的模式，使得产业结构单一，难以应对如今全球油价下跌对石油产业造成严重影响后而产生的重大财政问题。

最后，社会福利方面，委内瑞拉政府制定并实施了种类繁多的社会福利计划。提高社会福利、亲穷人的政策无可厚非，但查韦斯大规模、一系列的反贫穷再分配计划远远超出了本国国力和财力的限度。比如，住房福利，委内瑞拉政府利用出售石油获得的巨额收入为贫困地区修建了数百万套住房，并免费提供居住。再比如，委内瑞拉民众可以享受到世界上最便宜的汽油，在外人眼中，委内瑞拉是一个“汽油比水还要便宜”的国家。而这一福利政策使委内瑞拉政府牺牲了数百亿美元的利润，虽然查韦斯和现任总统马杜罗多次尝试提高国内汽油价格，但都因为民众抗议而失败。由此可以看出，查韦斯并没有充分利用高油价的大好局势，改变单一的石油产业结构，发展国家经济，反而以高福利的方式笼络民心，最终耗费了大量的国家资源和财力。高福利政策虽然可以提高民众的生活水平，但从国家财政的角度看却是一种挥霍。

以上是查韦斯发展模式在如今日益显现的弊端。2013年查韦斯去世后，副总统马杜罗上台执政。作为查韦斯的追随者，马杜罗继续贯彻查韦斯主义，试图将前总统查韦斯的雄心壮志发扬光大。然而，在如今的委内瑞拉，通货膨胀、物资匮乏、外汇短缺、社会动荡不安、暴力加剧，国家经济形势令人担扰。我们不禁要问，从查韦斯到马杜罗，国家形势大反转的原因是什么？简而言之，或许一切的导火索就仅是全球经济形势的变化，甚至是油价的变化。昂贵的油价给查韦斯提供了挥霍的资本，而现在全球油价的大幅下跌使得委内瑞拉政府没有足够的资金再去大肆管控经济、发展高福利政策，而马杜罗却无力改变现在的局势。

总而言之，查韦斯主义在今天似乎已经难以为继，逐渐显现出来的社会弊端已经给委内瑞拉带来了严重的政治、经济和社会问题，给现任总统造成了很大的难题。如果该国的总体局势得不到起码的改善，查韦斯模式未来将何去何从？

2. 经济危机下的普通人

（1）华人篇。

委内瑞拉的华人移民历史可追溯至100多年前的晚清时期，为谋生计，不少华人搭乘船只，漂洋过海，最终抵达委内瑞拉。他们白手起家，经历了一年又一年的打拼，一代又一代的传承，最终拥有了自己的一方天地。据委内瑞拉华人文联的数据统计，目前委内瑞拉共有华人26万，其中经商的占总数的1/3。涉足的行业有百货批发零售、出口贸易业务、餐饮饭店等。

笔者对一名在委内瑞拉经营饭店的华人进行了采访，以了解华人现今在委内瑞拉最真实的生活状态。采访对象来自广东省恩平市，来委内瑞拉已有15年。现居住在委内瑞拉东部安索阿特吉州（Anzoátequi）的首府巴塞罗那市（Barcelona）。

安索阿特吉州是委内瑞拉的24个自治州之一，位于东北海岸，面积4400平方千米，2016年州人口约180万，在委内瑞拉地区人口统计方面排名第八。当地经济的支柱产业是石油和天然气开采以及其附属产业，全球最大的重油储量地区“奥里诺科石油带”就位于该州的南部。安索阿特吉石化基地位于首府巴塞罗那市的东面，是拉丁美洲最大的石化基地。此外，渔业、旅游业、林业、种植业以及畜牧业也构成地区重要的经济产业，尤其是农业，在经历了长期的停滞后，由于石油业的雄起曾一度获得强劲发展势头。

采访对象在首府位于中心的莱切利亚（Lechería）区经营着一家叫做 Casa Deli 的中餐馆。该地区可以说是目前委内瑞拉境内最安全的地区之一，也是当地的富人区，其经济水平、社会环境，尤其是社会治安相对其他城市会更好一些。

以下为采访内容：

问：委内瑞拉经济崩溃后，现在的经营状况如何？

答：处于现行的经济状况下，很多中餐馆无法获得所需要的原材料而倒闭，所以客户相对集中在这家餐馆，餐馆的规模比以前做得更大并且员工工作量有增无减。但正由于大环境不景气，餐馆所得利润远不如以前。餐馆共有员工23人，前后数量变化不大。但当地员工比以前多了，华人员工数量减少，迫于委内瑞拉现在的局势，有些华人已经回国或者去了别的国家。

问：委内瑞拉经济崩溃后，对餐厅收入造成了什么样的影响？

答：委内瑞拉经济崩溃对所有行业影响都很大。以前餐馆的收入大概每个月在3万~4万美元，而现在收入在8000元至1万美元，大概只能达到从前收入的1/4。对于餐馆的员工来说，按照职位分工不同，之前的薪资大约为800~1500美元，现在则是300~500美元。

问：能否简单介绍一下在您餐馆消费的客户群体情况？

答：餐馆客户90%是当地人，有小部分华人过来消费。来此消费的当地人收入水平相对较高，处于中上水平；而小部分的中国人则是从国内外派来这个城市工作的，例如宇通汽车公司的员工。

问：现在委内瑞拉的货物奇缺，餐馆所需的原材料如何获得？

答：餐馆经营所需的原材料小部分通过正常渠道购买，数量少，价格也相对便宜；但是大部分原材料要从当地黑市购买，价格较贵，差价至少是正常渠道的两倍。不同原材料价格也不同，例如植物油、面粉等稀缺的原材料，差价会到4~5倍。

问：经济危机给当地人以及华人的日常生活带来了什么变化？

答：经济危机给日常生活带来的变化对当地人来说更大。因为物资奇缺，如果需要购买政府限购或限价的商品（如面粉、卫生巾、牙膏、沐浴露等）就必须排上几个小时甚至一天的队才能买到。另外，许多人的收入是最低保障工资，入不敷出，只能每天少吃一顿，每顿少吃一点。总的来说，当地人民处于食不果腹的状态。但是对华人的影响不大，因为大部分的超市、杂货铺、米铺或肉铺都是华人经营，货源有保障，唯一的变化在于价格不断上涨，通货膨胀严重。还有，由于美元缺乏，当地已经不再供应糖、牛奶等商品，所以人们只能喝没有糖的咖啡。

问：新闻报道中，委内瑞拉的抢劫事件层出不穷，在经济动荡、社会动荡的局面下，华人的安全状况如何？

答：委内瑞拉经济崩溃之后，当地华人的安全状况变化不大。整体而言，所有人被抢劫的概率都在增加，不仅针对中国人。华人在当地被歧视的现象并不严重，远远好于其他国家，只是有些年龄大点的华人或者不愿意学习西班牙语的华人在与当地人交流时有困难，常常会被误解，但这属于语言问题。

问：你们与当地华人华侨的联系如何？

答：餐馆与当地华人华侨的联系还算比较紧密，其中大部分都是老乡，但是所在地比较分散，我们通过电话沟通，也建有微信群，发布一些实用的消息，如商品价格、政府动态等。餐馆员工一周有一天可以休息，有时候会见面聊天。

问：您对现在委内瑞拉的经济危机有何看法？

答：如果委内瑞拉拥有一个和谐的大环境，这里人们的消费能力比较高，对于在这里做生意的中国人来说是有利的，用大家的话来说就是“这里的生意很好做，不会亏本的”。而对于目前的经济状态，如果想让国家经济恢复到原先的水平，至少需要5~10年的过渡期。国家没有生产能力、奇葩的外汇管制、将私企国有化、政府无作为、贪污腐败等问题，已经把国家经济耗光了，如果再没有经济改革，国家迟早会有政局更迭。

问：您对未来有何打算？对委内瑞拉的经济复苏是否有信心？是否会继续留在这里？

答：事实上到现在为止，我们餐馆的华人员工已经走了接近三成，他们大部分是单身打工一族，鉴于大环境差而不愿意留下。小部分不赚钱的老板或者那些曾经做大生意的老板已经卖了生意，移民别国了，但是大部分在当地有家庭的还是选择留下。我应该会继续留在这里经营生意。如果整体条件实在不允许，我们也会考虑转投别的国家或回国。

委内瑞拉目前的大环境，对当地居民（无论委内瑞拉公民还是华侨华裔）的日常物资、出行安全等方面，都造成了一定程度的影响。但是，华人之间的紧密联系、团结互助，以及多年来累积的财富，让他们面临经济危机时所受影响较小。受到冲击较大的，会选择回国或者移民；受到冲击较小，且在当地建立家庭的，则仍会留在委内瑞拉继续打拼，等待经济的复苏。

（2）委内瑞拉居民向外移民。

由于国家自然资源以及石油资源丰富，委内瑞拉经济水平一直不错，尤其是20世纪70年代石油价格上涨时，一度成为接受移民的国家，周边国家如哥伦比亚、厄瓜多尔等国的居民和欧洲人是移民的主要来源。

然而在国际油价大幅下跌导致财政收入锐减的背景下，该国多年来经济政策和社会福利政策存在的问题集中爆发，经济因此陷入困境。在如今的局势下，经济和生活的稳定已经成为委内瑞拉人考虑的重中之重。因此，数不胜数的委内瑞拉人已经离开或是决定离开自己的祖国，到其他的国家寻求更好的生活。

如今的委内瑞拉面临着前所未有的严峻的人口外移危机。据有关报纸的相关报道，在最近的15年里，迫于生活压力以及其他种种因素，已经有超过150万委内瑞拉人为了得到更好的生活而移民到其他国家，并且遍布世界各地。大规模的人口外移自此引起了大家的广泛关注。

对个人而言，寻求更高的生活质量无可厚非，何况在如今的委内瑞拉，用电紧张，生活用品无处购买，超市空空如也，更不要说混乱的政治和经济局势了。然而，移民却并非一件容易的事。毫无疑问，移民就意味着要离开故土家园，其中最大的牺牲莫过于情感上的疏离。

Verónica Ochoa 是一位从事英语教学的教育工作者，本国的不安全感迫使她移民到厄瓜多尔。她在接受采访的时候说，“我为了更好的将来，牺牲了家庭和情感的稳定。我已经离开委内瑞拉七个多月了，这七个月来我过得十分辛苦。我如果能坚持三天不流眼泪，那已经很厉害了。但是，这样做很值得”。如今，Verónica 已经找到了稳定的工作，经济收入也不错，每周还可以接受工作培训。她本人还说，厄瓜多尔给了她安全感，她可以毫无忧虑地上街，家里缺少了什么东西也可以很容易地在超市买到，而这在委内瑞拉已经是一份奢望。从 Verónica 的话语中，我们可以明显地感受到她对现在的生活很满意，她为此做出的牺牲也已经获得了回报。

Anitza Freitez 在一家社会和经济研究机构工作，她表示，在委内瑞拉历史上，这是第一次如此大规模的向外移民潮，这是该国从未经历过的现象。如今，委内瑞拉境内物资短缺，通货膨胀加剧，薪资过低，公共服务设施不完善，不安全因素增多，这些都是造成移民潮的原因。不仅对于外国人，对本国人而言，委内瑞拉都不再是一个充满吸引力的国家。与此同时，曾经出现移民危机的国家大部分已克服了本国困难，能够给居民提供更好的生活条件。因此移居国外是一种不错的选择。

José David Pinedo 是一位机械工程师，现在已经在智利居住了六个月。经济处境以及不安全因素是他移民的主要原因，因为他在大学毕业五年后，仍没有找到适合自己专业的稳定工作。他曾提到，“远离家人对我来说是一件很困难的事情，而我的期望是，把家人都带到智利来生活。在这里，我能给家人提供好的生活条件，而在委内瑞拉我却做不到”。可想而知，接受了良好的教育却不能帮助家人改善生活条件是一件令人痛苦的事情，而智利给他提供的不仅是工作机会，更是高质量的生活、安全感以及自我价值的实现。

Patricia Rinaldi 是一名律师，由于不安全感以及食品及日用品短缺而移民巴拿马。“我十分感激巴拿马给我提供的稳定生活，但是我的家人都在委内瑞拉，我自己一个人在这里生活，我每天都很想念我的父母、兄妹和朋友”。移民生活终究是很困难的，几乎所有的一切都与习惯冲突，她需要适应该国的气候环境、生活方式和节奏、词语以及语言表达方式。尽管 Patricia 已经在巴拿马生活了一年半之久，她仍很难适应，尤其是对家人的思念，而这也正是因为血脉亲情最难割舍。她能够做的也只是努力适应现在的生活。

从上面的案例中我们可以发现，移民是为了更好地生活，即使为此要做出一些个人牺牲，即使刚开始的移民生活会很困难，但是移民仍旧是大家心中一个不错的选择。委内瑞拉，一个曾经的移民接收国，如今在政治、经济以及社会局势的压迫下，已经逐渐转变成一个移民输出国。这其中的利害关系也只有本国人才能真切地体会。因为，对社会而言，大规模的人口外移却引发了人才流失。社会学家 Iván de la Vega 从 1995 年起便一直致力于移民倾向的研究，深谙人才资源对国家发展的重要性。他指出，“在 150 多万的移民中，有 51% 以上的人都是专业型人才，其中不乏研究生以及博士生，这意味着人才资源的严重损失。而到目前为止，政府仍没有出台相关的公开政策来控制这种大规模的人口移居现象”。他还补充说，委内瑞拉的人才大移居大大提高了周边国家的石油生产力，比如哥伦比亚、秘鲁、墨西哥以及巴西等，单单一个得克萨斯大学就有 300 多名研究石油化学方面的专业人才。这对别国而言是十分积极的影响，而对委内瑞拉来说却是严重的人才流失。委内瑞拉如果不尽快采取相关措施，这种损失将会在接下来的几年里带来更加严重的负面影响。

（3）危机中的奥运会之旅。

委内瑞拉通货膨胀节节上升，政治党派斗争也愈演愈烈，整个国家和其人民深陷危机都已不再是新闻。在这种困境中，委内瑞拉是否还有精力参加此届里约奥运会？危机是否使委内瑞拉代表团的奥运之旅有着别样意味呢？

2016 年的里约奥运会是有史以来在南美洲举办的第一次奥运会，所以尽管委内瑞拉在这一年里处于水深火热当中，也派出了 87 名运动员参加此届奥运会，参与人数仅次于 2008 年北京奥运会时的 108 名。里约奥运会已经落下帷幕，委内瑞拉代表团以一银两铜的成绩谢幕，打破了 1984 年洛杉矶奥运会上取得三枚铜牌的最好纪录，在 206 个参赛国家和地区中排名第 65 位。委内瑞拉政府和民众经常拿他们的“邻居”哥伦比亚与本国对比，虽然此届奥运会上委内瑞拉军团的战绩远不如哥伦比亚代表团（哥伦比亚以三金两银三铜的成绩位居奖牌榜第 23 位），但对于这一结果，委内瑞拉民众还是深感激动和自豪，纷纷上街庆祝。委内瑞拉政府也对此表示欣喜。总统马杜罗接见了代表团运动员，宣布给参赛的 87 名运动员发放房屋和美元作为奖励，他还承诺将提供一切必需资源全力支持和助力运动员在新的奥运周期备战 2020 年东京奥运会，比如批准建立国家体育培训技术指导中心，为运动员训练和备战提供良好的训练环境和技术支持。同时，他鼓励运动员建立专门的体育学校，致力于培养新一代运动员；制订计划寻找有运动天赋的人才，并通过国家资源对其进行培养。

奥运会背后的其他话题也引发民众和媒体的关注。委内瑞拉代表团所取得的这个振奋民心的成绩以及这些来自国家领导的美好愿景仍然无法掩盖经济危机所带来的阴霾。首先，经济危机给包括运动员在内的民众的生活造成困扰，同时也影响运动员的备战，比如游泳选手 Erwin Maldonado 就在赛后表示，为了能够完成在国外的训练，他不得不把自己的车卖了。其次，国内生活物资的严重匮乏也迫使运动员们利用在里约的机会采购物资。根据媒体报道，相当一大部分运动员从里约回委内瑞拉时，行李箱中都装了食物、药品等生活必需品，有些女运动员还带回了化妆品。至少有 12 名运动员向路透社承认利用此次外出比赛的机会购买了一些生活必需品。最后，不断有检举称里约奥运会的参赛背后还隐藏着一些非法生意，比如输送资本和贩毒。缺席此届里约奥运会的自行车选手 Daniela Larreal 就曾指责本国政府利用运动员进行资本输出和贩毒。

同时，政治斗争也在上演，即使是像奥运会这样各国选手为了个人梦想和国家荣誉而战的国际性体育盛事，也成为不同政治阵营较量的舞台。委内瑞拉的反对派在祝贺本国奥运健儿勇取佳绩的同时，还批评了总统马杜罗的“政治作秀”。他们指出，部分运动员与马杜罗政权在政治上有着千丝万缕的关系，他们在从事体育事业的同时，也在某些政府部门中谋得了一职。比如伦敦奥运上为委内瑞拉赢得历史上第二枚奥运金牌的男子重剑选手瑞本·里马多（Rubén Limardo）就担任代理议员一职，经常出现在马杜罗的政治活动中。另外还经常有选手在赛后表达对总统马杜罗的感谢和爱戴。有趣的是，Yulimar Rojas 在女子三级跳项目上为委内瑞拉斩获了此届奥运上唯一的一枚银牌，赛后一位代表马杜罗政府的电视台的特派记者对其进行采访，当被问到“拿到这枚银牌后想感谢谁”这种常规性问题时，Yulimar Rojas 不止一次不按“套路”回答，记者不得不多次婉转提醒和引导，最终她才勉强点名总统马杜罗。阿根廷《国家报》La Nación 对这段采访的报道大致如下：

> 当记者问“能够拿到这枚银牌，你想感谢谁”时，Yulimar Rojas 回答说要感谢上帝，感谢所有支持她的委内瑞拉人民，以及感谢她的国家。听到这个回答后记者几乎石化了。Yulimar Rojas 的个性就跟她的大长腿一样突出（她身高 1.92 米）……但是记者始终牢记自己的职责，再次提醒她：“马杜罗总统领导下的政府为此付出了很多。”然而 Rojas 仍面带微笑地进行回答，并再次没有提到总统马杜罗。失望的记者只好再次更加明显地引导道：“总统为了让你们有个好的环境付出了很多。”最后，Rojas 终于提到了总统：“对的，我也要问候一下总统，他应该也在关注我们，应该会为我们感到自豪，他做了很大努力。但主要还是要感谢我的国家委内瑞拉，因为它才最需要。”但其实 Rojas 的教练是古巴人，她有机会跟从该教练训练并不是国家安排的，而是她自己通过 Facebook 联系到前古巴冠军，之后才有机会师从现在的教练。

委内瑞拉前总统乌戈·查韦斯之前把这一代的委内瑞拉运动员称为“黄金一

代”（La Generación de Oro），以表彰他们在体育事业上的建树。但在如今经济危机和政治党派斗争的环境下，“黄金一代”还能走多远？2020年东京奥运会我们一起拭目以待。

3. 中资汽车企业在委内瑞拉

中国改革开放已经走过了将近40个年头，30多年来中国改革开放的进程可以大致概括为接纳外资—中国制造出口—中资企业向海外投资这三个步骤。在这个进程中，孵化了许多的中国民族企业，它们通过吸收国外先进制造技术并转化为自己的生产力，填补了中国制造中的多个空白。在中国改革开放的进程中，扮演排头兵角色的无疑是中国汽车行业。

20世纪八九十年代，德国大众成为第一家与中国车企联姻的外资企业，通过“市场换技术”成立合资企业共同经营中国市场的方式，汽车——这个被称为制造业中的精品的工业品终于得已走进中国普通家庭。如今，中国的汽车保有量已逾1.84亿辆（数据截至2016年6月）。

而在2016年9月，本年度中国汽车行业最大的一条新闻诞生了：酝酿已久的江淮汽车与德国大众的联姻终于尘埃落定，一家新的合资车企又被中国市场稳定的表现催生了出来。

虽然，这样的联姻对于中国汽车行业而言早已算不上新鲜事，但是可以想见，这对于江淮汽车而言，必然是一个里程碑式的事件。而我们是不是可以说，这条改革开放的发展探索之路兜兜转转走了30多年，中国车企又走回了“接纳外资”的第一步？无论答案是什么，中国车企其实一直在探索路该怎么走。

（1）落后的一百年。

世界汽车工业的发展历史，可以追溯到20世纪初，1908年福特汽车公司生产出了世界上第一辆属于普通百姓的汽车——T型车，此举也标志着世界汽车工业革命就此开始（世界上第一辆汽车诞生于1886年，奔驰三轮机动车，但是并不被认为是汽车工业的开端）。从此，汽车在全世界范围内开始普及，以福特、通用为代表的美系车同以大众、雪铁龙为代表的欧系车在第二次世界大战之后，开始了全面的汽车出口。到19世纪60年代，战后恢复的日本也开始加快了汽车制造出口的步伐，以丰田、日产为代表的日本车开始了迅速的扩张，汽车工业品出口也将日本扶上了发达经济体的位置，直至今日，丰田1015万辆的销量（2015年丰田全球销量）依然是全世界最高销量。后来以现代、起亚为代表的韩系车的出口，也将韩国在20世纪八九十年代推上了高速发展的道路。

而在汽车工业开始50年后，中国第一辆汽车——解放CA10卡车实现了中国汽车的第一次出口，然而在之后很长一段时间复杂的国内外形势下，中国汽车不得不放缓了其“走出去”的步伐。直到2001年，由一家仅在两年前靠购买被国外车企淘汰的一条生产线才造出旗下第一辆汽车的奇瑞，真正意义上实现了中国轿车的出口。也就是在世界汽车工业开启一个世纪后，中国汽车才对这落下了的100年开始了奋起直追的步伐。

而奇瑞汽车，这家真正意义上的民族品牌，尽管十余年间在中国市场表现有起有落，但是也保持住了连续13年中国汽车出口冠军的位置。

（2）为什么是奇瑞？

回答这个问题之前先要问一问：中国汽车行业这30多年来发生了什么？前面提到，接纳外资成为中国改革开放的第一步，某几家大型国有汽车企业首先接纳了国外资本，成立了一系列的合资车企用以生产和销售对应品牌的汽车。而这个过程，实际上就是中国车企沦为国际跨国大型车企在华代工厂的过程。而所谓的“市场换技术”，最后由于中国车企仅掌握生产端的技术，难以获得上游研发的核心信息，中国人造自己的车便显得举步维艰。

奇瑞汽车的创始人之一，现奇瑞汽车股份有限公司董事长尹同跃，就是带着自己的民族汽车梦踏上了自主造车之路。奇瑞汽车对于中国汽车市场的贡献是不容小觑的，由于中国人造出了含有自己技术的轿车，很大程度上才拉低了彼时高企的轿车价格。QQ、旗云等具备一定质量的低价产品在21世纪初的迅速走红，才终于让汽车走进了寻常百姓家。也由此诞生了一批以奇瑞、吉利、江淮、比亚迪、力帆等为代表的民族汽车品牌。不夸张地说，就是这些中国品牌担当起了中国汽车“走出去”的责任。

反观在中国大陆的合资车企，它们在华建厂生产组装的车型主要是针对庞大的中国市场，起初并没有将中国生产基地作为其世界范围内的生产制造中心的想法。这也是为什么在中国大陆车企合资风盛行的早期，其生产的均是较为老旧的、成熟的、入门的车型。这些车型由于在价格、产品质量等方面在中国市场之外的市场上没有竞争力，客观上也并不具备出口的条件。这种做法一定程度上可以理解为大型跨国车企在挖掘自身产品中的最后的“剩余价值”。中国汽车自主品牌的出现，迫使在华外资车企更新车型、降低售价，而这些举措也使得中国汽车市场的内部竞争加剧，自主品牌在中国面对的竞争对手更加强大了。而汽车行业本身由于具有产业链长、技术高的特点，这些自主品牌在建立之初也得到了当地政府的大力支持。因此，无论是被迫拓展新的销路还是为当地政府创汇，自主品牌都必须“走出去”。

（3）中国汽车品牌走去了哪里？表6是2015年中国汽车品牌的出口目的国前十位。

表6 2015 年中国汽车品牌出口目的国前十位

排名	区域	出口目的国	数量（万辆）
1	亚洲	伊朗	10.84
2	亚洲	越南	7.23
3	南美洲	委内瑞拉	3.96
4	南美洲	智利	3.95
5	非洲	埃及	3.86
6	南美洲	哥伦比亚	3.13
7	非洲	阿尔及利亚	3.10
8	南美洲	秘鲁	2.67
9	亚洲	沙特阿拉伯	2.45
10	亚洲	孟加拉国	2.42

数据来源：凤凰汽车

这些国家首先基本都是亚非拉欠发达国家，使用的汽车同中国一样是左舵车，这些国家与中国都保持着很好的外交关系，尤以前三名最为突出。初步看来，中国汽车品牌目前的出口很大程度上还是依赖于政府关系以及价格优势，研发能力和产品竞争力都并不强。而当中国品牌进入这些国家时，目的国同样也会希望国外车企不单是将整车卖到那里，而且可以在当地建立组装厂，目的国也基本出台了相应的汽车打散件进口的关税减免政策，这样一方面可以帮助车企提升终端的价格优势，另一方面也可以为目的国增加就业。因此中国车企也纷纷采取了在目的国建厂，出口 KD（KnockDown）件然后在当地组装的方式。

出口前十名的国家中，有四个来自南美洲，分别是委内瑞拉、智利、哥伦比亚和秘鲁，这几个国家也都是拉丁美洲综合实力较强的国家。中国车企十余年在拉丁美洲的耕耘，加之当地左舵车的使用使研发成本降低，让拉丁美洲成为这些车企非常重要的出口目的国。为了在当地市场建立竞争优势，也出于布局整个拉丁美洲国家的考虑，许多中国车企选择了在拉丁美洲投资建厂。而它们在拉丁美洲的投资目的国主要是以下三个国家：乌拉圭、巴西和委内瑞拉，下面以中国车企在这三个国家的投资情况为例，做一个简单的概括和分析。

1）中国品牌在乌拉圭——举步维艰的“跳板”。

乌拉圭由于得天独厚的地理位置及较为开放和简单的投资环境，成为许多中国车企在拉丁美洲进行投资的第一站。在乌拉圭建厂组装，一方面可以在乌拉圭本地销售，另一方面可以将生产出来的汽车重新出口至阿根廷和巴西等国，是开拓拉丁美洲市场的绝佳跳板。

2007 年，奇瑞汽车与阿根廷 Socma 公司合作，在乌拉圭开始了汽车 SKD 组装，并于 2008 年在乌拉圭首都蒙得维的亚建立了 Chery – Socma 合资公司，奇瑞和 Socma 股比为 51∶49，在当年 3 月 15 日实现批量生产，年产能达到 2 万辆。这家公司的建立很大程度上帮助了奇瑞在当地市场建立优势，工厂最鼎盛时期工人达到了 300 人。开拓乌拉圭市场，并将其作为奇瑞辐射阿根廷、巴西等市场的制造中心，是奇瑞投资乌拉圭的最初目的。而由于近年来巴西市场政策变化以及巴西、阿根廷和乌拉圭经济表现全线低迷，奇瑞在乌拉圭工厂的运作变得举步维艰。另外，由于其在巴西斥巨资建设了完备的汽车工业园，其将巴西作为新的拉丁美洲生产基地的战略日益明显。奇瑞乌拉圭工厂于 2014 年开始停工，并于 2015 年宣布正式永久关停工厂。此举在当地带来的负面影响非常巨大，直接导致了 2015 年奇瑞在乌拉圭销量的剧烈下滑，而 2016 年至今，奇瑞在乌拉圭的销量已经可以忽略不计。

奇瑞在乌拉圭的探索，是中国车企在拉丁美洲进行投资的最早案例之一，也给了很多车企以参考借鉴。乌拉圭也成为拉丁美洲为数不多的所有中国车企都进入过的市场。而这样的实验，最终由于各种各样的主客观因素，出现如今难以令人满意的结局。但是由于奇瑞 2012 年后的大力布局巴西市场，放弃乌拉圭的投资也可以被看作一种战略撤退。

另一家在乌拉圭深耕的车企力帆，也在当地同 Effa 公司合作，在乌拉圭进行了深度的投资探索。其在乌拉圭的工厂从一开始就定位于 CKD 组装工厂，该工厂于 2010 年 4 月正式投产，设计产能为 4 万辆/年。之后，为了增强其整体竞争力以及完善乌拉圭生产基地建设，又在当地建立了发动机工厂，并于 2014 年底投产。然而，同样由于拉丁美洲经济环境恶化，力帆在乌拉圭工厂于 2015 年底暂停生产，目前也只是处于维持状态。

乌拉圭作为力帆布局拉丁美洲的重要一环，先期数亿美元的投入决定了其目前的暂停生产仅是止损的一个手段，或在不久的将来，该工厂会重新恢复生产。

另外的一些投资案例，例如吉利和当地 Nordex 公司合作建立 CKD 组装厂等都使得乌拉圭成为中国车企在拉丁美洲发展的一个跳板。只是由于目前拉丁美洲经济还没有实质性复苏，而所谓的乌拉圭转出口主要目的国——巴西、阿根廷的经济、政治情况都不是非常明朗，目前整个中国车企在乌拉圭的表现确实乏善可陈。不过在乌拉圭的投资也都为这些企业打开了通向拉丁美洲国家的大门，使得中国品牌知名度大幅提升，乌拉圭也成为拉丁美洲为数不多的几乎全部中国车企都进入过的国家。尽管目前受到了一些挫折，相信在经济复苏之后，在乌拉圭的投资会最终得到更多的成效。

2）中国车企在巴西——打盹的“美洲豹”。

巴西作为拉丁美洲第一大国以及世界第四大车市，市场新车年销量最高时可以达到360万辆，这样的量级是其他任何一个拉丁美洲市场都无法给予的。无论是出于巴西本地销售还是出口辐射拉丁美洲的考虑，这里都是全世界车企必须攻占的一块土地。21世纪的前十年，巴西通过原料出口，实现了经济的腾飞和综合实力的迅速发展。同样也是在这一阶段，巴西获得了2014年世界杯和2016年夏季奥运会的举办权。巴西的实力得到了世界的认可，同样也获得了中国车企的青睐。中国车企以奇瑞、江淮这两家来自安徽省的车企为代表，2011年在巴西市场获得了巨大的成功，奇瑞当年在巴西的销量将近6万台，江淮同年在当地的销量也接近4万台。这样的销量贡献对于中国车企而言是非常可观的。在出口销量上，奇瑞多年来保持着出口冠军宝座的销量也仅在10万台左右，在海外市场上的上万量级的销售，对于任何一家中国车企而言无疑都是极其重要的。

加之巴西汽车市场巨大的体量背后是本土汽车品牌缺乏的现状，以及巴西对于车辆在当地组装给予较大的关税政策支持，自然成为各国车企争相投资的对象。而前文提到的奇瑞、江淮也是中资企业中对巴西投资较大的两家。

2015年5月，在李克强总理的见证下，奇瑞巴西工业园项目协议正式签署。奇瑞在巴西的投资最早可以追溯到2012年，巴西工业园项目是将奇瑞在巴西的建厂规划升级为一个整体的包含汽车制造中冲压、焊装、涂装、总装四大工艺以及发动机、零部件生产的一个完整汽车工业园项目，该项目先期投资达到了4亿美元，总投资预计会达到7亿美元。奇瑞作为中国车企中第一个“吃螃蟹”的企业，对于巴西的投资绝对堪称大手笔，其对于巴西市场的长期发展的信心可见一斑。也可能由于对巴西的投资，使得乌拉圭工厂失去了其该有的作用，间接导致了乌拉圭工厂的关停。

另外一些在巴西取得过短暂辉煌的车企在巴西当地的投资则显得更具有玩票意味，江淮汽车于2012年就宣布与巴西合作伙伴SHC集团合资建立工厂。然而由于市场变化太快，江淮项目在2014年完成了土地平整之后，建厂项目事实上已经停止。由于涉嫌依靠建厂获得关税减免福利，项目迟迟未能取得实质性进展，该事件还曾遭当地媒体曝光。而吉利等车企对于巴西的大规模建厂投资也都只是表示出了兴趣，实际上并没有什么动作。

然而由于巴西市场出现大规模下滑，可以推断，奇瑞在巴西的大项目必然是处于赔钱的状态。目前奇瑞在巴西的年销量在几千台的水平，对于一个号称产能15万辆的工业园而言，产能利用率是极低的。并且由于巴西工厂在产车型大多是针对巴西市场的定制车型，目前看来从巴西出口到邻国的实现难度较大。毕竟在经济效益不好的背景下，生产新车型对于一个工厂而言意味着更多额外的设备安装等技术投入。但是由于目前拉丁美洲车市整体不振，无论奇瑞还是任何一家

中国车企都没有信心和精力再去进行针对其他市场的海外量身定做。不过，危机中其实满满都是机会，除了暂时的蛰伏之外，是否也会有车企“低价抄底”，规划更远的未来？

巴西市场的重要性不言而喻，预计在2019年巴西经济可以实现复苏。中国车企的大厂子也已经建起来了，只是之后的路该怎么走还需要继续琢磨。

3）委内瑞拉——革命的“果实”。

委内瑞拉是曾经依靠石油出口成为拉丁美洲生活水平最高的国家，在21世纪以来经历了十余年的由著名反美斗士乌戈·查韦斯领导的玻利瓦尔社会主义革命，这场革命给委内瑞拉的经济、民生等方面带来了巨大的影响，形成了其在拉丁美洲特有的政治经济体制。这位全民偶像为人民建立了一个高福利、人人平等、没有投机倒把的“乌托邦”式的社会。但是随着领袖的离世，美好的生活被瞬间摧毁。油价暴跌的背景下，单元经济使得政府入不敷出，以往的限价、控制汇率的措施更加重了国内的通货膨胀，2014年开始的恶性通货膨胀已经使这个国家饥民满地、暴力横行，经济更是跌入谷底。然而在这场革命的繁荣之际，许多中资企业也抓住了机会，利用中委两国的全面战略伙伴关系，在委内瑞拉生根发芽，中国汽车也遍布大街小巷，认可度、知名度极高。在2016年的委内瑞拉庆祝独立日的阅兵仪式上，江淮卡车还成为被“检阅”的对象。民众想要购买一辆奇瑞、东风汽车需要等待相当长的一段时间，或是需要疏通各种各样的“关系”，中国汽车在委内瑞拉真正成为这些年来的当地国民车。奇瑞汽车在2015年委内瑞拉当地的市占率逾50%，在2016年市场环境持续低迷的背景下，仍然保持着令人艳羡的市占率。宇通客车则成了委内瑞拉政府大公共交通计划的主要合作用车。而上述车企，如奇瑞、宇通、江淮等也在当地与有政府背景的合作伙伴建立了合资组装厂，将“Made in China”变成了“Made in Venezuela”。

奇瑞汽车在委内瑞拉的组装项目可以追溯到2011年，在那一年，奇瑞第一个组装厂正式落成。奇瑞汽车与当地强大的合作伙伴一起，把委内瑞拉的项目不断做大，目前已经拥有两个SKD组装厂，累计当地组装超过6万台。此外，奇瑞在委内瑞拉也同时发展着CBU整车政府采购项目，每年均保持着将近万辆的整车订单。2015年，更是向委内瑞拉政府售卖了2万台A3出租车，服务当地出租车梯队更新。奇瑞汽车在委内瑞拉的表现，是其投资的有效回报。惊人的市场占有率使得这个品牌已经在当地毫不缺乏知名度。在通货膨胀的背景下，汽车及其零配件作为带有货币和财富保值功能的产品，得到了民众狂热的追捧。将钱放到银行靠利息生钱，绝不如贷款购买一辆汽车来得实在。一辆奇瑞轿车在二手市场上可以售出几倍甚至十几倍于新车售价的价格。这种畸形的市场环境源于政府限价和黑市汇率贬值的双重作用，也让奇瑞汽车成为名副其实的“香饽饽”。

宇通客车和江淮汽车同样在委内瑞拉拥有优秀业绩，接连拿下了数亿美元的采购大单。带有江淮标志的皮卡行驶在大街小巷，质量过硬，价格低廉。大红装扮的宇通客车，更是委内瑞拉政府大交通计划的实际执行者。穿行于城市间的新客车，基本都来自宇通，知名度与奇瑞不相上下。2015年，宇通在委内瑞拉的组装工厂项目正式落成，这也是宇通客车对于委内瑞拉人民和政府实实在在的投资回报。

中国车企在委内瑞拉的成功令人感到欢欣鼓舞，但是问题仍然不小。由于委内瑞拉市场环境的特殊性，中国车企得到了当地政府提供的太多便利和青睐，从竞争环境上来看其实是不平等的。虽然这个在非完全竞争市场上取得的成绩，为中国车企在当地打下了绝好的基础，但市场规律终归无法违背，任何市场毕竟是一定要走向开放的，中国车企需要继续在当地做好品牌、售后工作，提供质量更加优良的产品，等到其他强大的国际汽车品牌重整旗鼓时，才有能力与之抗衡，以免中国汽车在海外的春天变成“春梦一场”。

中国汽车在其他的拉丁美洲国家也有投资，具体例子在此不再赘述。而另一个与汽车工业联系颇深但是中国车企涉足较少的拉丁美洲国家是墨西哥，那里的汽车工业情况也很值得探讨。墨西哥由于其汽车工业发达、完整，在当地销售的汽车产品丰富且价格低廉，中国汽车品牌很难打入这个市场。然而有意思的一点是，这个国家虽然汽车市场体量远不如巴西等国，但是墨西哥的轿车产量一年可以达到250万台，而这些生产的汽车83.8%用于出口，也让墨西哥在2011年成为了继德国、日本、韩国之后的世界第四大汽车出口国。反观中国这个号称全世界第一的汽车市场，出口量与第十名的法国都相去甚远（数据来源：墨西哥经济秘书处2011年数据）。

以奇瑞、吉利、力帆等为代表的中国轿车品牌和以宇通为代表的中国客车品牌，这些年在“走出去”的路上走得虽然艰辛，但是成绩确实是有目共睹的。尽管在海外的组装厂基本上是开一个停产一个，但是我们应该为那些具有开拓精神的企业感到骄傲。反观那些通过建立合资企业在中国市场赚得盆满钵满的大型国有企业，它们在中国汽车“走出去”的进程中又做了什么？由于这些企业旗下的自主品牌实力一般，使得集团在出口的倾向上也是优先选择在华代工的品牌。相信中国制造的合资车很快也会实现大面积出口，对于这些年在海外挣扎的中国车企而言必然是雪上加霜。

中国车企在海外的表现虽然难以令人满意，但是我们实在难以苛责。毕竟它们是在国内销售同合资企业相比处于劣势的情况下进行出口的，在海外又得面对那些比自己年长100岁的强大对手。经验和技术的沉淀不够，让中国车企实在显得太年轻。但必须承认的是，汽车这种特殊的关乎生命安全和品牌溢价极强的工业品，一定是需要口碑沉淀的。

中国车企需要在布局海外的同时，真正做出长远的战略规划，见缝插针打游击战的方式不得不做，但却不该是长远之计。可喜的是目前中国自主品牌在国内的认可度和市场份额正在逐步提升，毕竟现在看来世界上成功的汽车企业，没有一家不是先在本土取得巨大成功再走向海外的。它们需要时间和包容的心态，当中国车企在中国市场真正站稳脚跟的那天到来，相信之前的海外布局取得成效便会水到渠成。它们需要抓住汽车行业新一轮技术革命的机遇，做出中国人真正的国民车，毕竟汽车制造的水平一定程度上可以说明一个国家的整体工业水平。中国政府、民众也需要给予它们更多的支持，让这些真正的中国制造流动的名片更加辉煌灿烂。

（“中资汽车企业在委内瑞拉”这一节由业内人士米味撰稿，原标题是“中资企业在拉丁美洲的流动名片——浅谈中国汽车企业在拉丁美洲投资情况，以奇瑞汽车、江淮汽车、吉利汽车、力帆汽车、宇通客车等为例”）

参考文献

[1] Cinco razones por las que Venezuela está en crisis económica [EB/OL]. disponible en, http: //cnnespanol. cnn. com/2016/01/19/5 - razones - por - las - que - venezuela - esta - en - crisis - economica/#0, consultado en 14 de octubre de 2016.

[2] 蓝博．大哥伦比亚的兴衰与拉美一体化［J］．江苏师范大学学报（哲学社会科学版），2016，42（4）．

[3] 张森根．委内瑞拉：奄奄一息的查韦斯主义［EB/OL］．http: //www. vennews. com/thread - 32236 - 1 - 1. html，2016 - 04 - 13.